Antropologia do nome

FUNDAÇÃO EDITORA DA UNESP

Presidente do Conselho Curador
Mário Sérgio Vasconcelos

Diretor-Presidente
Jézio Hernani Bomfim Gutierre

Superintendente Administrativo e Financeiro
William de Souza Agostinho

Conselho Editorial Acadêmico
Carlos Magno Castelo Branco Fortaleza
Henrique Nunes de Oliveira
João Francisco Galera Monico
João Luís Cardoso Tápias Ceccantini
José Leonardo do Nascimento
Lourenço Chacon Jurado Filho
Paula da Cruz Landim
Rogério Rosenfeld
Rosa Maria Feiteiro Cavalari

Editores-Adjuntos
Anderson Nobara
Leandro Rodrigues

SYLVAIN LAZARUS

Antropologia do nome

Tradução
Mariana Echalar

© 1996 Éditions du Seuil
© 2017 Editora Unesp

Título original: *Anthropologie du nom*

Cet ouvrage a bénéficié du soutien des Programmes d'aides à la publication de l'Institut Français.

Este livro contou com o apoio à publicação do Institut Français.

Direitos de publicação reservados à:
Fundação Editora da Unesp (FEU)
Praça da Sé, 108
01001-900 – São Paulo – SP
Tel.: (0xx11) 3242-7171
Fax: (0xx11) 3242-7172
www.editoraunesp.com.br
www.livrariaunesp.com.br
feu@editora.unesp.br

Dados Internacionais de Catalogação na Publicação (CIP)
Vagner Rodolfo CRB-8/9410

L431a

Lazarus, Sylvain
    Antropologia do nome / Sylvain Lazarus; traduzido por Mariana Echalar. – São Paulo: Editora Unesp, 2017.

    Tradução de: Anthropologie du nom
    Inclui bibliografia.
    ISBN: 978-85-393-0688-6

    1. Antropologia. 2. Política. 3. Marxismo. 4. Ação. I. Echalar, Mariana. II. Título.

2017-378

CDD: 301
CDU: 572

Editora afiliada:

Para Victor

Este livro não existiria sem o apoio fundamental
e constante de Natacha Michel

Sumário

Argumento   I

1 Trajetória e categorias   11
2 Os dois enunciados   57
3 Pensar após o classismo   83
4 Nomes inomináveis   137
5 Hora de concluir   199

ESTUDOS
1 A categoria de revolução na Revolução
   Francesa   213
2 De uma pesquisa sobre os operários
   de Cantão em face da fábrica como
   lugar do dinheiro; disposição interna e
   conjuntural da fábrica como lugar do
   Estado   247

Referências bibliográficas   265

Argumento

O campo da antropologia do nome é constituído pela questão que o enunciado *as pessoas pensam* apresenta ao pensamento. Este livro tem o objetivo de elucidar o subjetivo do interior do subjetivo, ou, como costumo dizer, "em interioridade", e não pela convocação de referentes objetivistas ou positivistas. A política em um sentido renovado valerá como exemplificação de uma abordagem em subjetividade. Com efeito, minha tese fundamental sobre a política é que ela é da ordem do[1] pensamento. Trata-se de uma tese sobre o caráter irredutível da política a qualquer outro espaço que não o dela, e sobre a necessidade de se refletir sobre ela em sua singularidade.

Política como pensamento ou Estado?

Portanto, a tese proposta trata da natureza da política. Se existe política, ou ela está no espaço do Estado, ou ela é da ordem do pensamento. Dizer que a política está no espaço do Estado é uma

---

1 "Da ordem de" não é uma aproximação: visa designar um espaço de análise, sem prejulgar as categorias da análise.

Antropologia do nome

proposição definicional – ela é definida por seu objeto – e objetivista, que indica que o campo da política é o poder. Atribuir a política ao Estado é atribuí-la a certo número de registros: o do poder, obviamente, mas também dos partidos, da eficácia, dos resultados. Nesse caso, ocupar o Estado é o principal desafio. O marxismo dizia o mesmo, salvo que o Estado devia ser destruído. A política no campo do Estado tem a notável característica de não se apresentar como pensamento. Longe de cogitar oferecer-se como tal, apresenta-se como uma objetividade, em outras palavras, como um realismo objetivista. Funde a política conduzida por ela, a política em geral e o Estado, alegando o caráter complexo desse conjunto. Somente se tem acesso a ela pelo direito, pela ciência política, pela economia, visto que se trata de um conjunto intelectualmente heterogêneo.

O racionalismo, que procedia por análise de classes e para o qual essa noção era fundamental – o que chamo "classismo" –, era uma proposta de historização do Estado na forma de antagonismo, contradição e destruição do Estado. E o fim do classismo, desistorizando o Estado, isto é, perdendo a perspectiva de sua destruição, propõe sua perenidade na forma do Estado consensual. É possível ver na corrente de rompimento com o Partido Comunista Francês (PCF), que marcou 1968 e alimentou o mitterrandismo, aquilo que deu sustentação à renovação do parlamentarismo em sua forma atual, o qual se encontra estabilizado no que se pode chamar de Estado consensual.

Este – diga-se, em poucas palavras, resolutamente pós-classista e não programático – não é regulado por seu fazer estatal, tecnicidade e competência supostas. Anteriormente, o discurso do governo sobre ele mesmo era subordinado à prática governamental, isto é, ao real das decisões políticas. O discurso do governo, em termos de normas e valor (o que quer que se pensasse disso), alimentava-se da situação real. Nesse sentido, o discurso governamental desafiava suas próprias prescrições. A prescrição, dada em seu aspecto formal, trata do que pode advir a partir do que é e desenvolve um possível. De modo que, em seu aspecto subjetivado, ela designa que o que virá é da ordem do possível, e não uma determinação cabal ou uma contingência absoluta. É isso que o Estado consensual desfaz. Diante da ausência e da caducidade de qualquer programa e, acima de tudo, de qualquer alternativa ou debate, não existe mais o discurso do fazer, o qual, contendo a dimensão das prescrições do Estado a si próprio, permitia a discussão ou o exame dessas prescrições e, assim, a discussão ou o exame da política feita. Esse é o motivo pelo qual se entende comumente por "consensual" a concordância de opinião, ou mesmo a unanimidade. O Estado, ao calar o fazer, cala a prescrição em operação em qualquer decisão política e propõe-se explicitamente suprimir a prescrição das formas de consciência.

Dizer que a política é da ordem do pensamento é uma tentativa de considerar a política após o fim do classismo e em um espaço diferente daquele do Estado. Mas é dizer primeiro e sobretudo que a política não se dá no espaço de um objeto, seja ele o Estado ou a revolução.

A política é posta aqui como detentora de um campo de pensamento próprio, que não pode ser subordinado a um campo exterior, seja ele filosófico, econômico ou histórico, sem que o pensamento desapareça. Minha tese é que a política deve ser pensada a partir dela mesma, e não por intermediação de outras disciplinas. Ora, refletir sobre a política como objeto, ou dizer que ela é objeto de um pensamento, ou objeto para o pensamento, é cair no classismo, no estadismo ou na ciência, e não pensar a política por si mesma. Portanto, para respeitar essa última exigência (pensá-la por si mesma), é preciso pensá-la em interioridade, de modo que nunca constitua um objeto. Nesse caso, então, é possível pensá-la como pensamento. Na verdade, se quisermos sair do objetal,[2] devemos pensar a política como pensamento. Pensá-la como pensamento, e não como objeto, é o que chamo proceder por meio de uma abordagem em subjetividade.

A pergunta que pode apresentar-se prontamente é: por que chamar de "pensamento" o que é apenas da ordem do subjetivo? O leitor convirá comigo que se pode pensar a política de outro modo que não seja como objeto. Mas, então, por que não se contentar com uma abordagem em subjetividade? Chamaremos a isso política "em subjetividade", "em interioridade", e tudo estará dito, se o leitor admitir que é possível uma política não objetiva. Mas por que o subjetivo aqui é o pensamento? Obviamente, o subjetivo não é reflexo das condições materiais de existência, nem em uma dialética com o objetivo, nem em uma consciência "de"; isso é rechaçado, porque constitui o que será designado aqui como objetivismo. A razão por que o subjetivo é um pensamento é que o subjetivo não pode conduzir enquanto tal ao subjetivo. Há outro caminho, além desse em que o subjetivo está ligado ao objetivo por uma dialética? Para que o subjetivo remeta exclusivamente ao subjetivo, é necessário que ele seja um pensamento. O subjetivo que não está ligado ao objetivo de maneira alguma, esse subjetivo inédito, é o pensamento. Esse é um salto sem o qual estacionamos nas doutrinas antigas. O subjetivo sem dialética é um pensamento. É nesse sentido que a política em interioridade é um pensamento. Há, portanto, duas teses que conduzem à identificação da política como pensamento:

1) Essa não é uma abordagem em termos de objeto. A tese fundamental é que a política é pensável em interioridade, e é essa tese que faz dela um pensamento. Se a política é pensável, ela não é um objeto.

---

2 "Objetivo" designa uma abordagem, "objetal", a constituição do objeto nessa abordagem.

Argumento

2) Por que o não objeto é um pensamento é o problema. Se o pensamento em subjetividade o é realmente em subjetividade, o subjetivo nele não é mais o da dialética do objetivo e do subjetivo. O subjetivo é inteiramente subjetivo. Chamo "pensamento" esse subjetivo sem dialética.

Essas duas teses me permitem avançar uma terceira, que decorre delas: o pensamento, no sentido que acaba de ser especificado, é pensável.

A singularidade

Sustentar que a política é da ordem do pensamento estabelece a política como singularidade e, por conseguinte, podendo pertencer não a uma generalização ou totalização, mas a categorias de apreensão da singularidade que serão a intelectualidade e a pensabilidade.[3] A política como pensamento coloca de saída a questão acerca de que pensamento se trata e exige que se identifique a singularidade do pensamento que permite pensar a política. Assim, as teses "a política é da ordem do pensamento" e "a política é pensável" são equivalentes não em uma visão generalizante, mas em uma problemática da singularidade, cujo ponto culminante é a caracterização da política como *sequencial*, isto é, não permanente e rara, sempre em um *modo histórico da política*. É por esse modo que se aprende a singularidade de uma política, a singularidade que se verifica numa sequencialidade irredutível.

Antropologia do nome

A partir daí, uma nova abordagem do pensamento e dos fenômenos de consciência, isto é, do pensamento das "pessoas", torna-se

---

3 Cf. capítulo 2.

possível e fundadora, e estabelecê-la é o projeto da antropologia do nome. O espaço de uma antropologia do nome é constituível somente se se desenvolver uma problemática da singularidade acerca do pensamento, uma problemática da singularidade dos pensamentos e, consequentemente, se se desenvolver uma problemática das multiplicidades homogêneas.

As questões da política me interessaram durante muito tempo, e ainda me interessam. Todavia, o projeto de uma antropologia do nome não é redutível à política. Há para a antropologia do nome um enunciado diferente da categoria que apreende a política (que é o modo histórico da política). Esse enunciado diferente é *as pessoas pensam*, que abre para uma investigação sobre o que é pensado no pensamento das "pessoas". A partir do momento em que a questão que se coloca é saber se o pensamento é pensável, entra-se numa antropologia do nome, e não mais no espaço de uma política: na antropologia, a política é apenas um nome. A abordagem a inclui, mas não se reduz a ela.

Seria incorreto sustentar que a antropologia do nome é uma teoria do subjetivo, mesmo quando o subjetivo é o centro da análise. A posição singular que é a minha é que ela parte do subjetivo. Ela conduz à tese "o pensamento é pensável". O subjetivo, aqui, é o ponto de partida. Ele exige que a investigação se efetue a partir do próprio subjetivo e permaneça em seu espaço. Esse ponto, que se quer verificar racionalmente pela investigação, é que permite o enunciado *as pessoas pensam*. Para tentar abordar o subjetivo a partir dele próprio, é necessário o enunciado *as pessoas pensam*, que, note-se, faz intervir não o subjetivo, mas o pensamento. Por quê? Já me expliquei ao sublinhar que o subjetivo em si não conduz ao subjetivo. Na verdade, protocolo de conhecimento do subjetivo existe apenas em movimento de báscula: ou objetivação, ou pensamento. Resumidamente, pode-se dizer que há dois usos do subjetivo – em qualquer forma que seja – e são ambos muito diferentes.

O primeiro consiste em apresentá-lo a outra coisa qualquer que não seja ele e tratá-lo como exterioridade num registro de tipo científico. O segundo, que se encontra ativo no que se lerá aqui, é tentar uma investigação em interioridade, cuja condição é fazer o subjetivo pender na direção do pensamento – trata-se do enunciado de partida: *as pessoas pensam* –, com a consequente exigência de mostrar que o pensamento é pensável.

O propósito da antropologia do nome é, pois, romper com a abordagem cientificista e positivista. Tenho plena consciência de que não sou o primeiro a pretender tal propósito, que, aliás, está em voga hoje. Minha especificidade, pois reivindico uma, é aplicar essa crítica às questões apresentadas pelo estudo do pensamento e tentar uma abordagem que não acabe atribuindo as formas de pensamento a um todo heterogêneo, num retorno a uma objetividade terminal.

O caráter antropológico do meu propósito se define na questão do *nome inominável*. O nome é inominável porque é o nome de uma singularidade irredutível a outra coisa que não seja ela própria, ao passo que toda nominação abre para uma generalização, tipologia ou polissemia que manifestam a existência de uma multiplicidade heterogênea e negam a singularidade. Portanto, a proposição é que o nome existe. Entenda-se: a singularidade existe, mas não se pode nominá-la; pode-se apenas captá-la pelo que, como veremos, são seus *lugares*. O pensamento fornece nomes que são inomináveis, mas podem ser captados por seus lugares. No termo "antropologia do nome", o nome designa, em última análise, a vontade de captar a singularidade sem fazê-la desaparecer.

Ora, o sentido que dou à antropologia, num primeiro momento, é ser uma disciplina cuja vocação é apreender singularidades subjetivas. Quando a intenção é abordar o pensamento do pensamento, isto é, captar o subjetivo a partir dele mesmo, e quando o

Antropologia do nome

primeiro enunciado é *as pessoas pensam*, entramos no campo de uma antropologia. Há um caráter antropológico ligado ao enunciado *as pessoas pensam*, em primeiro lugar porque se trata de pessoas. Essa categoria não se inspira num populismo metodológico. "Pessoas" não é aqui nem sujeito nem objeto, mas um *indistinto inequívoco*, o que, para mim, designa um "há" necessário a uma abordagem que não é nem histórica nem objetiva. Depende de um espaço antropológico o postulado de uma capacidade das pessoas para o pensamento, sob reserva de investigação, cujo objetivo é estabelecer o que é pensado nesse pensamento.

As pessoas pensam é meu primeiro enunciado. O segundo, ou enunciado II, é *o pensamento é relação do real*, que estabelece a existência de um real, exigível para toda investigação racional, e é um *real não objetal*. Existe uma multiplicidade de racionalismos. Todos possuem um enunciado II, ou melhor, cada racionalismo constrói sua própria categoria de real, que é intrínseca a seus dois enunciados tomados em unidade e em sucessão. Direi que, por exemplo, a filosofia é um pensamento-relação-do-pensamento; a história é um pensamento-relação-do-Estado. Quanto à antropologia do nome, tento estabelecê-la como um pensamento-relação-do-real. Com efeito, o enunciado I, *as pessoas pensam*, tem consistência apenas sob a restrição do meu enunciado II: *o pensamento é relação do real*. A postulação da capacidade das pessoas de pensar tem validade somente se o que é pensado nesse pensamento é relação do real. O enunciado I sem o enunciado II desmorona: entramos então no espaço das representações, das opiniões, do imaginário; o enunciado I implode. É nesse sentido que posso dizer que uma antropologia do pensamento está em uma relação do real. Quanto aos nomes inomináveis, dois serão identificados no presente volume: a política e o par "operário-fábrica".

Argumento

Se refletirmos bem, todo processo de conhecimento exige a convocação da multiplicidade e da polissemia. Do contrário, cai-se no nominalismo. A única possibilidade oferecida para a redução da polissemia heterogênea, redução que é a única que permite o tratamento do subjetivo, é o abandono da nominação do nome, criadora de multiplicidades heterogêneas, e a aplicação da multiplicidade ao que, como veremos, são os lugares do nome inominável: somente nesse caso estamos numa multiplicidade homogênea. O duplo dispositivo do inominável do nome e da transferência da multiplicidade, seja para a multiplicidade homogênea do modo histórico da política, seja para a multiplicidade homogênea dos lugares de um nome inominável, quer seja o da política, quer do nome inominável "operário-fábrica", encontra-se sob a exigência de confrontar-se com o tratamento da multiplicidade sem apelar para o Um. Muitas abordagens diferentes da minha encontram-se sob essa exigência. Há, portanto, duas figuras da negação de convocação do Um: a da polissemia heterogênea e a da inominabilidade.

1
Trajetória e categorias

A antropologia do nome, que trata do pensamento, da política, do nome, é para mim a resposta finalmente identificável à cesura intelectual de 1968. Como para muitas pessoas da minha geração, o ano 1968 é uma cesura no sentido em que uma grande acontecimentalidade [*événementialité*] questiona, às vezes num longo período e segundo modalidades complexas, o que se encerra e o que se inicia com ela ou depois dela. Precisei percorrer uma longa trajetória para responder a essa pergunta. É sobre ela que falarei agora, na forma da cesura de 1968 e por meu vínculo com Lenin. De passagem, será exposto o método da saturação, que conduz a teoria dos modos históricos da política à categoria do prescritivo.

A cesura de 1968

A cesura

A cesura que me interessa aqui é uma cesura intelectual, problemática, que inclui o pensamento da política, mas não se resume a ele. Entendo por cesura intelectual o efeito de uma escansão manifestada pela irrupção de movimentos, estimados como irrupção da história, contra a paralisia do Estado. Aparece a convicção de que a época é aberta a fenômenos revolucionários. Parecem patentes a precariedade do Estado, a eficiência revolucionária, a eficácia militante; uma nova apresentação operária elabora-se e acompanha a citação do paradigma operário. A escansão de 1968 não é avaliada aqui em termos de estruturas do Estado ou normas de sociedade, mas quanto ao campo do pensamento. No campo do pensamento, a acontecimentaliade não opera como um fim de sequência e início de outra, mas como a própria cesura. O que examino é uma linha de fratura.

O ideologismo

O que designo como cesura intelectual, ou hipóteses de pensamento de 1968, consiste na formulação de um domínio comum entre o pensamento – e o pensamento designa aqui o tipo de intelectualidade operante na época, em particular nas ciências humanas – e o pensamento da política. A postulação dessa comunidade é indicada pela categoria ideologismo. A compatibilidade postulada entre o pensamento em operação nas ciências humanas e o pensamento em operação na política, de um lado, e, de outro, a relação desses pensamentos com a prática política desenvolvem-se em três espaços: o pensamento, o pensamento da política, a prática. A suposta comunicação entre esses três espaços forma o sistema completo do ideologismo. Para que isso seja possível, é necessário que exista, bem mais que um núcleo problemático comum (por exemplo, o marxismo), uma circulação de noções, apresentadas como divisão, mas que, na realidade, têm uma função totalizante e permitem abusivamente uma pensabilidade da heterogeneidade dos domínios. Essas noções que fundam a compatibilidade são denominadas aqui noções circulantes (entre o pensamento, o pensamento da política e a prática) ou filosofemas.

Apresentaremos exemplos em seguida. Veremos então que o ideologismo, apoiado nessas noções circulantes, provoca uma disjunção entre o pensamento e a prática. É cesura o aparecimento e o movimento dessa configuração.

A cesura versa, portanto, menos sobre as relações que o pensamento e a política mantêm entre si do que sobre a relação entre os pensamentos e a prática política. O termo "prática política" remete ao fazer da política, aos atos singulares que ela conduz e constitui, e não exclui uma investigação das formas de pensamento desenvolvidas por essa prática. Se o pensamento da política se articula com o pensamento dos conhecimentos e das ciências humanas, então não é sobre o processo da prática que ele se exerce. No caso da articulação, há uma disjunção qualitativa entre o pensamento da política e a prática.

Essa disjunção qualitativa é – ao contrário do que indicam as aparências, que fariam de 1968 uma sequência praticista – o centro do ideologismo.

Exemplo de circulação: a revolta

Tomemos como exemplo dessa disjunção qualitativa um referente cardeal: a noção de revolta. A revolta, tema fundamental daqueles anos, é uma noção circulante. O sistema de circulação da noção é o seguinte: do ponto de vista da prática, denomina-se "revolta" a rejeição, o protesto, a denúncia de uma situação de comando, de opressão, de exploração. Simultaneamente, sustenta-se que toda revolta é uma condenação dos mecanismos e das lógicas que a provocam: as revoltas são antiautoritárias, antiestatais ou anticapitalistas. Por conseguinte, a revolta será considerada homogênea com a lógica anticapitalista e com certa sociologia, a sociologia marxista. A noção circulará, acarretando uma copensabilidade entre a categoria de prática militante e outros domínios. A prática se torna pensável no campo do pensamento da ciência.

No entanto, se a revolta designa o que a provoca, se indica claramente esse contra a que ela se insurge, ela não tem nenhuma capacidade orgânica para designar os processos que a sustentam. O processo dessa identificação não diz respeito à ciência, como pressupõe o procedimento circulante, mas à política.

Exemplo da categoria de capitalismo

Observa-se o mesmo procedimento no caso da noção de capital. No sistema de três espaços, a compatibilidade exige que se postule um núcleo comum. Todo elemento desse núcleo deve ser atribuível a cada um dos três espaços. A noção de capital se dirá transitiva nos três: será uma noção da ciência, uma noção do pensamento da política e uma categoria da prática. Ora, no real da prática militante, a categoria não é a de capital, mas a de anticapitalismo. O anticapitalismo é intransitivo. Não conduz à economia. Não tem nenhum estatuto na ciência. Na verdade, é uma categoria da prática política e não da ciência marxista. Trata-se de uma forma de consciência e não de uma categoria da ciência. Note-se: enquanto a ambição da época é tornar tudo política e tudo pensável, o pensamento e a política tornam-se heterogêneos entre si, e tornam impossível um pensamento próprio da política. Essa impossibilidade de pensamento da política é o fundo do ideologismo.

O ideologismo na ciência: o par teoria-prática

Esses três espaços (o pensamento, o pensamento da política, a prática) podem dar lugar a diferentes configurações que, embora sejam distintas ou possam se sobrepor, são contemporâneas e pertencem a uma mesma matriz. Examinamos antes a configuração em três espaços. Outra configuração consiste em fundir dois desses espaços, o pensamento da política e a prática, na rubrica única de "prática". Essa configuração do ideologismo funciona de maneira importante nas ciências, mediante uma junção singular: a da teoria com a prática.

Nesse caso, o ideologismo funciona na forma de uma politização das disciplinas. Submetidas à exigência do ideologismo que repousa sobre a compatibilidade dos espaços, as ciências se esforçarão para não serem apartadas da prática política e se submeterão a uma das exigências do ideologismo: coapresentar pensamento e prática. As ciências devem ser compatíveis com a política. Dissemos: o ideologismo é a fusão do pensamento da política com o pensamento. No caso das ciências, temos um dispositivo de dois termos: pensamento e prática. Esse par admite com facilidade tanto o teoricismo como o praticismo, conforme um dos termos seja mais particularmente escandido.

Ora, o pensamento da política é em excesso em relação a – e não pode se identificar com – esse dispositivo. O par teoria-prática tentará minimizar esse excesso. Mas o caráter singular e, consequentemente, irredutível do pensamento da política ressurgirá, seja no campo da teoria, seja no da prática, resultando, no primeiro caso, no teoricismo e, no segundo, no ativismo. Logo, o par teoria-prática não é característico do cientificismo, mas do ideologismo.

O ideologismo e a problemática do heterogêneo. Herança vacante da prática

Todas as problemáticas que se referem à teoria e à prática e que, funcionando em dois espaços, na medida em que operam a fusão do pensamento com o pensamento da política, são problemáticas do heterogêneo: a heterogeneidade entre o espaço do pensamento e o da prática.

Enquanto o pensamento e o pensamento da política estiverem fundidos, o pensamento da política será heterogêneo com a sua prática. Do mesmo modo, quando ciência e política se fundem, não há pensamento singular da política.

É possível um pensamento da prática elaborar-se? Sim, do ponto de vista do ideologismo, e num pensamento à parte – o que levará à necessidade de tornar esse pensamento copensável com a prática, com o auxílio das noções circulantes. Não, a meu ver. Pesando-se tudo muito bem, a prática é uma categoria cativa do ideologismo e como tal deve ser abandonada. O motivo? Prática e pensamento, ou teoria e prática, recobrem e repetem o par política e história. Ora, são as relações da política e da história que devemos reexaminar. De fato, a história, com a economia, foi durante muito tempo o paradigma da ciência para a política. Teoria-prática abre para o par teoria científica-prática política da história. Entramos então na configuração da história como ciência e da política como ação. Se supomos uma separação radical da história e da política, isto é, da ciência e da política, o rompimento do par teoria-prática e a herança vacante do conceito de teoria, de um lado, e do conceito de prática, de outro, ratificam o rompimento do espaço que une política e história. Esse espaço, note-se, era referencial, tanto pelas subjetivações – das quais a principal é a consciência – quanto pelas formas de organização em termos de partido. Ora, essas subjetivações e essas formas de organização são o fundo da cesura de 1968.

Em outras palavras, o sistema geral das convicções em 1968 sustentava a existência de uma semelhança entre as problemáticas da história, da filosofia, da economia, da sociologia e a problemática da prática política. Existiam escolhas políticas nas ciências e toda prática política desenvolvia explícita ou implicitamente proposições teóricas. A prática política e os diferentes campos do conhecimento se cruzavam.

Esse quiasmo da ciência e da política assinala a impossibilidade de se enunciar e identificar a singularidade da política. Aqueles anos foram anos ideologistas: um mesmo conjunto de noções permitia acesso tanto ao mundo do conhecimento como ao mundo da prática política.

Na análise do ideologismo, portanto, a relação do pensamento com a prática é o elemento crucial. É digno de nota que Sartre e Althusser, numa fecundidade antinômica, tenham tratado de uma questão semelhante. Althusser tenta separar filosofia e política e procura uma identificação singular entre a política, o subjetivo e sua pensabilidade; essa é a aposta da categoria de materialismo em sua obra.[1] Sartre, por sua vez, defende a fusão da política com a filosofia por meio de uma fenomenologia da consciência.

O PCF e a questão do partido

O ideologismo se opunha ao PCF. Ele não era interpretável nos termos do stalinismo, sua visão acerca da ciência e da prática não era um sucedâneo da "ciência proletária" e da "política proletária". Ademais, a hipótese ideologista se opunha à hipótese do PCF acerca de um ponto fundamental: a questão do partido. Para o ideologismo, a relação entre o pensamento e a prática política não era mais efeito induzido e variável de um partido que prescrevia e tornava possíveis o pensamento, a prática política e a adequação de ambos. Essa concepção contradizia o modelo stalinista, que fazia do partido o fundamento necessário da circulação entre a ciência e a prática política. Nem por isso o ideologismo descartava

---

1 Cf. Lazarus, Althusser, la politique et l'histoire, in: *Politique et philosophie dans l'œuvre de Louis Althusser.*

Antropologia do nome

a questão do partido: ele a subordinava, reformulava ou declarava sua perempção. Dessa maneira, o ideologismo podia apresentar-se como um rompimento com a visão do partido proposta pelo PCF. E o PCF respondia com acusação de extremismo.

O debate entre a extrema esquerda e o PCF versava sobre a situação histórica e seu eventual caráter revolucionário, a história através da categoria de revolução. Mais incisivamente, porém, tratava do pensamento, da prática política, o que estava relacionado à questão do partido em diferentes versões.

Se a análise do ideologismo exige três espaços, a do debate que o opõe ao PCF organiza-se em torno de quatro referentes. Dois constitutivos do ideologismo (o pensamento e a prática política) e dois específicos (a história e o partido). Esses últimos referentes se encarnavam nas seguintes questões: a revolução é uma categoria contemporânea? O pensamento deve ser apreendido em seu caráter de classe, ou seja, em seu caráter científico, ou por intermédio do dogmatismo oportunista do PCF? A prática política pode apoiar-se na hipótese da capacidade das massas ou visa dirigi-las? O partido é a condição para a circulação das noções ou é efeito dela? Essa última questão punha em jogo certa concepção da organização.

O PCF demonstrara sua versatilidade, na verdade seu oportunismo orgânico. Foi stalinista, apoiou Jdanov, alinhou-se tardiamente a Khroushchov, incitou Garaudy contra Althusser durante muito tempo, estava disposto a estender a mão aos cristãos, redescobriu o humanismo marxista. Do stalinismo, restava a convicção de que era o partido, independentemente de seu conteúdo, que fazia a ponte entre a prática política e o pensamento, e definia seus termos comuns.

O oportunismo teórico do PCF desqualificara-o largamente no plano intelectual, esse descrédito repercutiu na problemática do partido e, apesar de sua importância numérica e conjuntural, ficaria sob a mesma suspeita que suscitavam seus referentes, suas proposições intelectuais e teóricas. O PCF se colocava como pré-requisito da copensabilidade entre o pensamento e a prática. O ideologismo rechaçava o pré-requisito. No entanto, como a questão do partido se tornou paradigmática da questão da circulação, ela organizou os outros referentes e fez-se central. A conexão entre o pensamento, a prática e o partido, dada como vontade pelos grupos militantes (maoistas e trotskistas), foi, portanto, o que pôs em questão o partido. O debate sobre o pensamento político se subordinou a ela. Esse debate se organizou em torno de dois julgamentos: o primeiro incidia sobre o PCF, sua natureza, sua política, seu projeto na França, a realidade soviética defendida por ele. O segundo tratava da natureza do organizacional na política.

A organização

A organização é pensamento como organização de classe e, sendo as leis da história as leis do confronto de classes, como necessidade de ordem histórica. Sem nunca exceder seus limites, a questão do partido fica presa no dispositivo ideologista do pensamento e da prática. O debate sobre a natureza do organizacional é inteiramente determinado: o organizacional está no campo do pensamento ou no campo da prática? Esse debate se torna mais difícil na medida em que – para os ideologistas, se há circulação das noções – o partido não é pré-requisito.

É esse obstáculo e esse debate que vão desencadear a crise da hipótese ideologista, levá-la a um ponto limite e ao dédalo. Há, na verdade, duas grandes hipóteses.

– O organizacional é da ordem do pensamento. Nesse caso, é requerida uma doutrina geral da organização da mesma dimensão das grandes doutrinas históricas e econômicas, e essa doutrina deve ambicionar uma intelectualidade teórica geral. Mas, nesse caso, a atribuição do organizacional ao pensamento debilita o

Antropologia do nome

outro termo: a prática. O essencial da política é atribuído ao pensamento, e a prática não detém nem o organizacional nem o pensamento. Essa é a posição dos grupos situados à margem do PCF e dos grupos trotskistas.

— O organizacional se apoia inteiramente na prática, em formas de organização rudimentares: essa será a política dos comitês (de base, de luta). Nesse caso — e essa é a passagem ao limite —, haverá uma fratura entre a prática (os comitês) e o pensamento: os grupos se dirão engajados num processo de partido de um novo tipo, mas o que se constrói são apenas comitês de luta. É o caso da Esquerda Proletária, que, no entanto, considera-se exemplar. Mas, desenvolvendo seu próprio espaço de intelectualidade — o qual, sendo um dos espaços do ideologismo, ainda é subsumido pelo pensamento —, esse último tipo de organização encontra-se impossibilitado de efetivar seu processo.

Em todo caso, para esse ramo da alternativa (comitês de luta ou de base) não haverá acumulação. De modo que se deve pensar que uma política em oposição ao PCF desenvolve-se, obviamente, num quadro de oposição ao pensamento, à prática, mas, decisivamente, num quadro de oposição à organização. Mostrando-se incapaz disso, a problemática da organização alternativa ao PCF estaciona no espaço do ideologismo, enquanto a questão organizacional vem perturbar o esquema ideologista de dois termos: pensamento e prática.

Dois tipos de processos concretos ou experiências reais ilustram o dispositivo "pensamento, prática, organização".

— Os grupos que permanecerão presos a um princípio de esfera de influência ou satelitismo com relação ao PCF: grupos trotskistas e o Partido Comunista Marxista-Leninista da França (PCMLF). Para eles, a história é referencial e já teve lugar. É preciso recompor seus termos: movimento operário, greve geral, revolução internacional.

Trajetória e categorias

– Os grupos para os quais o rompimento com o PCF é feito antagonicamente e são emblemáticos do ideologismo: a União das Juventudes Comunistas Marxistas-Leninistas e os Comitês Vietnã de Base, que se inspiraram na Revolução Cultural e na guerra do povo vietnamita. Sobre a questão da organização, eles têm referências leninistas e, simultaneamente, afirmam a necessidade de um partido de um novo tipo. Eles combinam a fidelidade ao leninismo com a preocupação com a historicidade contemporânea, distribuindo entre si as duas componentes do ideologismo: o pensamento e a prática.

No ideologismo, o organizacional é manifestamente obrigado a dividir-se entre o pensamento e a prática, portanto é fraturado e entra no heterogêneo. O ponto de força representado pelo rompimento com a preeminência do partido, do modo como o PCF o propõe, transforma-se em ponto de debilidade: o caráter dissociado do organizacional entre o pensamento e a prática. Para os grupos considerados anteriormente, a questão da organização é remetida a uma teoria geral: a do leninismo, enquanto a dimensão prática alimenta a nova historicidade e desenvolve-se em lutas, comitês e, o que será seu fim, movimentos.

O movimento, última disposição do ideologismo: o ideologismo historicista

O crescimento do campo prático, determinado pela irrupção de massa, e a vontade de uma nova historicidade arruínam o esquema ao introduzir a categoria de movimento. Esta conduz a uma desideologização do ideologismo e, ao mesmo tempo, a um enfraquecimento da ideia de organização em sua forma partido. A categoria de movimento se torna dominante. Considera-se que os movimentos exprimem uma nova dinâmica da história, da sociedade, da política. Eles unem prática e organização. Criam-se

Antropologia do nome

situações inéditas em quase todo o mundo. Não apenas nas fábricas, grandes ou pequenas, de homens ou de mulheres, mas também nas escolas, nos CETs,[2] entre operários agrícolas, imigrantes ilegais, inquilinos de grandes conjuntos residenciais.

A distribuição heterogênea do pensamento e da prática, típica do ideologismo, vai ser resumida pela categoria de movimento, que vai propor, no lugar do dispositivo heterogêneo do pensamento e da prática, um dispositivo unificado, composto de uma noção (a "ideologia") e da organização, entendida como processo prático. A categoria "movimento" apresenta-se como uma tentativa de redução do heterogêneo. No ideologismo, no que diz respeito à unificação do pensamento e da prática, o movimento vai desempenhar um papel equivalente ao do partido na problemática do PCF.

A partir daí, o movimento vai dispor o novo espaço do ideologismo, renovando o uso da categoria de ideologia: esta vai designar as formas de consciência do movimento ("ousar vencer", "ousar se revoltar") e transferir para a categoria de organização as formas práticas nas quais se dá o movimento. Temos, então, um espaço de dois termos: ideologia e formas de organização. Na verdade, porém, o movimento vai ser o veículo da renúncia ao pensamento da política, fornecer uma alternativa débil e um semblante de resposta ao que era a exigência da cesura: a implementação de uma configuração radicalmente nova dos três espaços (o pensamento, o pensamento da política, a prática) e dos quatro referentes (o pensamento, a prática política, a história, o partido). Por um tempo o movimento vai dar a ilusão de uma nova sequência. Chamaremos essa nova sequência do ideologismo de "ideologismo historicista".

---

2 Centres Educatifs et Techniques [Centros Educativos e Técnicos]. (N. T.)

Trajetória e categorias

Quando a categoria de movimento intervém, ocorre uma renúncia à problemática do partido de novo tipo, isto é, à distribuição contraditória da questão da organização entre o pensamento e a prática. Isso tem dois efeitos. De um lado, a renúncia, no campo da intelectualidade, à questão da organização – que toma grosseiramente o aspecto de um balanço do leninismo – fará da luta a principal categoria do pensamento e do pensamento da política, passando a impressão de um extremismo. De outro lado, a prática vai ser atribuída às formas concretas do movimento, isto é, da luta. O movimento vai operar a mudança da prática em organização e do pensamento em ideologia, e a luta se torna e permanece categoria central e circulante. Essa mudança só é possível quando pensamento e prática se tornam pensamento e prática da luta e do movimento.

Portanto, há lutas e é preciso apoiá-las, divulgá-las. Esse é o conteúdo da nova figura militante. A política se torna trabalho de massa para o movimento, é avaliada pela incitação e pelo apoio às lutas operárias, populares e dos jovens. Movimentos e lutas se subordinam ao mesmo tempo à prática política (apoio, popularização, ampliação) e à ideologia. A Esquerda Proletária vai ser a organização dessa convicção e desse dispositivo, bem como o exemplo de sua precariedade. Sua queda por autodissolução é o do par ideologia-organização como marco de identificação da política.

No ideologismo historicista apoiado na categoria de movimento, a situação concreta (tal luta) se explica pela noção de revolta. A luta e a revolta são a situação e a categoria circulante. A luta é ao mesmo tempo o parâmetro da prática política e o significante de uma intelectualidade geral. De modo que a relação entre uma luta específica e a intelectualidade geral se tornará uma questão complexa, articulando uma situação específica a uma situação de conjunto e uma situação de conjunto a uma intelectualidade geral.

Antropologia do nome

Houve e ainda há várias respostas. Uma foi dada, seguindo a tradição anarcossindicalista das lutas operárias, pelo tema da greve geral: toda luta é avaliada por sua capacidade de ampliação, de generalização, além de sua própria natureza. A greve é em si seu próprio princípio de totalização. O tema da luta exemplar, no início dos anos 1970, que se prolongará até a luta dos criadores do Larzac e dos metalúrgicos de Longwy, acredita ter resolvido o dilema. A situação de luta continua única, mas a lição é geral: a luta diz respeito ao conjunto, o que está em jogo localmente tem um significado geral. A categoria de apoio, e não de ampliação, será preponderante nesse caso. *La Cause du Peuple* [A Causa do Povo], órgão da Esquerda Proletária, desenvolveu longamente esse registro: no caso de Bruay-en-Artois, tratava-se de justiça de classe; nos estaleiros, de dignidade; o processo de Geismar diante da Corte de Segurança do Estado era apresentado como o processo de Geismar *fedayin*.[3]

Assim, a partir do início dos anos 1970, o ideologismo historicista se torna dominante entre as correntes que reivindicavam o "Maio de 68", perdurando, mesmo que em menor tamanho e com menos força – apesar do reforço que a Confederação Francesa Democrática do Trabalho tentou lhe oferecer ao organizar tudo –, até as revoltas de Longwy.[4]

---

3 Palavra de origem árabe cujo significado aproximado é "mártir", ou "aquele que se redime pelo sacrifício". (N. T.)

4 Longwy, cidade na região nordeste da França, foi, do fim do século XIX até os anos 1970, um polo siderúrgico desse país. Em 1978, o governo francês, à época sob a presidência do conservador Valéry Giscard d'Estaing, anunciou um plano de demissão de 22 mil trabalhadores da indústria siderúrgica, dos quais 6.500 eram de Longwy. Tem início então uma série de manifestações que culmina, em 23 de março de 1979, na marcha dos trabalhadores siderúrgicos, em Paris, com a participação de cerca de 300 mil pessoas. A manifestação foi

A transformação do ideologismo em parlamentarismo

O fim e o epílogo do ideologismo historicista foram o apoio à candidatura de François Mitterrand em 1981, o alinhamento e a adesão ao parlamentarismo com referência social-democrata. O ponto de remate do ideologismo historicista é, pois, o parlamentarismo. Não há dúvida de que a passagem de uma situação específica a uma intelectualidade de conjunto, se não é a da consciência política, só pode ocorrer pela intermediação do Estado.

O que está em questão é o princípio de totalização. A dissociação entre a prática política e o pensamento, conduzindo necessariamente a uma heteronomia entre a prática política e o pensamento da política, exige um terceiro termo: movimento, partido, Estado. Esse terceiro termo é necessário à totalidade; mais ainda: é ele que assegura o processo de totalização. Parece não haver nenhum princípio de totalização e passagem ao conjunto que não seja o Estado. Há uma razão para isso: o ideologismo, o historicismo, o parlamentarismo e a totalidade têm em comum o Estado como princípio de passagem ao conjunto.

Uma hipótese comum se delineia entre a visão problemática do PCF, a da Esquerda Proletária, a dos ideologistas historicistas e a do mitterrandismo dos anos 1980. Dito de outra forma, a passagem da problemática do partido à do movimento e, depois, a passagem da problemática do movimento à do consenso parlamentar e do Estado parlamentar, portanto à problemática do Estado, mantêm o mesmo dispositivo: o da cisão da política entre o seu espaço prático (agora denominado o "social") e o espaço da sua intelectualidade. Todas essas políticas dizem respeito à

---

violentamente reprimida pela polícia, o que acirrou os ânimos entre governo e sindicatos e, acredita-se, ajudou na eleição do socialista François Miterrand em 1980. (N. T.)

política em exterioridade, em que as categorias são circulantes e o pensamento da política se enuncia de fora da própria política. Quando o pensamento da política se enuncia a partir do partido--Estado, é stalinismo. A partir do Estado e da economia separados pelo capital, é parlamentarismo. Quando a política se enuncia de fora e a partir da história, estamos no movimento. Toda política em exterioridade desenvolve uma dialética do heterogêneo e requer a totalidade e a totalização.

Nos anos que precederam 1968, a extrema esquerda reclama que o PCF trocara a tese da revolução violenta pela tese da passagem pacífica ao socialismo. A queixa é de reformismo, parlamentarismo, em resumo, de eleitoralismo. A compatibilidade do PCF com o Estado parlamentar – e consequentemente a compatibilidade do Estado parlamentar com a política do PCF – tem um sentido: ela sanciona o fato de que, tanto para o PCF como para o parlamentarismo, a política está em exterioridade. O PCF fez do partido o ponto de exterioridade a partir do qual a política é pensada, ao passo que o ponto de exterioridade do parlamentarismo, a partir do qual sua política é pensada, é o Estado separado da economia. Enfatizemos a tese: há um núcleo problemático comum entre o Estado parlamentar e o PCF. A crise do PCF não invalida a existência desse núcleo, muito pelo contrário. A crítica ao stalinismo e ao PCF exige a crítica ao parlamentarismo numa visão em que a investigação ocorre segundo a distinção entre política em exterioridade, que exige totalização, e política em interioridade, em que se pode cogitar a reunificação do fazer da política e de seu pensamento e, sob essa condição, a reunificação da política e de seu pensamento.

Trajetória e categorias

O leninismo em questão e o método da saturação

A história ideológica mundial

A obra de Lenin tem um papel de relevo em minha trajetória. Importante figura do pensamento político do século XX, Lenin é, a meu ver, o fundador da visão moderna da política. Essa proposição não limita a modernidade da política à Rússia do início do século, à Revolução de Outubro e aos primeiro anos da Terceira Internacional. A partir dos anos 1920, o pensamento sobre a história, o Estado e, mais tarde, sobre a política é marcado pelo leninismo e pela Revolução de Outubro. Refletir sobre o leninismo é, pois, refletir sobre a política e sua intelectualidade nesse século.

O primeiro marco do meu interesse por Lenin foi *Éléments pour une théorie de l'État socialiste* [*Elementos para uma teoria do Estado socialista*], escrito em 1973. Apoiando-me em uma análise comparada do Estado chinês e do Estado soviético, propunha uma leitura de Lenin, em particular de *O Estado e a Revolução*, de forma que a oposição capitalismo/socialismo era substituída pela oposição capitalismo/comunismo. A caracterização da fase de transição, no sentido tradicional e marxista do termo "ditadura do proletariado", não pode ser feita em Lenin — nesse ponto, fiel leitor de Marx e Engels — sem o comunismo, sociedade sem classes e, portanto, sem Estado. A passagem da fase de transição ao comunismo, de uma sociedade de Estado a uma sociedade sem Estado, deve por um lado ser identificada de dentro do Estado — e eu propunha aqui a teoria das *mediações do Estado* —; por outro lado, essa passagem deve ser feita de fora do Estado, pela luta de massa, visto que o Estado não pode encarregar-se de seu próprio estiolamento. As mediações do Estado eram cinco e foram denominadas as "cinco grandes contradições": entre o trabalho manual e o trabalho intelectual; entre a cidade e o campo; entre o operário e o camponês;

entre os homens e as mulheres; e entre as nacionalidades. Eu defendia que o fortalecimento dessas contradições estava diretamente ligado ao do Estado e, assim, opunha-se ao processo de seu estiolamento, o que contradizia o processo do comunismo. Essa era a via soviética. A via chinesa, a da Revolução Cultural, tentava diminuir essas contradições, em particular as três primeiras – que os chineses chamavam as "três grandes diferenças". A Revolução Cultural estabelecia que as massas podiam apoderar-se da questão do comunismo pelas grandes diferenças. O comunismo se tornava uma política susceptível de análise e seguimento concreto. O comunismo era desestatizado, transformado num processo político antiestatal de massa, assumindo a redução das mediações do Estado. A Revolução Cultural fornecia inúmeros exemplos. O tema do comunismo se tornava uma capacidade política de massa e não atributo de um partido ou Estado, o que fora desacreditado pela experiência soviética e a que a Revolução Cultural procurava um contraponto. Nessa época, Lenin era para mim a figura do teórico político do comunismo. O ponto era reler Lenin após a Revolução Cultural.

A política é inominável

Eu ainda não elaborara a categoria de política da forma como a constituí com a problemática do modo histórico da política, em que a política, longe de ter as invariantes estruturais como objeto ou ser instância particular das sociedades, é sem objeto no sentido estrito e, por isso, é dita em subjetividade ou em interioridade. Nessa acepção, a política não é constante, mas sequencial e rara. Essa concepção fundamentou a política no pensamento como pensamento singular e não nas classes, na história, na economia ou no Estado. O pensamento é, consequentemente, e no sentido preciso que se verá adiante, uma noção cardeal da política, na medida em que é o elemento fundamental pelo qual é identificado. Logo, eu diria que toda política existente tem um pensamento. Esse é o sentido que dou à categoria de modo histórico da política. Chamo "modo" a relação de uma política com seu pensamento. A identificação de uma sequência efetua-se pela identificação dessa relação.

Como se vê, não dou definições, procedo por teses de existência. Existe política; a política é da ordem do pensamento, o que me obriga a dizer que ela é identificada pela relação com seu pensamento. Como se deve entender "relação"? Como ligação e distinção; a política é separada de – porém relativa a – seu pensamento. Tese I: a política existe algumas vezes. Tese II: ela é da ordem do pensamento. Tese III: a política é inominável, seu pensamento total é impossível. Serão pensadas somente categorias e lugares do nome inominável.

Consequentemente, é preciso manter a separação entre a tese I e a tese II, protegida pela tese III. Se o nome da política é inominável, a política tem, todavia, uma relação com seu pensamento, que se dá no modo. Se o modo é a relação de uma política com seu pensamento, a questão do pensamento será interna à política. Manter essa interioridade impede qualquer inversão, por exemplo, a passagem de um pensamento a uma política. Para manter a interioridade do pensamento na política, qualquer tese de nominação da política que quebre essa interioridade será rejeitada. O nome da política será inominável. É, portanto, o fato de que o nome da política é inominável que impede a subordinação desta ao pensamento e ordena que haja relação. Há apenas categorias e lugares do nome. É sob essa condição que a política é pensamento e pensável em seu espaço próprio.

É também sob essa perspectiva que deve ficar plenamente entendido que a política é subjetiva. A política subjetiva poderá ser em interioridade ou em exterioridade, conforme sua subjetivação convoque ou não o Estado. Se o convoca, é em exterioridade.

Ela é em interioridade quando o protocolo de subjetivação se assume inteiramente na subjetividade, e, nesse caso, o espaço do pensamento político está em condições de desenvolver-se por si só numa relação não dependente do Estado.

Trajetória, novamente

Desde *Éléments pour une théorie de l'État socialiste*, a questão do subjetivo, a questão do pensamento, era abordada pela noção de história ideológica mundial. Era defendida a existência de épocas mundiais da política, e era proposta uma periodização. O critério de periodização era *a existência de uma situação eminente*; e o paradigma desta última era a revolução: a Comuna de Paris, a Revolução de Outubro, a Revolução Cultural. Nesse ponto, eu separava política e Estado, e posteriormente opunha a história à política. Propunha denominar "comunismo" essa separação da política e do Estado.

François Maspero sugeriu que eu publicasse esse texto na coleção "Cahiers Libres" [Cadernos Livres]. Peguei de volta o manuscrito para fazer algumas correções e nunca mais o devolvi. Hoje, parece-me que esse texto ainda estava numa problemática do Estado, da história e das massas como sujeito potencialmente capaz e portador do comunismo. A história era o meio pelo qual eu tentava afastar a questão do Estado. A *história ideológica* designava esse distanciamento e sua periodização, mas indicava ao mesmo tempo o caráter singular de cada distanciamento, de cada revolução, e propunha a hipótese de sua acumulação.

A categoria de modo histórico da política, na medida em que designa a política como sequencial, opõe-se a qualquer doutrina de acumulação, mesmo a minha. Quanto ao leninismo, meu propósito não é tentar inscrevê-lo na história — por exemplo, a história ideológica mundial —, mas abordar seu campo por um método que chamo de método da saturação.

Trajetória e categorias

O método da saturação

Os anos posteriores a 1968 são de perempção. Perempção da ideia de partido, do marxismo-leninismo, da categoria de revolução, do socialismo, do materialismo histórico como intelectualidade política. Denomino "método de saturação" a análise, do interior de uma obra ou pensamento, da perempção de uma dessas categorias fundadoras. Trata-se de questionar a obra do ponto de perempção da categoria e reidentificá-la na nova conjuntura. Há uma exigência e uma pertinência intelectuais para se proceder dessa forma.

Exigência na medida em que, em face de uma obra política que teve importância, a alternativa é entre a negação e a saturação. Com efeito, declarar, por exemplo, a perempção da problemática leninista do partido, simplesmente em razão de seu descrédito histórico, sem indicar a que leva ou para o que abre essa perempção, equivale de fato a uma negação. Nós já o constatamos: é aliar-se ao campo antes oposto pelo simples fato de que o seu falhou ou fracassou.

Mas o método da saturação também tem uma pertinência intelectual. O método da saturação das categorias em perempção visa aquilo para que abre a perempção no prosseguimento do trabalho das categorias em novos termos.

Quais são esses termos? De onde fala a perempção? De um novo modo? Ou do ponto de vista do que será implementado, que é o método da saturação? Este é um reindagar de um modo histórico da política do interior dele mesmo. A propósito do modo, distingamos sua historicidade e sua intelectualidade. A categoria intelectualidade é identificada pelo enunciado *há pensamento*.[5] Por

---

5 Veremos essa categoria e essa identificação no contexto das relações entre intelectualidade e pensabilidade, no capítulo 2.

31

enquanto aplicamos essa categoria à problemática dos modos, na medida em que eles estão no centro da questão da efetividade e da perempção.

A categoria de historicidade é o que torna presente na problemática da política — e, portanto, na problemática dos modos — a questão do Estado e impede que os modos sejam transformados em abstrações subjetivas. É nesse sentido que se deve entender que um modo é um modo histórico da política; pois não há nem modo somente histórico nem modo somente político, mas modos históricos da política. Designaremos "historicidade" a história apreendida do ponto de vista da política, isto é, do ponto de vista de um modo. Portanto, a subjetivação das categorias históricas (sobretudo o Estado — lembramos que o pensamento histórico é um pensamento relação do Estado —, mas também as classes) é indicada na noção de historicidade.

Evidentemente, tal historicidade cessa com tal modo, visto que o que sucederá, havendo outros modos em interioridade, é aleatório — em razão justamente da doutrina da raridade da política — e os espaços de subjetivação dos termos que são as classes e o Estado serão — se um novo modo é constituído — diferentes. Nesse caso, a historicidade indica a capacidade de um pensamento do Estado no espaço de um modo, sem que esse pensamento tombe no estadismo, e uma capacidade da política modal de pensar o espaço do Estado sem se confundir com ele. Assim, a historicidade, apresentando o Estado no campo da política, resolve os termos dessa questão no contexto de uma política singular, e não diante de uma simples constatação de sua objetividade: a objetividade, aqui, não é de forma alguma operatória porque é constatada.

Indagando-se sobre um modo que teve lugar, lida-se com uma historicidade fechada. É do ponto de vista de uma historicidade modal diferente que se indaga sobre essa historicidade fechada? Pode-se falar de historicidade fechada apenas do ponto de vista

Trajetória e categorias

de uma historicidade ativa, apenas em comparação com um modo diferente? Não, sobretudo porque essa maneira de proceder conduziria necessariamente a uma doutrina do bom Estado: um confronto de historicidade com historicidade dessubjetiva as duas historicidades — não estamos mais na identificação de uma singularidade a partir dela mesma —, portanto despolitiza ambas e leva a uma problemática abstrata, formal, e em seguida jurídica, do bom Estado. Recusar-se a proceder de historicidade em historicidade tem a ver com a preocupação em manter o método da saturação sem renunciar à singularidade: se há dois campos de subjetividade face a face, ou o campo da historicidade fechada é absolutamente subordinado ao outro (figura da relação de Marx com a Revolução Francesa), ou, para evitar isso, imputa-se ao espaço do Estado a perempção do modo que teve lugar, e as razões do fechamento serão transferidas para o Estado. O princípio de que uma categoria subjetiva cessa (de que é sequencial) é transgredido, em benefício de uma doutrina da falha (de uma forma de Estado). O caminho que vai de uma historicidade à outra é bloqueado e não pode ser o do método da saturação. É nesse sentido que se vai dizer que o método da saturação consiste no reexame, do interior de um modo fechado, da natureza exata dos protocolos e dos processos de subjetivação propostos por este último. Em particular, agora é possível definir melhor o que eram enunciados de subjetivação e o motivo singular de sua precariedade. As teses da cessação de uma categoria subjetiva e da precariedade da política (precariedade que está diretamente ligada a sua raridade) não são ativadas em favor de uma tese sobre a falha e a ausência de subjetivação. O que é dito é que, com a categoria de historicidade, a subjetivação das categorias históricas é levada em consideração. E que, com a saturação, após a perempção, aparece não a perempção objetiva das noções objetivas históricas e estatais, mas o espaço subjetivo que as categorias delineavam e que, ainda que indiretamente, é essencial identificar. Esse espaço subjetivo é a intelectualidade do modo.

Em outras palavras, a intelectualidade de um modo é que dá consistência, na sequência considerada, aos termos "Estado", "classes", "economia" ou qualquer outro conceito histórico. O espaço de subjetivação pertence à intelectualidade de um modo, e não é porque o modo é inválido ou fechado que a historicidade (de um modo) se dá como intelectualidade desse modo; a historicidade é uma intelectualidade em todos os momentos, e por isso é que se pode passar da historicidade como tal à intelectualidade sem tautologia nem circularidade: passa-se de uma intelectualidade singular em sua historicidade a uma multiplicidade de intelectualidades de um mesmo modo, e não a uma intelectualidade geral.

Mas – objeção imediata – por que a essa multiplicidade de intelectualidades não corresponde uma multiplicidade de historicidades? O motivo é o seguinte: se a política, através da historicidade, é capaz de organizar uma subjetivação do Estado, isto é, de apresentar as noções da história na abordagem da política, as noções da história não são todavia aquilo em que – e exclusivamente – a política como pensamento se exerce e se desenvolve. Salvo no caso de se fazer a política pender novamente para a história e para o Estado, admitir-se-á que a multiplicidade das intelectualidades não é uma multiplicidade de historicidades.

Veremos isso no que respeita à noção leninista de partido. E, adiante, no que respeita ao que denomino a "figura operária".

Método da saturação quanto à noção de partido

A perempção da forma leninista do partido é irremediável. Qualquer releitura de *Que fazer?* se confronta com esse fato. Coloca-se então a questão sobre o que exatamente entra em perempção. O método da saturação se precisa: o partido, em *Que fazer?*, é o lugar (um dos lugares) de um nome cuja categoria é o modo bolchevique. O modo não é um nome, mas a categoria de um nome. Peço que, por enquanto, o leitor me conceda as noções de nome e lugares do nome. Modo bolchevique é a categoria de um nome cujos lugares múltiplos são (em 1917) o partido e os sovietes. Por ora, consideremos unicamente o lugar partido. Também é preciso saber, dando-se o devido crédito às minhas palavras, que um modo, na medida em que designa uma sequência política, entre em perempção quando seus lugares, ou um de seus lugares, desaparecem. O modo bolchevique entra em perempção quando os sovietes desaparecem. No entanto, a perempção do lugar não acarreta a perempção do nome em um sentido muito preciso. Com efeito, a categoria do nome (o modo) e os lugares desaparecem. Contudo, mantém-se o fato de que o nome tenha tido lugares, e esse é o ponto principal do método da saturação, e mantém-se no sentido em que o modo bolchevique vai existir em intelectualidade. Passa-se da historicidade à intelectualidade.

Historicidade e intelectualidade

Dissemos que os modos históricos da política principiam e cessam. A cessação declara a perempção. O modo não tem mais historicidade. O método da saturação vai identificar o pensamento da política cujas categorias modais estão em perempção, fazendo uma distinção que constitui a historicidade, de um lado, e a intelectualidade, de outro.

A política é um pensamento, e é um pensamento singular. É o que denomino um pensamento relação do real. Há um caráter singular do pensamento e um caráter singular do real do qual esse pensamento é relação. Quando um modo cessa, cessa também sua singularidade como modo ativo, aquilo que é a sua historicidade. A passagem à intelectualidade não é de maneira alguma a passagem à generalidade ou à história; é a passagem ao que a cessação do modo e o fim da historicidade não eliminam, que é o fato de que

Antropologia do nome

o modo teve lugar. A intelectualidade pode ser chamada, então, de o "ter tido lugar" do modo ou, mais especificamente, lugares do nome. O método da saturação faz aparecer esse "ter tido lugar" do modo, que é a sua intelectualidade, e torna necessária a sua reidentificação.

Dissemos anteriormente: a distinção entre historicidade e intelectualidade não é tal que se falará de intelectualidade unicamente do ponto de vista do fechamento de um modo. Do contrário, estaríamos numa doutrina da efetividade e do pensamento retrospectivos, mas é apenas do interior do dispositivo de um modo que se pode diagnosticar a perempção de sua categoria fundadora.

Do mesmo modo, a divisão entre a historicidade e a intelectualidade não é uma divisão objetiva. O ter tido lugar do modo não supõe que o tendo lugar seja privado de intelectualidade. Não há historicidade de um lado e intelectualidade de outro, como se a historicidade não tivesse intelectualidade. Há o pensamento do pensamento na efetividade do modo (figura I) e o pensamento do pensamento, uma vez cessado o modo (figura II). Em outras palavras, a intelectualidade não requer que a historicidade seja fechada. O método da saturação vai distinguir entre o que é pensado no pensamento no momento em que o pensamento tem lugar (figura I) e o que foi pensado no pensamento quando o modo é fechado (figura II). Estamos longe de uma problemática geral do pensamento: o pensamento do pensamento na figura I e o pensamento do pensamento na figura II não se encontram no mesmo plano nem em continuidade. A política como pensamento singular permite a passagem a um pensamento do pensamento que não é uma teoria do conhecimento, mas a passagem a uma singularidade diferente.

Para que esses pontos fiquem plenamente esclarecidos, é preciso examinar agora a historicidade e a intelectualidade do ponto de vista do pensamento da política e de certa qualidade desse

Trajetória e categorias

pensamento que é a de ser relação do real. Explicitarei adiante o que se deve entender por "real". O protocolo do pensamento como pensamento relação do real não é aquele segundo o qual estamos diante do tendo lugar e do tendo tido lugar. A divisão entre historicidade e intelectualidade trata dessa distinção e só é fecunda se não é entendida como simples recorte objetivo. A política como pensamento relação do real refere-se tanto a uma historicidade como a uma intelectualidade. Enfatizar uma ou outra não sustenta a tese sobre a consistência diferencial da política, conforme esta tenha lugar ou tenha tido lugar, mas sustenta que o protocolo do pensamento como relação do real é qualitativamente diferente no que tem lugar e no que teve lugar.

Frisamos anteriormente: a multiplicidade das intelectualidades não é uma multiplicidade de historicidades. Mas o que se deve entender quando dizemos que não há unicidade e sim multiplicidade das intelectualidades de um modo? É essa questão que o método da saturação aborda diretamente, na medida em que sustenta que a intelectualidade também está relacionada ao tendo lugar, antes do fechamento. Há multiplicidade das intelectualidades e unicidade da sequência; a não historicidade de um modo não implica a historização do pensamento que sua investigação desenvolve.

Não sustentamos, como se sabe, que, se a historicidade é fechada, sua investigação só é possível sob outra historicidade explicitamente constituída, negando-se a unicidade da sequência: é a inversão do esquema historicista, na qual se têm uma simbólica dos acontecimentos e uma caracterização do pensamento como datado. O acontecimento "a tomada da Bastilha" é lido indefinidamente e os discursos e declarações dos homens de 1789 são dados como definitivamente esgotados em sua própria época. Durante algum tempo, essa era a posição de Mathiez,[6] que dizia

---

6 Mathiez, *Jacobinisme et bolchevisme*.

que o jacobinismo só se explica se for bolchevique. Essa doutrina da filiação é rechaçada aqui.

Minha posição é inversa e posso repeti-la, introduzindo a categoria de tempo que discrimina o tendo lugar dos lugares e o tendo tido lugar dos lugares. Dito trivialmente, a historicidade é anacrônica e a intelectualidade é contemporânea, há descrédito dos acontecimentos e proximidade do pensamento. É a mencionada inversão do esquema historicista, com sua simbólica dos acontecimentos e sua caracterização do pensamento como datado. Resolver o problema da multiplicidade atribuída a um modo não exige o engajamento na problemática do contemporâneo e do antigo, que não pode ultrapassar o debate entre passado e presente, cuja inanidade foi definitivamente mostrada por Bloch em *Apologie pour l'histoire*. Aqui, portanto, não se trata de estabelecer o problema nos termos de um pensamento no presente e de um pensamento no passado.

O método da saturação, mesmo não dispensando a questão de uma possível historicidade contemporânea, não a transforma em seu operador em pensamento ou sua condição. Somente sob essa condição é que a historicidade é sequencial. De um lado, tem-se um tendo tido lugar inequívoco e, de outro, um tendo lugar possível para nós. Mas, seja como for, a intelectualidade não convoca outro modo: o procedimento em intelectualidade convoca a unicidade da sequência de um modo. Há unicidade da sequência e multiplicidade do pensamento de um modo, discriminadas pelo tendo lugar e pelo tendo tido lugar. A questão que se coloca não é a do estabelecimento de uma tipologia cronológica, a de um tempo do pensamento, mas é a aplicação da multiplicidade ao real.

Resolver o problema colocado consiste em retomar estritamente o enunciado o *pensamento é relação do real* e aplicar a multiplicidade não ao pensamento, mas ao real. É sustentar a tese de que há uma multiplicidade do real, evidenciado pela mediação, pela filtragem e pela autoridade do enunciado *o pensamento é relação do real*. O leninismo, na medida em que é abordado pelo modo bolchevique, não se dá na unicidade, mas na multiplicidade do real.

Existem multiplicidades heterogêneas e multiplicidades homogêneas. A proposta de pensar o subjetivo no subjetivo diz respeito a uma multiplicidade homogênea. Ao contrário, é multiplicidade heterogênea toda dialética do subjetivo com o objetivo. A doxa contemporânea que afirma que o leninismo foi e nada resta dele, em nenhum ponto, mesmo tático, é uma lógica da multiplicidade. Alguma coisa foi (estado 1) e dela não resta nada (estado 2), embora permaneça o nome. Estamos, portanto, em uma multiplicidade do real. Essa multiplicidade é heterogênea: ela coapresenta o objetivo e o subjetivo, por exemplo, as classes, a organização econômica e as formas de consciência, as mentalidades. O que o pensamento pensa aqui é relação do real, mas de uma multiplicidade heterogênea: é um real cujo pensamento é relação organizando o subjetivo e o objetivo. Numa multiplicidade homogênea, o que o pensamento pensa é inteiramente do campo do subjetivo.

Sem a doutrina das multiplicidades homogêneas, a discriminação em termos de modo ativo e modo passado é objetiva. Consequentemente, o desafio do método da saturação, e da distinção entre historicidade e intelectualidade, é saber se é possível tratar o fechamento do modo de uma maneira que não seja objetivista. Esse problema requer uma ampliação da problemática do modo que consiste em aplicar a ele a categoria de intelectualidade, que é a única que permite uma teoria da multiplicidade que não é multiplicidade das historicidades. A intelectualidade permite a multiplicidade do pensamento como relação do real, apoiando-se no enunciado *o pensamento é relação do real*.

A identificação de um modo, a diferenciação entre o tendo tido lugar e o tendo lugar, se não é apreendida de forma historicista, abre para a identificação da multiplicidade homogênea, visto

Antropologia do nome

que não se trata de uma abordagem objetal e científica. Tal como o proponho, o real é o nome inominável e a multiplicidade dos lugares. No tendo lugar do modo, dir-se-á que o real conjuga a historicidade e a intelectualidade e que, cumprida a perempção, a historicidade faz a escolha. Advém então um outro real, satisfazendo as exigências da multiplicidade homogênea, desde que a investigação trate dos lugares do nome. O real do modo fechado é o(s) lugar(es) do nome.

Contudo, ao mesmo tempo que se permanece em uma mesma identificação do modo (relação de uma política com seu pensamento), a operação do método da saturação será efetuar a separação entre a política e o pensamento dessa política e, assim, desconstruir uma concepção em que se postularia uma aderência completa entre política e pensamento. De fato, essa aderência torna impraticável, com relação ao modo fechado, qualquer abordagem que não seja objetivista, em que a cessação da política é a cessação do pensamento. Para que a apreensão do modo fechado seja em pensamento, é preciso rechaçar qualquer fusão entre política e pensamento. Esse é o aparente paradoxo da teoria do modo, tomada no filtro do método da saturação. O modo, relação de uma política com seu pensamento, justamente em virtude do pensamento, exige uma separação radical entre política e pensamento. A clivagem entre intelectualidade e historicidade apresenta essa separação, mas apresenta ao mesmo tempo o que é requerido pela multiplicidade homogênea. Aqui, trata-se propriamente da investigação sobre o real do modo fechado (lugares do nome), que é a intelectualidade, se se admite que esse real implica o pensamento, no enunciado *o pensamento é relação do real*. Apropriar-se do real e da multiplicidade dos reais sob o abrigo do enunciado *o pensamento é relação do real* é o que chamo de apropriação da cristalização prescritiva.

No processo da sequência política, a identificação, ou relação com o pensamento, dá-se como contemporânea do modo (diremos que há um pensamento de Saint-Just, um pensamento de Lenin) e presente na análise do modo após o fechamento. O que permanece intacto são os lugares do nome. O não desaparecimento em pensamento de que houve lugares manifesta-se no trabalho sobre as categorias. A intelectualidade é esse trabalho, um trabalho que capta a natureza prescritiva do modo. Uma vez efetuado o trabalho sobre o prescritivo, o método da saturação termina seu ciclo.

Dizer que não é com relação à historicidade que se pode fazer a reidentificação na intelectualidade é dizer que não é diretamente da cessação da política que se opera a passagem à intelectualidade. A cessação da política só é significante por si mesma. Afirmando o contrário, colocamo-nos na posição batida em que a cessação é identificada com o fracasso, e vemo-nos então no espaço banal do pessimismo histórico, em que as revoltas são feitas para serem vencidas e as revoluções para receber o estigma do horror. Inversamente, analisada com o auxílio do método da saturação, a perempção abre para um novo ser da obra, que é o de sua intelectualidade, e, como é o caso do leninismo, para a interrogação, que — fazendo as categorias que foram importantes e marcaram a perempção repercutirem até seu ponto extremo, até seu ponto de ruptura — permite que se chegue — por meio de uma opacificação dessas categorias, e examinando sua disposição e funções diversas no pensamento do modo — a sua natureza prescritiva.

Método da saturação, nome e lugares do nome

O trabalho de saturação, ratificando a perempção, vai abrir para a categoria de lugar(es) e de prescritivo, no caso de qualquer modo histórico da política em interioridade. Apesar de fechar a singularidade histórica das categorias de um modo, a perempção não desqualifica o trabalho sobre a intelectualidade do nome desenvolvido pelo modo. Voltemos ao exemplo do partido leninista.

O partido em *Que fazer?* é um dos lugares da política cujo modo é o modo bolchevique. O método da saturação vai registrar a perempção da categoria de partido e tentar deduzir daí a dimensão prescritiva. Isso aparece no que denomino o caráter sob condição da categoria em perempção. O partido aparece como o lugar do caráter sob condição da política revolucionária tal como formulada por Lenin. O que se deve entender por "sob condição"? Que a política não expressa: nem as características sociais nem as classes em sua determinação econômica. Não é nem espontânea, segundo a expressão famosa, nem já aí: a política é sob a condição de enunciar suas condições.

No âmbito do método da saturação, o caráter sob a condição da categoria de partido é a dimensão prescritiva. Esse caráter sob a condição da política é que detém a cristalização prescritiva. O prescritivo, ao qual reservo o fim da minha investigação, revela-se aqui o caráter próprio e singular de uma política.

A saturação eleva a obra à qual pertencem as categorias em perempção – e esse é o ponto da intelectualidade – ao *status* de singularidade, de obra singular cuja historicidade é fechada. Mas essa declaração de fechamento, longe de ser traidora e desmemoriada, redesenvolve a obra de maneira diferente, identificando sua singularidade. O método da saturação permite essa passagem difícil, mas essencial, da historicidade e da modernidade à singularidade, historicamente fechada, embora sempre ativa na questão do nome. Ele permite afirmar que o nome teve lugares e que esses lugares passados não eliminam o fato de que o nome tenha tido lugares.

O modo e a história

No entanto, há uma dificuldade. A problemática dos modos sustenta que cada modalidade de existência da política é singular. Um modo se identifica como a relação de uma política com seu

Trajetória e categorias

pensamento, é a relação de uma política com seu pensamento que encerra essa singularidade. Portanto, na abordagem em termos de modo, não há espaço para uma problemática da sucessão das políticas ou para uma problemática dos progressos da história, da qual a tese da acumulação é uma das formas possíveis.

Vê-se bem a dificuldade que encontra a tese da política rara e sequencial. Na medida em que é subjetividade sequencial, ela impede qualquer investigação da política em termos de continuidade e acumulação e rompe as relações anteriores entre política e história, em que era pela história – encerrando uma ideia da continuidade, ainda que movimentada e dialetizada – que se dava a inteligibilidade da política. Ora, minha teoria da política não se limita a desistorizar o pensamento da política, pondo fim a toda continuidade, continuação, acúmulo e transformação; ela desnuda a necessidade de uma inteligibilidade própria da política. Não se pode mais pensá-la nem pela história, nem pela transformação, nem pela acumulação, nem pela classe, nem tampouco pela categoria de tempo que Marc Bloch propõe como constitutiva da história. Portanto, é preciso que se deixe o pensamento da política nesse desnudamento absoluto. Indagando-se, uma vez descartada a hipótese de sua reistorização, se a política é avaliável. Do ponto de vista de seu pensamento interno, o fim do pensamento da continuidade, da continuação, da acumulação, e a desistorização, que é também uma desdialetização, conduz a um momento paradoxal. Sendo essa desistorização uma condição de subjetivação da política, deve-se convir que é o preço que se paga para que a política seja pensável. Mas, como consequência, a desistorização anula e esvazia de conteúdo as categorias anteriores de subjetivação, propostas pela problemática historicista.

Quais eram essas categorias? Essencialmente, as categorias de contemporâneo, modernidade e presente, categorias subjetivas e objetivas, exclusivamente no sentido de que são subjetivas

Antropologia do nome

e historicistas e permitiam a articulação ou a sutura do que se pode denominar não o singular, mas o particular, com a história e o tempo considerado na sucessão desta. É essa articulação que, em minha concepção, a política evita, mas perde, criando uma situação de grande ruptura subjetiva.

Essa situação é aquela em que não é mais possível recorrer à história. O que isso significa em intelectualidade é: trata-se da política considerada pensamento e modo. Isso significa também que é impossível falar de uma situação da política que não seja do interior dela mesma. A história permitia uma perspectivação e possuía uma multiplicidade de sentidos. A mutação subjetiva considerável que evoquei anteriormente é que, agora, estamos na unicidade de sentido. A multiplicidade oferecida pela história era a das cenas locais, nacionais, mundiais, que podemos bem imaginar reportando-nos ao exemplo que davam os militantes profissionais da Terceira Internacional, circulando mundialmente de uma situação para outra. Ora, essa imensa circulação não existe mais; existe uma circulação restrita. Do mesmo modo, eram recortadas categorias na história que se juntavam às categorias propriamente políticas, como a guerra e a paz, o socialismo e o capitalismo, de maneira que uma simples greve local podia invocar e pôr em jogo as categorias de guerra ou paz. Existia o que devemos denominar invariantes em subjetividade, dadas pela própria história. Tudo se encaixava no quadro: nos anos 1950, aquilo que pode ser entendido, de um ponto de vista diferente, como mudanças de orientação, como reviravoltas táticas, podia ser analisado como o uso que os partidos da época, em particular o PCF, faziam desse campo de possibilidades. Até o sistema sindicato-partido, que pertencia ao âmbito dessa multiplicidade de sentidos fornecida pela história: havia o campo do social e o campo do estatal. Havia o internacionalismo e o nacional.

A unicidade, que era conhecida de qualquer um que fizesse política em termos de modo, dava-se na problemática dos lugares.

Trajetória e categorias

Essa política consiste na atribuição do subjetivo aos lugares e no estabelecimento de uma lista desses lugares, que é uma lista curta. A unicidade efetiva em lista curta é o que dá um caráter homogêneo ao pensamento da política que se opõe ao heterogêneo da historização. Todos os lugares são lugares subjetivos, e prescritivos, sem nenhuma aderência historicista. É essa subjetividade sem nenhuma aderência historicista que se manifesta como absolutamente nova e conduz não a uma refundação, mas a uma fundação do subjetivo. A subjetividade anterior, que denominamos o subjetivo ideologista e que consiste, entre outras coisas, na articulação com a história, propunha uma relação especular: na subjetivação historicista era possível escapar da subjetivação passando para outra escala, outro nível, outra ordem, para diferentes círculos e estratos da dialética do subjetivo e do objetivo. A consequência no plano do subjetivo era que nunca se ficava restrito a um único campo de subjetivação, os outros campos se davam como deslocados com relação ao mais restrito e permitiam que este fosse pensado de mais alto. Nos dados imediatos da consciência, a ligação entre os níveis era especular: ela oferecia, por intermédio de umas poucas categorias circulantes, a possibilidade de pensar o subjetivo com distanciamento, o que não o impedia de aspirar a uma homogeneidade que era, na verdade, uma heterogeneidade. O mesmo e o "alhures" trocavam prestígios. Pode-se ver nisso a razão da obsolescência da forma partido que se apresentava como aquilo que praticava ao mesmo tempo o lugar subjetivo e o alhures. A ruptura em subjetividade não trata apenas do debate heterogêneo/homogêneo. Ela continua na hipótese de um subjetivo sem alhures.

É possível pensar um modo passado?

A unicidade impossibilita que se pense um modo passado? As teses historicistas de estrutura e acumulação, ou sedimentação complexa, dão um aspecto de inteligibilidade ao que foi e não é mais. O objeto "o século de Luís XIV" é incontestavelmente pensável. Se esse marco é abandonado, como se pode pensar o que não é mais, um modo histórico da política, bem como, na sequência considerada, a história do ponto de vista das consciências e de suas formas? Com é possível considerar os modos anteriores a seu próprio modo? Não existe uma metaestrutura dos modos. Os modos também não são uma exemplificação fenomenológica ou figuras do pensamento. Não existe um metapensamento dos modos. Então é impensável um modo passado?

O método da saturação, ao conduzir um trabalho posterior sobre a inteligibilidade do modo, permite pensá-lo, sem que haja necessidade de ser *sans-culotte* para falar de Saint-Just ou, a exemplo de Alfred Métraux dizendo aos alunos que se tornava índio por eles, empregar o método participante. O princípio do método reside na distinção entre o pensamento do modo do ponto de vista de sua perempção e o pensamento do modo do ponto de vista de sua existência. O pensamento do modo do ponto de vista da existência é a política e seu campo. O pensamento do modo do ponto de vista de sua perempção é a abordagem em termos de nome e lugar do nome.

Dessa forma, porém, surge uma nova questão. A cessação do modo acarreta sua dessubjetivação? A subjetivação é consubstancial com o modo em existência? É consubstancial com o pensamento da política quando ele existe? Deve-se avançar que a subjetivação é um ser do pensamento, e, nesse caso, não haveria pensamento a não ser do subjetivo? Minha resposta não variará. O fim do modo acarreta, obviamente, o fechamento do desenvolvimento dessa subjetividade, mas não anula o fato de que ela foi. Esse é o ganho fundamental do método da saturação. Quanto à história, o fim do modo não muda sua subordinação à política. Do contrário, como outra modalidade da dessubjetivação, eu teria

Trajetória e categorias

apenas aplicado o modelo da política sobre o da história e, quando cessa a política, teria devolvido a história à própria história. Ora, a cessação não é nem uma dessubjetivação nem o fim de curso da problemática dos modos. Eis por quê.

O dispositivo do nome e dos lugares do nome é aquele em que, quando cessa a política, o nome cessa na medida em que o modo cessa. É claro que o fato de o modo ter tido lugares não é anulado por causa disso. É claro que a cessação leva com ela o nome, ao passo que permanece o fato de o nome ter tido lugares. Mas o fato de o nome ter tido lugares ancora a cessação na subjetivação, isto é, numa intelectualidade singular. Esta última desenha um novo percurso; trata-se de uma subjetivação de subjetivação, o que designo como pensamento do pensamento, ou pensabilidade, e não de uma metassubjetivação.

O movimento complexo que dispõe o nome e os lugares do nome é aquilo por meio de que se sustenta que, além da cessação, o modo é pensável em uma subjetivação de subjetivação. E esse movimento é o que assegura que a subjetivação não é consubstancial com a existência do modo, mas coextensivo ao seu pensamento e ao que torna seu pensamento pensável. Se o pensamento é pensável, essa pensabilidade opera além da cessação do modo. Assim conclui o dispositivo do nome e dos lugares do nome. A distribuição dos lugares do nome se mantém além da cessação do nome. Por isso chamo "nome" o que é pensado no pensamento e não se dá por si mesmo ou diretamente, mas sim pelas categorias dos lugares que, embora obsoletos, fizeram consistir o nome. O fato de que o nome tenha tido lugares não cessa. Quanto ao nome, ele tem a característica de existir e ao mesmo tempo ser inominável. Em certo modo, o nome é o da política, enquanto nome inominável, e o modo, ou tal ou tal modo, é apenas a categoria do nome. Apenas os lugares do nome são nomináveis. Em outras palavras, a política é um nome cujos lugares são apreensíveis em um modo.

Antropologia do nome

Ilustração disso é o exemplo do modo que denomino revolucionário, que tem como sequência 1792-1794 e como lugares do nome a Convenção, as sociedades *sans-culottes* e o exército revolucionário. O modo revolucionário é a categoria do nome inominável que é a política revolucionária.

A figura operária

Entre a história e a política, fundidas pela tradição do materialismo histórico, há separação. Trata-se de uma separação complexa. Um texto de 1989, "Lénine et le temps",[7] indicava que uma análise do que Lenin escreveu e pronunciou entre fevereiro e outubro de 1917 revela heterogeneidade qualitativa da história e da política. Elas se opõem, não estão coligadas, contrariando a vulgata que coloca Lenin como o político do sentido da história. As relações que a guerra e a revolução mantêm para ele, entre fevereiro e outubro de 1917, permitem que isso seja enfatizado. A história está do lado da guerra; a política, do lado da revolução; as duas não se fundem. Uma incerteza e uma imprevisibilidade patentes se manifestam no que diz respeito à revolução, enquanto a análise da guerra, escorada na análise do imperialismo, permite a previsão. Porque a guerra pertence à história, digo que ela é clara; a revolução, porque pertence à política, digo que é escura. Os tempos que estamos vivendo acumulam escuridão e dificuldades. A política, a questão da política, é escura, mas também o é a história.

Qual a pertinência do método da saturação no que diz respeito à relação entre a história e a política? Sobre esse ponto, a saturação da obra de Lenin abre caminhos diferentes daqueles abertos sobre a categoria de partido. A saturação da categoria de partido

---

7 Lazarus, Lénine et le temps, in: *Les Conférences du Perroquet*, n.18, mar. 1989.

conduziu à problemática da política sob condição e no modo histórico da política. A saturação das relações entre a história e a política evidencia como substratos a questão operária e a das fábricas.

Lenin é profundamente proletário, como se sabe. Essa prescrição se dispõe em seu pensamento por meio da categoria de classe, que, no que concerne aos operários, divide-se em classe social e classe política. A existência objetiva de operários não é suficiente para criar uma capacidade política operária. A política não expressa o social, não expressa a história; as relações da política e da história são mais complexas. No entanto, Lenin é poderosamente classista, marxista, e mostra-se como tal; para ele, a luta de classe proletária é a força política revolucionária do mundo moderno. Ora, o classismo é obsoleto.

A perempção do classismo determina a caducidade de toda referência classista. Deve acarretar também a caducidade de toda referência operária? Aparentemente, quando se renuncia ao classismo e à categoria de revolução, sendo essas duas noções os suportes da questão proletária em Lenin, esta parece incluída no fechamento de suas duas categorias de suporte: a de classismo e a de revolução. O método da saturação, ao mesmo tempo que ratifica a perempção do classismo, descobre e tem como saldo uma categoria nova: a da figura operária. Para evidenciá-la, é preciso passar pela separação entre a história e a política.

A separação da história e da política. Marx e Lenin

Há, em Lenin, indicações muito importantes sobre os operários e as fábricas, sobretudo a propósito das revoluções de 1905, fevereiro e outubro de 1917. Lenin analisa a passagem da greve econômica à greve política e a da greve política à greve insurrecional.

A base do pensamento de Lenin, e do modo bolchevique da política, é o seguinte enunciado: a política proletária é sob condição. O fato de que seja sob condição indica que a política não expressa nem as condições sociais nem – e esse é o ponto que me interessa – a história como era concebida por Marx. Há uma separação entre a capacidade política e a classe social. Mas também entre a capacidade política, de um lado, e a economia e a história, de outro. Esse ponto renova inteiramente as teses do *Manifesto Comunista*.

A tese de Marx pode ser dita da seguinte maneira: há uma estrutura do real, as sociedades não são um conjunto magmático, caótico, informe, aleatório e, por conseguinte, estranho a todo pensamento. Elas estão ligadas a uma estrutura. A estrutura é a da luta das classes. Para falar da luta de classes e da estrutura das sociedades, Marx convoca a história, na medida em que a luta das classes é ao mesmo tempo objetiva e política – em meus termos: descritiva e prescritiva.

Na famosa carta a Weydemeyer,[8] ele esclarece que sua contribuição não é a problemática das classes, que já existia antes dele, mas o que podemos chamar de problemática comunista da classe. Ela permite que se fundamente cientificamente o prescritivo. Mas esse prescritivo não é o prescritivo científico. O estiolamento do Estado, a extinção das classes, o fim da lei do valor, o fim da exploração do homem pelo homem, a passagem ao princípio "a cada um segundo as suas necessidades" são noções da ciência e noções da política. Para Marx, as noções científicas são noções da consciência política: elas são realizáveis. A categoria comunista de luta de classe fundamenta essa possibilidade, sendo ao mesmo tempo científica e política. Essa concepção é o pensamento do que denomino o modo classista. Como todo modo da política, ele propõe um prescritivo e um possível singulares. Nessa perspectiva, a

---

8 Marx, Lettre à Weydemeyer, 5 mar. 1852, in: Marx; Engels, *Lettres sur Le Capital*, p. 58.

Trajetória e categorias

emancipação não é uma utopia, mas um possível. Há a ciência de um lado e o prescritivo de outro. É característico do pensamento de Marx que o prescritivo e o descritivo, ou seja, a ciência, fundam-se um no outro. Para o que nos interessa, a história e a política fundem-se. O nome dessa fusão é "consciência histórica"; o proletário comunista é o que tem uma visão científica e prescritiva da história, e prescritiva porque é científica. A fusão vai ocorrer de si mesma, de forma espontânea, porque é necessária.

Isso quer dizer que existe uma problemática natural-histórica dessa fusão e, consequentemente, uma problemática natural, espontânea e histórica do prescritivo. A política procede do posicionamento da história nela mesma. O posicionamento é o que inscreve a separação na fusão. Toda política faz uma separação; Marx fará a separação da história e da filosofia; Lenin, da história e da política. Ora, a fusão entre a história e a política é constitutiva do modo classista e da concepção de Marx. Contudo, na medida em que se trata de política, deve haver separação. Em Marx existe uma forte tensão entre a certeza histórica (da revolução) e a separação, que diz respeito ao que se pode denominar o caráter não advindo do ter lugar da revolução; essa tensão se manifesta pelo estado das consciências e das forças proletárias. A situação real obriga Marx a constatar a separação entre o presente e o que pode advir. O problema da separação é resolvido pela inscrição na história, que reabsorve a política. Portanto, a separação sob a regra da fusão é um posicionamento.

Científico e possível estando atrelados na história, o posicionamento, cuja categoria é a classe comunista, introduz-nos na categoria de possível. Trata-se de um possível prescritivo, de um lado, e de um possível científico, de outro, o que permite a dupla inscrição do possível, a título científico e político. É o posicionamento que fundamenta o caráter essencial e militante da história das classes, suas contradições e sua base econômica.

A história trata das classes, da economia e do Estado. As categorias de capital, trabalho, burguesia, proletariado, do mesmo modo que a categoria de antagonismo, ligada à visão comunista da classe, são categorias históricas e não políticas. Portanto, dir-se-á que, para Marx, há fusão da história e da política na categoria de posicionamento (que é ela própria atribuída à categoria da classe comunista) e que o prescritivo pertence a ela. No modo bolchevique da política, a disposição é diferente.

O modo bolchevique rompe com a concepção de Marx pela tese da política sob condição, ao mesmo tempo que Lenin preserva a operação de posicionamento, reservando-a à tomada do poder e ao Estado.

Lenin não vai renunciar à articulação de classe e história, mas vai colocá-la sob a condição da consciência. Esta não estará mais sob a regra das condições materiais de existência, como no primeiro materialismo de Marx, mas sob a regra do antagonismo à ordem social existente, isto é, ela própria estará sob condição. Para que fique bem clara a ruptura com Marx, devemos salientar que o antagonismo é ele próprio uma das condições do caráter sob condição da consciência. Como é uma condição da consciência, não pode ser considerado uma de suas operações e objeto dela; de modo que não se pode avançar que é o antagonismo que constitui a consciência: ele aparece como um de seus enunciados, produzido ao cabo de um processo sob condição. Portanto, não é o antagonismo que produz a consciência, mas é a consciência que o declara. As condições objetivas não são o que delimita o espaço da consciência. Opera-se aqui a desistorização. A consciência não é um espaço histórico, é um espaço político e prescritivo.

Visto que a categoria em jogo é a de consciência, o prescritivo e a questão do possível se dão em termos muito diferentes dos que entram em ação quando o elemento fundamental é a classe. Não pode mais haver dialética expressiva entre relações de produção e formas de consciência, ou essa dialética continua a ser a da história, a do Estado e da economia, e não é mais prescritiva. Portanto, o abandono da categoria de classe comunista, agindo como princípio de posicionamento na história, vai estar atrelado, no leninismo, à separação da história e da política. Ora, o paradigma dessa separação é a figura operária separada entre o ser social e a consciência política. Feita a separação entre história e política, e dispensada a história, o espaço da figura operária não é mais o Estado, mas — e esse é o objeto do capítulo 4 deste livro — a fábrica como lugar.

Prescritivo e possível

Especifiquemos agora os termos "prescritivo" e "possível", empregados aqui com frequência. A hipótese do prescritivo designa o caráter próprio e singular da política, de seu pensamento com relação a outros pensamentos. É o prescritivo que encerra sua singularidade. Existe uma conjunção original da política com o seu fazer. Essa conjunção é geralmente denominada "prática". Como se viu, rejeito essa categoria, prisioneira do ideologismo. Então o que é o prescritivo? Não sendo a política nem uma moral nem uma religião, o prescritivo não será nem do campo da ordem dada, nem do campo da lei, nem do campo da regra. Essa categoria não acarreta nem uma doutrina da aplicação do pensamento, nem uma doutrina da relação entre meios e fins, nem uma previsão.

O trabalho do prescritivo é um trabalho de separação, e o termo "possível" designa o caráter praticável e racional dessa separação. Política é prática. O peso inerente a toda prática inspira normalmente as seguintes teses sobre a política: ela é heterogênea, eclética, cínica, cálculo, acaso feliz, emblema da luta dos fortes contra os fracos, astúcia e, sobretudo, mistura — um pouco de economia e um pouco de arte militar. Política é mistura, portanto é irredutível a qualquer tentativa de separação. Em oposição, observemos exemplos de grandes separações. Marx é separação com a filosofia. Lenin, da história e da política. Saint-Just separa o espaço público em virtude e corrupção, que ele chama de "bem" e "mal". Todas as políticas, em particular as grandes, que são em interioridade, lutam contra a tese da mistura. O pensamento da política não é heterogêneo, ele faz separações onde tem lugar a prescrição. Em cada um desses pensamentos, em cada um desses modos, o prescritivo é atribuível ao trabalho da separação. O prescritivo é, portanto, o trabalho da separação, e o possível é a um só tempo a decisão de realizar esse trabalho e sua efetividade.

A figura operária

Como fica a figura operária? Ela é prescritiva; o propósito é fechá-la enquanto enunciado histórico, extraí-la do entremeio em que se encontra em Lenin e considerá-la um enunciado político.

O método da saturação aplicado ao modo bolchevique da política – e não à categoria de partido – mostra que a figura operária é o ponto de cristalização da separação entre a política e a história. Ela permite, nisso, o fechamento do marxismo, onde ela existia apenas sustentada pela classe, pela história, e, consequentemente, onde jazia numa indistinção política. Mais ainda, fazendo a separação com a história, ela conduz a sua própria desestatização. Se se estabelece que o Estado é a categoria central da história, a desestatização da figura operária se concebe pela ruptura da problemática de tipo partido, que articulava os operários ao Estado pelo paradigma conceitual de ditadura do proletariado.

Pode-se sustentar, então, que a separação entre a história e a política, uma vez ratificada a caducidade do modo classista e afastado o modo bolchevique, abre para a intelectualidade da política.

A perempção do leninismo como historicidade e sua saturação (que o constitui em singularidade) produzem duas indicações fundamentais. A primeira: a política é sob condição, o que abre para a categoria do prescritivo. A política, ao menos a política em interioridade, é prescritiva. A segunda indicação é a figura operária, instalada nas relações complexas e frágeis que há entre a existência social dos operários e sua eventual capacidade política.

Quanto à investigação sobre a política e a possibilidade de pensá-la, a categoria fundadora é a de modo histórico da política. É a categoria de modo histórico da política que marca o fechamento com o ideologismo e o historicismo, que foram as duas intelectualidades da política de 1968 até os anos 1980.

A investigação da figura operária exige uma antropologia operária e uma pesquisa de fábrica. Especializei-me no assunto: nas garagens da RATP em Paris, em 1968; nas fábricas da Chausson em Reims, em 1970; nas fábricas da Coder em Marselha, nas greves da Renault-Billancourt, em 1973; no mesmo ano, na fábrica de Fos-sur-Mer, onde trabalhei algum tempo como eletricista montador; em fábricas em Portugal, em 1973; novamente na Renault-Billancourt, em 1975; e depois com os operários do Solidariedade na Polônia, em 1981; na Talbot-Poissy, em 1984; na Renault-Billancourt, em 1985; em Cantão, em 1989; em algumas minas e laminadoras da República Democrática Alemã, Tchecoslováquia e Polônia, na primavera de 1990; de novo na Alemanha Oriental, em 1992, e na Polônia, em 1993. Conheci muitas fábricas: a fábrica lugar do tempo, a fábrica lugar do Estado, a fábrica lugar do dinheiro, a fábrica lugar político.

A problemática da singularidade, do caráter raro e sequencial da política apoia-se inteiramente na tese de que a política é da ordem do pensamento. O subjetivo não é contínuo. Advém por aparecimento e deixa de ser: entra em perempção. No entanto, a categoria de subjetividade, apesar de necessária, não é suficiente.

É preciso ir além, avançar que a política é um pensamento, condição para que o subjetivo, na modalidade singular do pensamento, possa constituir não só o espaço da política, mas também o espaço no qual ela pode ser pensável. Dizer que a política é um pensamento é dizer que ela é pensável e – esse é o ponto principal – pensável por si mesma e não por disciplinas ou doutrinas exteriores. Portanto, é preciso estabelecer que, se a política é um pensamento, ela é pensável sem exigir um processo de pensamento que a domine ou compreenda. Em outras palavras, é pensável sem que haja necessidade de se recorrer ao Estado ou à economia, duas noções distintas, aliás. A tentativa de conceber a política fora do Estado ou da economia é uma tentativa da liberdade e de um campo próprio de decisão.

2
Os dois enunciados

Minha intenção

O propósito da antropologia do nome é fundar um conhecimento do pensamento e abrir para a perspectiva de um pensamento sem objeto. A antropologia do nome não visa a ciência, portanto. Seus dois enunciados constitutivos são *as pessoas pensam* e *o pensamento é relação do real*. Proponho-me pô-los à prova, o que pressupõe praticabilidade e investigação, que é o que dá consistência à antropologia. Viso fundar uma antropologia do que, até o presente momento, foi denominado "formas de consciência", "subjetivo", "representação". Trata-se de uma antropologia do pensamento das pessoas, que deve ter condições de assumir na antropologia o enunciado *as pessoas pensam*. Chamo essa antropologia não de antropologia subjetiva, interpretativa ou compreensiva, mas em interioridade e racional.

A interioridade designa a tentativa de elucidar o subjetivo de dentro do subjetivo, e não de fora dele, isto é, convocando referentes objetivistas ou positivistas. No que concerne ao enunciado *as pessoas pensam*, a abordagem em interioridade se indagará sobre o que é pensado no pensamento das pessoas. Antropologia designa

Antropologia do nome

uma investigação sobre as formas de pensamento, que exige a pesquisa.

Essa antropologia é uma antropologia da intelectualidade, e é uma antropologia em interioridade; o fato de que essa antropologia seja em interioridade a exclui das ciências sociais, cujas figuras tutelares são Durkheim e Mauss, na França, e Max Weber, na Alemanha. Diante da sociologia, da história e da etnologia, a escola culturalista anglo-saxã propunha a antropologia social e cultural; esta última, não exigindo modelos gerais, parecia tornar menos rígida a análise das representações. Lévi-Strauss, com a *Antropologia estrutural*, estabeleceu o primeiro espaço teórico não empírico, ao contrário de Malinowski e Margaret Mead, e, aparentemente (e por decisão), não filosófico do estudo dos sistemas de representação. Uma antropologia do nome situa-se, com absoluto conhecimento de causa, na sequência de uma antropologia estrutural e conserva seu primeiro termo, embora o trabalho de Lévi-Strauss, por maior que seja a admiração que lhe dedica o autor destas linhas, não será examinado aqui. Em Lévi-Strauss, a hipótese é que, para serem analisados, os sistemas de representação devem ser considerados sistemas classificatórios. Esse é o princípio da abordagem estrutural. Em relação à antropologia estrutural, a palavra "antropologia" é mantida aqui abrindo para a investigação das representações, e após a antropologia anglo-saxã ter feito estudos sobre as formas de consciência e Lévi-Strauss tê-los retomado num sistema particular. Mas a antropologia do nome é diferente. Tanto no caso anglo-saxão como no de Lévi-Strauss, por um lado, a independência da antropologia como pensamento não se estabelece completamente na qualidade de postulados apresentados por esses autores e, por outro lado, mantém-se o fato de que a antropologia confina em domínios de estudo ou a campos vistos durante muito tempo como exóticos, junto com grupos de dimensão reduzida. A necessidade, para se identificar a

Os dois enunciados

antropologia social, de se voltar para certo tipo de terreno ou certo tipo de investigação traduz uma dificuldade intelectual no que diz respeito à identificação teórica da disciplina como singular.

Dois exemplos: Lévi-Strauss, em *Totemismo hoje* e *O pensamento selvagem*, ao mesmo tempo que instaura a abordagem classificatória, vê-se obrigado a reintroduzir o par natureza-cultura. Portanto, ele combina a antropologia estrutural ao que se pode chamar de filosofia do pensamento, cujas relações com o pensamento filosófico do século XVIII foram frequentemente apontadas. Leach, em *Rethinking Anthropology*, oferece o paradigma da psicologia humana. A antropologia do nome – antropologia no sentido em que prossegue o estudo das representações e, mais singularmente, das formas de pensamento, mas abordando-as como singularidade – recusa o embasamento numa teoria geral externa, em proveito de um dispositivo de enunciados que estabelece que o pensamento é pensável no sentido em que é, em pensamento, relação do real. É antropológico que a relação do real não constitua a identificação do pensamento e o enunciado II permaneça suspenso, enquanto não é admitido que o enunciado *as pessoas pensam* é um enunciado identificador do pensamento, e não um enunciado reflexivo. De modo que dirá respeito a uma antropologia original não somente o fato de que não haja sistema externo de referência, mas também que a relação das pessoas e de seu pensamento, em vez de reflexivo, seja "face a face" e especifique-se pela indagação que se apresenta ao pensamento das pessoas sobre o que as pessoas pensam. Durkheim queria romper com a física social. A antropologia do nome, baseada no face a face entre pensamento e pensabilidade, é obrigada a romper com certa filosofia e certa psicologia do homem, em proveito de uma antropologização estrita da categoria de pensamento com um duplo rompimento com relação à antropologia anterior: porque se trata do pensamento das pessoas; e porque a antropologia do nome acerca do pensamento quer passar a ideia aceita hoje de que o pensamento é relativo à ideia de que ele é singular. Uma antropologia do nome é identificada, então, como uma disciplina cuja vocação é estabelecer e identificar singularidades subjetivas.

Até onde sei, essa antropologia não existe, porque é considerada impraticável. No registro da análise das representações, desenvolveram-se pesquisas sobre o que os antropólogos, os sociólogos e os historiadores pensavam sobre o que as pessoas pensavam. A análise das representações constituiu-se no discurso da ciência, da objetividade e de seu crivo, acerca daquilo de que se tratava nas representações.

Minhas ferramentas

Necessito da categoria *intelectualidade* para apresentar o enunciado fundador *as pessoas pensam*.

Sustentar *há pensamento*[1] ou *as pessoas pensam*, sem exigir que o pensamento tenha discurso sobre seus requisitos, condições, é meu primeiro ponto. É o que chamo "intelectualidade". A intelectualidade estipula o *há pensamento* e liberta-o da subordinação a toda problemática que sustente que um enunciado sobre o pensamento deve pensar *a minima* as condições desse enunciado, e que assim produza o que é conveniente ser chamado de "filosofema", isto é, elemento circulante. "Circulante" indica um elemento singular utilizado de modo que seja dessingularizado. Os elementos circulantes estabelecem certa compatibilidade entre domínios heterogêneos, como se viu no capítulo I. Os elementos circulantes são aqueles pelos quais o pensamento e o pensamento do pensamento se comunicam. Como requer a totalidade para circular, todo filosofema estará em simbiose com a totalidade. A função

---

1 Veremos que se trata de um processo.

específica do filosofema é tornar o heterogêneo copensável e, assim, poder circular. O pensamento e o pensamento do pensamento são distintos, a meu ver. Essa é a condição para que o enunciado *as pessoas pensam* possa ser sustentado.

Chamo "intelectualidade", portanto, o fato de que haja pensamento, sem que para isso seja exigível que o pensamento desse pensamento seja dito. A intelectualidade não prescreve a identificação do pensamento do pensamento, mas também não o exclui. A categoria de intelectualidade tem a função de estabelecer que o pensamento começa com ele mesmo, sem exigir para isso o que Althusser designara como sua relação especular.

No que ainda hoje é denominado "sociologia das representações" não é tratada a questão do que é pensado no pensamento das pessoas; é a ciência que vai resolver essa questão, propondo objetos e, em seguida, estabelecendo esses objetos como indicadores e analisadores. É a ciência, portanto, que toma a decisão naquilo que se refere ao pensamento das pessoas, numa abordagem em exterioridade, em objetividade. Na abordagem objetivista, positivista, cientificista, classista, o que é o mesmo nome, a própria questão *o que é pensado no pensamento das pessoas?* não pode ser apresentada, e é impossível uma antropologia das representações; é impossível sair dos dualismos pré-noções-ciência ou ideologia-ciência.

Sustentar-se-á que *as pessoas pensam* é incompatível com *o acadêmico pensa*, isto é, com "a ciência é o pensamento"? Seguramente no sentido cientificista, mas não na antropologia proposta aqui. Pensamento e pensamento do pensamento justificam isso. Mas, por enquanto, é preciso frisar que a categoria de intelectualidade nos leva a desconfiar de uma homonímia entre pensamento e pensamento. Os dois enunciados *as pessoas pensam* e *o acadêmico pensa* são absolutamente separados e distintos. Há pensamento e pensamento. Os dois enunciados justapostos (*as pessoas pensam, o acadêmico pensa*) não permitem sustentar que a ciência tem condições de pensar o que as pessoas pensam. A existência de uma multiplicidade de intelectualidades é consequência direta da tese da intelectualidade que estabelece que existe um pensamento sem que haja necessidade de que o pensamento do pensamento seja identificado.

A intelectualidade, isto é, a separação entre o pensamento e o pensamento do pensamento, induz a problemática da multiplicidade das intelectualidades, que é também multiplicidade do pensamento. A tese de uma única intelectualidade é a da ciência como modelo normativo geral: para ela não pode haver outra intelectualidade. Situamo-nos de saída na multiplicidade das intelectualidades. O enunciado *as pessoas pensam* conduz de forma necessária a essa multiplicidade: não há uma intelectualidade, mas intelectualidades, e cada uma é singular. Que cada intelectualidade seja irredutível a outra coisa que não seja ela própria constitui sua singularidade. A singularidade se opõe a uma problemática do conceito (em ciências sociais) e a uma abordagem em termos de tipo e caso, cuja opção principal é mais a norma que o universal, sendo cada situação ao mesmo tempo presença da norma e desvio da norma. Chamo categoria, no que se refere aos fenômenos de consciência, aquilo que só tem existência na singularidade. Uma categoria pode ser denominada e identificada, mas não definida; pois no campo dos fenômenos de consciência toda definição exige conceito, objeto, e conduz à ciência como modelo exclusivo. Quando se quer nominar a categoria, é preciso considerar sua eventual multiplicidade de singularidades. A multiplicidade, portanto, não é a cisão ou a fragmentação do Um, de uma unidade original que se teria deteriorado. A multiplicidade não é outro nome do princípio do pensamento, não designa a passagem de uma problemática da totalidade, do Um, a uma problemática fenomenológica do múltiplo, mas é aquilo em face do que, e pelo que, é preciso principiar.

Há intelectualidades. Identificar uma é identificar seu *modo*.[2] O modo será, pois, a categoria operatória da singularidade de cada intelectualidade, e denominar-se-á "multiplicidade das intelectualidades" o dispositivo dos diferentes modos. Afirmo a singularidade e a multiplicidade das intelectualidades.

Dos nomes próprios

Ao longo deste trabalho, citarei Émile Durkheim, Karl Marx, Michel Foucault, Louis Althusser, Marc Bloch, Moses Finley, Vladimir Ilitch Ulianov (vulgo Lenin).

Os dois enunciados

Enunciado I: *as pessoas pensam*.
Enunciado II: *o pensamento é relação do real*.
No campo de uma concepção racional do pensamento não pode haver enunciado único; há dois enunciados. No meu caso, são os dois enunciados citados acima. Trata-se de dois enunciados separados. A existência de dois enunciados impede qualquer procedimento totalizante. Consequentemente, a existência de dois enunciados é essencial.

Para muitos autores, o enunciado II deve estabelecer-se do exterior, por outras vias, ou por vias qualitativamente diferentes das do enunciado I. Essa questão atravessa todo o pensamento dos séculos XIX e XX, opondo as representações aos discursos científicos. Atravessa tanto a sociologia (a de Durkheim) como a política; a oposição do espontâneo e do consciente em Lenin é

---

2 O modo ou é modo histórico da política, e qualifica a política (é a relação de uma política com seu pensamento), ou é modo de intelectualidade, isto é, uma disposição particular do processo *há pensamento*.

da mesma ordem. A uma situação dominada pela separação qualitativa, pela diferença de natureza, e não de grau, dos dois enunciados, reservando o pensamento ao pensamento científico, dispositivo geral da antropologia classista – explicarei isso no próximo capítulo –, eu oporia um conjunto de proposições e pesquisas cujo objetivo é:

1) pôr fim à exterioridade e à ruptura qualitativa entre o enunciado I e o enunciado II, propondo que o enunciado II seja abordado do próprio interior do enunciado I;

2) de passagem, fazer um deslocamento que abre um novo espaço para a antropologia: esse deslocamento é o do enunciado *o acadêmico pensa* ao enunciado *as pessoas pensam*. Trata-se ainda de abrir para o múltiplo do pensamento, do qual a ciência é uma modalidade e a antropologia do nome é outra, distinta. Abrir para a hipótese de um múltiplo dos pensamentos não constitui domínios, mas protocolos de investigação, absolutamente heterogêneos. A totalização dessas diferentes formas não é possível.

Aos dois enunciados correspondem dois processos.

Processo 1: *há pensamento.*

Processo 2: *o que é pensado no pensamento.*

Os processos são o que procede à investigação dos enunciados I e II, tanto em pensamento como por investigação. *Há pensamento* é um processo na medida em que supõe a existência do pensamento, sem ter de se preocupar em constituí-lo ou designar sua origem. "Há" é uma posição do pensamento, sem que se designe com isso uma objetividade, ou uma natureza.

Racionalismo e racionalismos

Das duas proposições, *as pessoas pensam e o pensamento é relação do real*, a mais inovadora, aparentemente, ou ao menos a mais singular, é o enunciado *as pessoas pensam*. Não que se sustente explicitamente que

Os dois enunciados

as pessoas não pensam, com exceção daqueles que consideram que a propaganda ou a televisão, ou determinado clero, organizam os espíritos numa visão da história como uma grande conspiração. Note-se: na tese *as pessoas não pensam* não há nenhum espaço para uma problemática da liberdade que possa ser, minimamente, o nome do fato de que tais situações de desastre não são permanentes. Elas são circunstanciais, e existem também outras situações que não essas de desastre. A liberdade, ou seu indício, está na grande multiplicidade do real.

É forçoso constatar que, se não se sustenta a tese *as pessoas não pensam*, não obstante tudo parece ser usado para contornar tanto o fato do pensamento das pessoas como seu questionamento. No presente momento, a investigação sobre as representações encontra-se na situação paradoxal de não ter constituído a pergunta "as pessoas pensam?" como questão central. Essa é a razão da esterilidade das categorias de representação, de consciência, que não dão em nada, porque nada no campo dessas noções é reconhecido como pensamento. Uma das explicações desse estado de coisas (nas ciências sociais) procede do atual *status* do pensamento, intimamente relacionado ao "racionalismo" e ao "pensamento científico", ambos sob a esfera de influência do positivismo e do marxismo.

Nota-se como o enunciado *as pessoas pensam* pode parecer em oposição com esse enraizamento científico do pensamento, a ponto de aparecer como um enunciado ameaçador e antirracionalista. O enunciado *as pessoas pensam*, relacionado ao questionamento do fundamento racionalista e científico da problemática dominante e cientificista do pensamento, pode dar a impressão de apresentar certa dificuldade.

A questão *as pessoas pensam* e a investigação que ela exige foram menos debatidas que a incompatibilidade entre o enunciado *as pessoas pensam* e a concepção dominante, cientificista, do pensamento.

65

Antropologia do nome

Por esse motivo, a antropologia e a sociologia se preocuparam com as opiniões, com as representações, constatando uma atividade mental das pessoas, mas deixaram prudentemente de lado a questão de saber se se tratava de um pensamento. A situação atual da análise das representações nas ciências humanas ilustra um tipo de relação entre o enunciado I e o enunciado II que atrela a intelectualidade das pessoas e os fundamentos do racionalismo. Ainda hoje, o racionalismo se propõe como o discurso científico, ou pericientífico em exterioridade, sobre as formas de consciência, as representações, as "pré-noções", para empregarmos a expressão de Durkheim.

O racionalismo científico, que não é nada mais que o racionalismo cientificista, não apenas se afirma racional, como sustenta que é a única forma possível de racionalismo, que somente ele tem condições de desenvolver discursos coerentes e discutíveis sobre o real. A implicação é grave: está na balança nada menos que a qualidade das ciências ditas humanas ou sociais.

De sua parte, a antropologia do nome se propõe trocar o campo da ciência pelo campo de um conhecimento racional discutível, refutável, que, no entanto, não pertence à categoria de ciência tal como esta se apresenta nas ciências humanas, designada aqui como cientismo. O termo "pensamento cientificista" caracteriza a concepção da ciência em operação na sociologia, na economia e na história. A teoria da ciência que ela propõe é a da exterioridade, da lei, da causalidade, do universal. É porque ela se apresenta como único paradigma do conhecimento, e em comparação com a teoria da ciência desenvolvida por ela, que eu a questiono.

Se, como se disse anteriormente, o cientismo é em exterioridade, é porque nele predomina uma configuração muito particular da repetibilidade. A conexão estreita entre exterioridade e repetibilidade supõe a ausência do tempo como categoria da consciência.[3] No domínio da história e da sociedade não há repetibilidade. A resposta banal evita o cerne da questão, alegando a ausência de modelagem ou matematização; resposta fraca, na medida em que se limita a tomar nota, empiricamente, da diferença de tratamento entre aquilo de que fala a física e aquilo de que fala a sociologia. O que se faz é apenas indicar que não se está num domínio equivalente ao tratado pela física. É uma identificação por ausência.

Na existência social dos homens está copresente uma categoria do tempo, que é uma categoria subjetiva, especificando que o que virá é aberto. Não há contraexemplo: quando o que virá aparece completamente fechado na ordem dos mitos, das regras ou dos ritos, mitos, regras e ritos afirmam a possibilidade dessa abertura, ao mesmo tempo que seu fechamento. O que virá, a abertura, é a marca do espírito dos homens e do mundo social.

Dir-se-á que o tempo e a investigação, que é seu corolário, são para a sociedade o que a matemática e a experimentação são para a física. Na experiência física, recordamos que o que virá não pertence ao possível e, por conseguinte, não pertence à categoria do tempo como categoria em subjetividade. A irrepetibilidade, no que concerne à sociedade, é apenas o sinal negativo de que a sociedade não pertence ao campo da física, do mesmo modo que a ausência do tempo, como categoria do possível, é apenas o sinal negativo, para a física, de sua heterogeneidade no campo das disciplinas sociais.

Minha tentativa, evidentemente, não é antirracionalista. O racionalismo cientificista é uma forma de racionalismo; pode-se cogitar outra, que dá cabo da exterioridade e do postulado segundo o qual só existe racionalismo em exterioridade. Postulo

---

3 Diferentemente do que afirma a psicanálise, na qual a repetição é figura do tempo subjetivo, segundo observação de Alain Badiou.

Antropologia do nome

a multiplicidade dos racionalismos, indicando que não há um processo problemático único de enunciação do real. A possibilidade de uma antropologia do nome se define na questão do racionalismo cientificista esgotar ou não o real. Outros racionalismos são concebíveis, e a questão que interessa é a da delimitação dos campos.

Um duplo deslocamento.
Uma antropologia do pensamento

Estabelecer o enunciado *as pessoas pensam* como enunciado constitutivo provoca um duplo deslocamento.

Na racionalidade cientificista, a tese é: *o pesquisador* (ou *o acadêmico*) *pensa*. O primeiro deslocamento incide sobre o que se deve denominar o "primeiro pensante". É primeiro pensante quem é dito pensar no primeiro enunciado. Com o deslocamento em termos de primeiro pensante, não se tem mais *o acadêmico pensa*, mas o enunciado *as pessoas pensam*. Na abordagem cientificista, a antropologia das representações é sempre uma antropologia por ausência: se o primeiro pensante é *o acadêmico pensa*, então a questão não é o que é pensado no pensamento das pessoas; falta o enunciado *as pessoas pensam* e há uma indistinção entre *as pessoas pensam* e "as pessoas não pensam". As categorias de representação e consciência são os suportes dessa indistinção.

Se o primeiro pensante não é *as pessoas pensam*, é impossível uma investigação sobre o que é pensado no pensamento das pessoas, ou processo 2. Identificar o primeiro pensante quanto ao pensamento, ou o pensamento do qual se fala quanto ao primeiro pensante, é uma questão decisiva. Chamaremos o pensamento do primeiro pensante o "pensamento-aí" [*pensée-là*]. Ele abre para protocolos de investigação diferentes; é por isso que o segundo deslocamento, derivado do primeiro, opõe o enunciado cientificista: *o que é pensado no pensamento do acadêmico?* ao enunciado do

Os dois enunciados

processo 2: *o que é pensado no que as pessoas pensam?*. O desenvolvimento dessa questão ou desse processo exige investigação. Portanto, aqui, trata-se menos de um ataque à ciência do que da afirmação: no campo das questões que dizem respeito ao pensamento, o pensamento cientificista veta a possibilidade de um conhecimento do pensamento. A antropologia proposta é apenas secundariamente uma antropologia das representações, das formas de consciência; trata-se de uma antropologia do pensamento, cujos operadores são nome e lugar do nome, como se verá no capítulo 4.

Consequentemente, *as pessoas pensam* não é um fato, mas um enunciado, e esse enunciado deve ser entendido, doravante, do interior de uma antropologia do pensamento.

Aspira-se aqui à investigação sobre o pensamento. A singularidade da tentativa é abrir a cada momento para a necessidade e a praticabilidade da investigação. A investigação consiste em relacionar as pessoas e o que elas pensam; esse relacionar constitui *um face a face*.

O que está em jogo nesse face a face não é *quem pensa*, não é nem uma problemática do sujeito nem uma problemática das classes. Na problemática classista e na sociologia marxista, positivista, ao mesmo tempo que se postula a existência de pensamentos de classe, não se sustenta que o grupo ou a classe pensa. É a Louis Althusser que se devem atribuir a citação do pensamento de classe e o processo sem sujeito. Althusser representa uma tentativa de rompimento com o pensamento classista e o sujeito de classe, visto que propõe o processo sem sujeito e toda problemática do sujeito é dada como transcendental, isto é, idealista. Althusser propõe enunciados sobre a subjetividade que não têm sujeitos como ponto de apoio e abre para uma abordagem da subjetividade fora do substrato dos grupos.

O que são os sujeitos ou sua ausência quando se está fora da visão classista, onde não se dispõe mais de sujeitos sociais nem de

69

Antropologia do nome

coletivos? No que concerne ao primeiro pensante do face a face, pode-se dizer que são entidades constituídas, ou coletivos, ou sujeitos sociais. As pessoas, aqui, são um *indistinto inequívoco*, que o encaminhamento da investigação antropológica consegue isolar. O indistinto inequívoco não designa nem um grupo, nem uma estrutura, nem um modelo. Pode-se dizer que é um *ser-aí* [*être-là*] indistinto diante da história e da sociedade. No face a face entre as pessoas e seu pensamento, não se trata de retomar o confronto entre fatores objetivos relativos às pessoas (profissão, salário, formação, residência etc.) e as representações, mas interrogar, no pensamento das pessoas, a relação das pessoas com seu pensamento.

Em *as pessoas pensam*, nenhum dos dois termos dos quais é formado o enunciado são estabelecidos em si. *As pessoas*: não se sabe do que se trata, tampouco o que é o pensamento. O enunciado I propõe apenas a relação entre os dois termos e não reclama nem a ciência nem uma problemática do sujeito; nada na minha proposição indica como se deve pensar o pensamento, enquanto os outros enunciados sobre o pensamento são tais que também organizam o pensamento do que é dito sobre o pensamento. Portanto, é preciso manter a tese *as pessoas pensam*, mesmo que não se esteja em condições de prová-la, mostrando o que é o pensamento. *As pessoas pensam* é uma decisão problemática.

As pessoas pensam é um enunciado, portanto, que se fundamenta única e exclusivamente em sua própria pertinência problemática, a qual consiste em submeter de imediato o pensamento do enunciado ao que o enunciado prescreve; em outros termos, pensar *as pessoas pensam* será reformulado em *o que as pessoas pensam?* no enunciado *as pessoas pensam*. O face a face entre as pessoas e seu pensamento especifica-se na interrogação dirigida ao pensamento das pessoas sobre o que as pessoas pensam. Essa é a chave da abordagem em interioridade, de suspender mais uma vez nesse estágio a convocação do enunciado II (*o pensamento é relação do real*) para

Os dois enunciados

assumir, de dentro do pensamento das pessoas, o caráter não reflexivo, mas identificador, do pensamento.

Não se dirá que todo pensamento enuncia suas categorias de identificação, mas que todo pensamento abre para a questão de suas categorias de identificação, questão que se pode resumir na fórmula do processo 2: *o que é pensado no pensamento?*. Se fazemos intervir o real, antes de nos interrogar sobre as categorias de identificação do pensamento, estamos necessariamente diante de uma abordagem em exterioridade e, consequentemente, cientificista. Em contrapartida, se, após a análise das categorias de identificação, fazemos intervir *a relação do real*, escolhemos a interioridade, e abre-se e desenha-se um racionalismo compatível com uma antropologia do nome.

A articulação do enunciado I e do enunciado II é decisiva, do mesmo modo que o momento de emergência dessa articulação, que é o da convocação do real. O momento do real é o momento em que se coloca a questão do racionalismo. O momento da irrupção da questão do pensamento como relação do real cria o pensamento como categoria própria. Esse momento é ao mesmo tempo o do enunciado II (*o pensamento é relação do real*) e o do processo 2 (*o que é pensado no pensamento?*), em que o pensamento se constitui como categoria singular. Nesse caso, o movimento do pensamento é precisamente o que é aberto pela aplicação do enunciado fundador em seu próprio campo, isto é, o que é pensado no enunciado I. Chamar-se-á "pensamento" o que é pensado no que as pessoas pensam. O que é pensado no que as pessoas pensam é relação do real. Isso exige explicação.

Antropologia do nome

"O pensamento é relação do real"

Examinemos o segundo enunciado.

Por um lado, o segundo enunciado é iniciado e requerido pelo primeiro, embora não haja um enunciado único. Trata-se, aqui, não de uma lógica dos enunciados, mas de uma lógica dos processos, da descoberta do que os diferencia e identifica. O primeiro processo incide sobre *as pessoas pensam*. O segundo processo abre, com o propósito de pensar o pensamento, para o pensamento como relação do real. Sozinho, o primeiro enunciado designará unicamente o indistinto inequívoco, se não for conduzido ao segundo processo, que não é o *pensamento-aí*, e cuja modalidade ainda se está por descobrir. Sobre *o pensamento é relação do real*, o campo está aberto diante de nós.

Por outro lado, embora não haja um enunciado único, há uma unidade problemática dos dois enunciados. Mas se, da unidade dos enunciados, conclui-se a unidade dos processos, reduzindo-os a um processo único, anula-se o caráter "por descobrir" de que o pensamento é relação do real. Não há mais investigação, visto que a dualidade dos processos repousa sobre a investigação. Esses dois processos são o que indica que há um campo de conhecimento que é possível constituir, do contrário *as pessoas pensam* se torna um filosofema e um elemento circulante entre enunciados I e II, entre processos 1 e 2, e a categoria de investigação se ausenta. Entre os enunciados e os processos, há a falha da possibilidade da investigação. Ao mesmo tempo, enunciados são necessários, e ao mesmo tempo é impossível uma antropologia somente com enunciados. Os enunciados, que adquiriram aqui, com o enunciado I, a forma do pensamento-aí e do indistinto inequívoco, são a condição do racionalismo, o qual assume a formulação de um "há" que não está por constituir-se. Se uma antropologia é impossível somente com enunciados, é porque os enunciados não convocam

Os dois enunciados

nem constituem investigação, isto é, o que, do interior da investigação do que é pensado no pensamento, manifesta a presença do pensamento como relação do real. A investigação no processo é, portanto, a presença do enunciado II, o que não perturba a interioridade do processo.

Assim, o enunciado II deve ser examinado com relação a seu processo singular, e não simplesmente dentro de uma lógica dos enunciados. No enunciado I, o pensamento surge como categoria. *As pessoas pensam* não é equivalente a "as pessoas pensam o pensamento". A relação do pensamento com o que é pensado no pensamento não é uma relação transitiva. Há separação dos processos I e 2, mas sem que seja um em interioridade e o outro em exterioridade, diferentemente do que acontece com os processos na abordagem cientificista, em que a subjetividade se dá na divisão da representação e da ciência. Há separação dos processos e, paradoxalmente, há unidade dos enunciados: há vínculo de um com o outro e não há um enunciado único.

Na abordagem cientificista, também há dois processos e dois enunciados. Mas os dois processos e os dois enunciados se dão da seguinte maneira: de um lado, há mental na sociedade, há o subjetivo das representações e, de outro, a ciência pensa. Por exemplo, ela afirma que a sociedade exista e seu ser é ser uma totalidade ordenada e disposta; a ciência se propõe descrever as diferentes disposições, suas tendências e contratendências, sua adequação e disfuncionamento. Nessa abordagem, enunciados e processos se confundem e se fundem, na medida em que a questão do pensamento é subordinada à da ciência. Ora, justamente, o pensamento cientificista, supondo-se que seja um pensamento, é incapaz de pensar o que ele pensa sem seu pensamento. Se o pensamento cientificista é um pensamento, trata-se de um pensamento sem pensamento, ou, mais exatamente, sem pensamento em interioridade, no sentido em que indiquei que o pensamento surgia quando nos interrogávamos, no pensamento, sobre o que era pensado.

O que se deve entender, então, pelo enunciado *o pensamento é relação do real*? Esse enunciado estabelece que a relação do pensamento com o real não é objetal, mas ao mesmo tempo o real é essencial ao pensamento; é para indicar essa não objetalidade que se propõe a expressão incomum: *relação do real*. A relação do real é a relação em que o real não é uma relação de objeto. Se o real é necessário à existência do pensamento, não é no sentido em que o real é o objeto do pensamento e sustentar-se-ia que há pensamento somente do real. A relação do pensamento e do real proposta aqui é outra, na medida em que o real de que falo irrompe no pensamento como o que vai estar em jogo, e em causa, para que o pensamento pense.

Mas, nesse caso, devemos nos explicar sobre o caráter real desse real, certificarmo-nos de que não se trata de nominalismo (sociológico), em que a palavra é tomada pela existência da coisa. Há um real que não é o objetal, constituível pela investigação, formando um novo campo de conhecimento e não um novo sistema da ciência. Afastar a suspeita de nominalismo é mostrar que se trata de uma racionalidade efetiva do real, tal como ele foi citado no enunciado II. Se o pensamento não é relação do real, o enunciado *as pessoas pensam* é insustentável.

O *pensamento relação do real* é fundamental para o enunciado *as pessoas pensam* e permite comprovar o caráter real do real. Nesse caso, é obrigatório mostrar que pode haver um pensamento da singularidade acerca do real. De fato, a questão do caráter real do real não é caraterística de uma antropologia do nome: dá-se em qualquer investigação racional, inclusive científica. Todo conhecimento, toda disciplina, se propõe fundamentar o real do real de que trata. É a existência da disciplina e seu desenvolvimento que dão consistência ao real de seu real e à diminuição do desvio entre "real" e "real do real". Cada disciplina singulariza a categoria do real. Constatar

Os dois enunciados

a existência de disciplinas, isto é, de reais e racionalidades singulares, pressupõe que se renuncie à ideia de uma racionalidade em proveito de várias racionalidades, avançando proposições sobre o estabelecimento singular de um real.

Para Durkheim, entre os fatos no sentido da opinião comum e os fatos sociais há uma distância em que a sociologia positivista se fundamenta. A definição do fato social é aquilo pelo qual se estabelece o caráter autenticamente real do real. A problemática objetal, que tem seu protocolo próprio de investigação, exige que se defina um objeto (todos conhecemos o famoso caso do *Suicídio*). A ideia cientificista da ciência se define por seu método e por seu objeto: na investigação exige-se uma definição que seja do mesmo tipo da definição da ciência. O real de uma disciplina é induzido pelo procedimento de definição, que é ela própria um procedimento objetal. No caso de Durkheim, trata-se de uma abordagem definicional. Entre um real definicional e objetal, de um lado, e um real nominalista, de outro, há lugar para um real que pertença a um pensamento não objetal e não nominalista? Em que condições o real está presente no pensamento? Em outras palavras, sob que condições pode haver um conhecimento não definicional? Incontestavelmente, no mínimo podemos citar a investigação de Moses Finley sobre a política na Grécia Antiga, o tema da consciência em Lenin, e, em Marc Bloch, a análise das categorias de presente e passado – questões das quais voltaremos a falar; eu citaria ainda meus próprios trabalhos sobre a política e a antropologia operária.[4] Mas a questão é mais específica.

Abordagem definicional e abordagem não definicional opõem-se como pensamento do conceito e pensamento da categoria. Para explicar esse ponto, é preciso postular o que chamo a pensabilidade do pensamento. É *intelectualidade* a instrução do protocolo do

---

4 Cf. capítulo 4 e estudo nº 2.

Antropologia do nome

enunciado I, *as pessoas pensam*. É *pensabilidade* a instrução do protocolo relativo *ao que é pensado no pensamento das pessoas*, isto é, o processo 2, o qual está em relação com o enunciado II. Se o pensamento é relação do real, como o que é pensável nessa relação é pensável? E o que é pensável é pensável completamente, parcialmente, por fragmentos? O conhecimento se desenvolve num movimento de desequilíbrio: o que é pensado em dado momento, no campo da disciplina, desenvolve-se em pensamento apenas diante do que se deseja conhecer, e ainda não é conhecido. Os processos de pensabilidade não são o inventário simples e sistematizável do que já é conhecido, mas dão-se na báscula sempre presente do que é conhecido diante do que não o é. O movimento do conhecimento se constitui pela formulação dentro do que é conhecido do que ainda não o é, numa dinâmica, num desequilíbrio, numa báscula do desconhecido sobre o conhecido. O desconhecido nunca é inteiramente assimilável.

A mola do conhecimento, e o que o torna possível, é que *a pensabilidade do pensamento como relação do real* não é total, há sempre um resto, um resíduo, que escapa à pensabilidade. As abordagens não definicionais instalam-se nesse desequilíbrio, ao passo que as abordagens definicionais estipulam a pensabilidade total do pensamento como relação com o real, o que só é possível à custa de um real objetal. A ciência no pensamento cientificista é, na verdade, a afirmação de um conhecimento direto. Ora, o enunciado "as pessoas pensam o real" é um enunciado tão falso quanto impossível, na medida em que supõe uma relação transparente, e adequada, entre real e pensamento. Ele é, na realidade, um enunciado em que o real escapa ao pensamento.

Para que o real esteja presente no pensamento, é preciso defender a tese de uma relação do pensamento com o real, condição indispensável da pensabilidade dessa relação, e da presença do real no pensamento. Na expressão *relação do real*, *do real* remete ao conhecimento como não total, não totalizável, dinâmico e singular.

Os dois enunciados

A reiteração e os desvios

A categoria de pensabilidade explicita que não há pensamento sem pensamento do pensamento. Essa é uma prescrição fundadora para esse pensamento singular que é a antropologia do nome, e que a opõe ao cientismo, que é pensamento sem pensamento do pensamento, o qual é substituído pela ideia de ciência. O que é aberto pela questão do pensamento do pensamento é um novo campo problemático, se considerarmos o enunciado II, em que a palavra "pensamento" é dita apenas uma vez. A reiteração da palavra não se reduz a uma simples reduplicação de seu campo principal, situado no enunciado I. A reiteração é o processo da pensabilidade e distingue-a tanto da reflexividade filosófica como da imediatidade nominalista. As categorias, diferentemente dos conceitos, são susceptíveis de reiteração; mais ainda, o desenvolvimento de uma categoria exige reiteração, condição da pensabilidade, na medida em que a reiteração faz aparecer a relação do real. A reiteração se manifesta e se dá em frases como: de que o pensamento é pensamento? De que a consciência é consciência? O que é representado na representação?

Cada reiteração é singular, e é preciso distingui-la da reduplicação; a reduplicação não é uma lei da categoria, no sentido em que não haveria outra categoria possível senão a de *nome simples* susceptível de reduplicação; ora, não há, por exemplo, fábrica da fábrica – voltaremos a esse assunto. A reduplicação não é aquilo pelo que se identifica a reiteração. E a categoria não é definida por sua capacidade de ser reduplicada, embora o caso dos nomes reduplicados, como já se viu, seja do campo da antropologia do nome. Assim, a reiteração da palavra *pensamento* no *pensamento do pensamento* tem um estatuto particular. Ela não abre para todo pensamento; ela não é o nome dos nomes, uma vez que os nomes não são todos de sua esfera; ela é a categoria singular que permite identificar melhor o espaço das categorias. O *pensamento*, portanto, será denominado o primeiro dos nomes simples. Veremos adiante (no capítulo 4) que confrontar o nome com a questão sobre do que ele é o nome consistirá em identificar o nome pela análise dos lugares do nome. A reiteração – o que não é o caso da reduplicação – abrirá para o lugar do nome.

A reiteração abre, portanto, para a proximidade entre o *pensamento* e o *pensamento do pensamento* e não para a reduplicação. Unindo intimamente, num único arranjo, *pensamento* e *pensamento do pensamento*, assume-se o desequilíbrio entre o que é pensado desde já e seu resto real, o que se está por pensar e ainda não o foi. A reiteração introduz um desvio entre *pensamento* e *pensamento do pensamento* por não ser, justamente, reduplicação.

O desvio, introduzido pela reiteração e sinal do conhecimento como desequilíbrio e báscula, constitui-se a partir do que virá, e não na relação do que é com o que é. Ele abre, portanto, para a categoria em subjetividade do possível.

O modelo cientificista trata o problema pela anulação da reiteração e do desvio. O desvio será anulado com a ajuda de uma problemática do objeto, a reiteração pelo método definicional. Restarão as exigências da prova, que a experimentação e a matematização resolverão.

Falou-se há pouco de nome simples. O nome simples é uma palavra que abre um campo para o pensamento: por exemplo, a política. Nem toda palavra é um nome simples. Mas manter presente um nome simples ao longo da investigação, inclusive, como é o nosso caso, o nome inominável e os lugares do nome, veta e impede qualquer metalinguagem, qualquer mudança de rumo, isto é, qualquer metapensamento; quando a palavra é nome simples, não se deve separá-la daquilo para que ela abre em pensamento. Metapensamento: não é necessária a palavra para se compreender o pensamento. Metalinguagem: não é necessário o pensamento para se apreender a palavra. Quando se trabalha com uma palavra que abre um campo ao pensamento, como, por exemplo, "operário" ou "periferia", constituí-lo em nome simples elimina qualquer veleidade de abandonar a palavra inicial, tal como ela é dada no início da investigação. Não constituir em nome simples uma palavra que abre um campo de pensamento, ou abandoná-la, é renunciar ao enunciado I, visto que o nome simples é uma das palavras que representam o pensamento das pessoas.

Resumamos. Entre o enunciado simples *as pessoas pensam* e enunciados de reiteração como "o pensamento do pensamento", ou "o que há para pensar no pensamento", opera-se uma ruptura que permite o pensamento, seja qual for a disciplina, antropologia do nome ou sociologia cientificista. Essa ruptura se efetua entre o nome simples e o pensamento do nome, consequentemente é preciso distinguir a localização dessa ruptura (que ocorre entre o nome simples e a reiteração ou pensabilidade) e o processo de sua elucidação; o processo de elucidação consiste em identificar os lugares do nome. Do ponto de vista da localização, que é a ruptura entre nome simples e pensabilidade, a reiteração transforma o nome simples em categoria. Introduzido pela reiteração, o desvio abre para a questão do que vai restar do nome simples na reiteração. Do ponto de vista do processo de elucidação, a ruptura não está na separação entre categoria e nome simples, o que leva ao abandono do nome simples e, consequentemente, da ideia de uma antropologia do pensamento, uma vez que o nome simples equivale a *as pessoas pensam*. É preciso considerar, ao contrário, que o nome simples e o nome se encontram em aderência, do ponto de vista do processo de elucidação, e não renunciar nem à ruptura, que permite a pensabilidade, nem ao desvio, que se deve atribuir ao possível. Obviamente, a reiteração abre para a pensabilidade e para o nome enquanto categoria, mas é preciso retornar ao nome simples, isto é, à intelectualidade do ponto de vista do processo de

Antropologia do nome

elucidação. O esquema pré-noções-ciência não se estabelece entre nome simples e categoria, o que ocorreria se o nome simples fosse transformado em incitação à, ou em sinal de, pensabilidade. Portanto, a operação de pensabilidade, ou o processo de localização, deve ser separada do nome simples, uma vez que é regida pela ruptura e pelo desvio. Esse não é o caso do processo de elucidação, que é regido pela questão dos lugares do nome. O possível tem, aqui, o *status* de operador do desvio que nos introduz na ordem prescritiva.

Como se disse, o enunciado II está em unidade com o enunciado I, e em ruptura. Em que sentido? Para que isso fique claro, examinemos essa ruptura, ou melhor, as rupturas, pois são duas.

A primeira ruptura é a da passagem da intelectualidade à pensabilidade. O desvio, como vimos, é introduzido pela reiteração. Ele se confunde com a ruptura; especifica o processo de localização que abre para o fato de que ainda falta a pensabilidade. A segunda ruptura não trata da pensabilidade do pensamento no enunciado II: *o pensamento é relação do real*. Ela trata da disjunção entre o pensamento relação do real, ou enunciado II, e o conjunto anterior, que inclui a primeira ruptura entre pensamento-aí e reiteração, ou entre intelectualidade e pensabilidade.

O enunciado II opera uma segunda ruptura com a primeira e o conjunto dos elementos desviados. Desse modo, ela reabsorve os termos do primeiro desvio. Uma vez que o pensamento relação do real é identificado, o primeiro desvio entre pensamento e pensabilidade (em que é identificada a pensabilidade) é atenuado. O pensamento relação do real permite identificar a pensabilidade; é o que foi denominado "processo de elucidação"; a partir do momento em que este é conquistado, o primeiro desvio diminui. *A partir do momento em que a pensabilidade é identificada, o que ela pensa é aquilo pelo qual ela se dá.*

O momento decisivo da irrupção do real como categoria de pensamento deve ser submetido à questão de saber se o processo

80

Os dois enunciados

de irrupção do pensamento é em interioridade ou em exterioridade. A irrupção da categoria pode ser do âmbito dessa interrogação? Sabe-se que o real no enunciado II não é em exterioridade. O real, aqui, é em pensamento. Em si, o enunciado II não prescreve a interioridade e a exterioridade da problemática.

O enunciado II, que é aquele no qual se diz que o pensamento do real como categoria faz irrupção, encontra-se exposto e sob ameaça no que concerne à questão da interioridade ou da exterioridade. Confirma-se aqui que a interioridade ou a exterioridade são dispostas antes do enunciado II e decididas na articulação da reiteração com o nome simples, e, muito mais profundamente, na articulação da pensabilidade com a intelectualidade. Concluiremos dizendo que atrelamos a reiteração, e doravante o real, ao nome simples, remetendo a investigação dos dois desvios à investigação dos lugares do nome, investigação que conduzirá ao nome, ou ao menos a sua categoria, sem anular o nome simples.

3
Pensar após o classismo

Teses do capítulo

Dimensão crítica

A validade de um conhecimento do pensamento ou da antropologia do nome será estabelecida pela evidenciação da perempção, e da crítica, do que será designado como pensamento classista. Este último é identificado como um pensamento em que são fundamentais uma dialética do objetivo e do subjetivo e uma dialética do subjetivo e do objetivo. Na análise da primeira dialética, a noção fundamental será o operador *consciência*. Na segunda, a noção de Estado. Mostrar-se-á, no que se refere à primeira dialética, que na verdade não se trata de uma dialética, mas de uma reversibilidade realizada por operadores. A noção de consciência será tomada na perempção dessa "dialética". No que concerne à segunda dialética, cujo cerne não é a reversibilidade, mas a operação e a determinação, a análise da noção e do papel do Estado conduzirá à análise da noção de totalidade. Nesse ponto, será examinada a categoria de sobredeterminação em Althusser, primeira problemática estudada em que o pensamento do subjetivo é apresentado no estatuto da política. Enfim, na balança para saber se se trata plenamente de um pensamento dependente da dialética classista, a história entrará em cena. De fato: a história tem duas características: é identificada como um pensamento-relação-do--Estado e, consequentemente, como um pensamento da dialética do subjetivo e do objetivo; e ao mesmo tempo introduz – em particular a história da Escola dos *Annales* – o subjetivo. Mas a história é um procedimento muito complexo. Ela será abordada em dois momentos, neste capítulo e no próximo, e estudada quanto às categorias de tempo e multiplicidade distributiva, com a análise do pensamento de Marc Bloch.

Dimensão tética

Serão propostas teses. O pensamento do subjetivo é um pensamento categorial e um pensamento da singularidade. A análise da obra de Michel Foucault serve, aqui, de plano de prova, e a de Moses Finley ilustra a existência de um pensamento da sequência e da não estruturalidade da história. Um pensamento da singularidade recobre o dos modos históricos da política, mas não se confunde com o pensamento da política: seu espaço é o da multiplicidade, na distinção entre multiplicidades homogênea e heterogênea. A antropologia do nome se dirige à política como pensamento, na medida em que pensar o pensamento é seu propósito. A relação da antropologia do nome com o pensamento da política é abordada, por um lado, na doutrina dos modos históricos da política, que dispõe a singularidade sequencial de cada modo, e, por outro lado, pelo prescritivo, que fornece a categoria de possível. As investigações sobre os modos e o prescritivo são duas investigações convergentes do nome inominável da política. É com relação ao seu nome inominável que a presença da política se legitima numa antropologia do nome, e a possibilidade de

Pensar após o classismo

fazê-la figurar nessa antropologia define-se pelo estatuto das categorias de singularidade e multiplicidade. São estas últimas que organizam, no espaço da questão do nome, a política, a história, o tempo. Mostrar-se-á que a multiplicidade homogênea, presente nos lugares de um modo da política em interioridade, é dependente de uma problemática da singularidade.

Um pensamento da singularidade é um pensamento racional e um pensamento relação do real, expressão que marca a não objetalidade do real e sua presença no pensamento por oposição e irrupção, e não por relação entre sujeito e objeto. No enunciado II, *o pensamento é relação do real*, o real não remete a um dado já existente nem a um objeto construído. Evidentemente, ele não é da ordem do incognoscível; não pode ser considerado objeto do conhecimento científico. Não é o primeiro objeto, ou aquilo pelo qual se identifica uma abordagem cognitiva. Aqui, o enunciado "conhecer é conhecer o real" é um enunciado falso. Pois a questão do real como tal, nesse grau de generalidade, não identifica um processo de conhecimento. Ao contrário, o enunciado *o pensamento é relação do real* faz do real uma noção paradoxal, visto que é o substrato do pensamento no mesmo momento em que ele não o identifica.

Articular o pensamento ao enunciado *as pessoas pensam* e não, como na abordagem objetivista, ao real, sem renunciar à categoria de real (este aparece no enunciado II), é a primeira inversão introduzida. A questão do real como axial na problemática e como condição de seu racionalismo é mantida. Na abordagem objetivista ou cientificista, o modo de tratamento da questão do real, isto é, o tipo de racionalismo proposto, tem a característica não de simplesmente dessubjetivar o subjetivo, mas de desinteriorizar a problemática do subjetivo, renunciar a ele e afirmar a impossibilidade de sua investigação. Esse é um ponto do qual já falei. Se, em qualquer investigação que seja, o primeiro enunciado relaciona real e pensamento na forma "o pensamento é pensamento do real", a força do real objetivo e objetivável sobre a análise das formas do subjetivo é tal que estas são excluídas do próprio campo do que é analisável. Se se parte do real e não do pensamento das pessoas – em outras palavras, se se parte de uma dialetização do pensamento das pessoas e do real –, a abordagem objetivista é necessária e a única; mas, ao mesmo tempo, ela anula a possibilidade de uma antropologia da intelectualidade. Essa é a característica central do enunciado I. A antropologia pretendida torna compatíveis a investigação do subjetivo e o real, a investigação de categorias como a fábrica, a política, que aqui serão consideradas categorias em interioridade. Essa nova figura da compatibilidade tem como condição uma abordagem em interioridade.

Uma de minhas categorias centrais é a *singularidade*. Nota-se de imediato as dificuldades que há em pensar o singular. Pensar o singular pode ser entendido como dessingularização, como acesso ao geral ou, pelo menos, a um caso do geral. Mas também é possível pensar sem que o objeto do pensamento seja o que estabelece o pensamento, contrariamente à tese de que o pensamento existe somente na medida em que seu objeto é estabelecido. O que se tem em vista não é dizer que o pensamento é sempre sem objeto, mas identificar a questão do objeto como um caso particular, característico da abordagem cientificista, e uma especificidade do modo cientificista da intelectualidade, e não como uma invariante de todo pensamento, ou de todo pensamento racional.

No cientificismo, o objeto é conectado ao geral, ao estabelecimento de leis gerais, que são leis do real. A ordem do real e de suas leis prescreve a ordem do pensamento, e a hipótese de singularidades irredutíveis aparece como antinômica à universalidade dos conceitos do real cientificista. Na visão cientificista, não há singularidade, há somente casos e tipos. A afirmação da existência de leis do real típica da abordagem cientificista e o enunciado I não estão em simples oposição em relação um ao outro. O pensamento da singularidade não é um deslocamento em relação ao pensamento cientificista, mas uma ruptura na problemática da intelectualidade. Essa é a segunda inversão.

Singularidade e modos históricos da política

A partir de agora, incluo a política em meu campo de investigação, porque ela é uma exemplificação do pensamento da singularidade e porque é característica da tensão entre a abordagem definicional, objetal ou cientificista e o processo de subjetivação.

A política é da ordem do subjetivo. Essa tese se opõe às doutrinas objetais, que remetem a análise da política à análise das instituições (como o partido) ou a estruturas (como o Estado), e que, desse modo, transformam a política numa invariante societal propícia à análise do poder. Para mim, a política é um pensamento. É isso que fundamenta seu caráter sequencial e permite sua hipótese, sem que a política seja reduzida ao Estado, à economia, à história, ou se diga que é da ordem da repetibilidade ou da estrutura. A oposição entre objeto e pensamento no que concerne à política remete ao debate que opõe singularidade e objetivismo universalista. Se a política é um pensamento, ela é da ordem da singularidade e será sua exemplificação. Não há política em geral, mas sequências políticas singulares. A política não é uma instância permanente das sociedades, mas é rara e sequencial: ela se dá em *modos históricos*. O modo, *relação de uma política com seu pensamento*, caracteriza a existência lacunar da política e permite que a política seja apreendida por seu pensamento. Ora, o sequencial e o não objetal estão diretamente ligados. A análise da política, portanto, é exemplar da tensão entre a abordagem objetal e a abordagem em termos de subjetividade, na medida em que a importância da subjetividade, enquanto identificação da política como pensamento, opõe-se à objetalidade, que leva à diminuição do pensamento da política. Embora a existência da política seja dita invariante, ela não pertence ao que aqui é denominado política, não pertence ao pensamento como é desenvolvido por uma antropologia do nome. É preciso que se entenda bem que o modo é um pensamento, na medida em que aborda uma singularidade do pensamento da política, desenvolve um pensamento político singular. A política em sua singularidade, isto é, em sua dimensão sequencial, não coincide com a permanência estrutural dos objetos que são o Estado e as classes. A política em pensamento é não objetal.

Portanto, um modo histórico da política é uma singularidade, na medida em que se dá como a relação de uma política com seu pensamento. Como identificá-lo? Um modo começa e termina. Marca a sequência de existência da política. O trabalho de identificação do modo é feito pela delimitação e datação da sequência. A datação em si é uma questão complexa, que exige a intervenção da categoria de *lugares da política*. De fato, cada modo histórico da política desenvolve lugares particulares, e o desaparecimento do lugar significa o fim da sequência do modo.

Modos em interioridade

Os modos são em interioridade ou em exterioridade. A interioridade se assinala pela multiplicidade homogênea dos lugares, a exterioridade pertence a uma multiplicidade heterogênea e apresenta-se como tendo um único lugar: o Estado. Eis os modos em interioridade dos quais se propõe a identificação.

— O modo revolucionário, do qual se trata amplamente aqui e cuja sequência é 1792-1794.

— O modo classista, em que a história é a categoria em consciência da política. Nesse caso, a história é entendida como produto da luta de classes e se dá no desenvolvimento de movimentos operários de classe. Não se trata em absoluto da história objetiva ou descritiva, à qual está ligada a ideia bem posterior de materialismo histórico, mas sim de uma categoria da consciência política e, portanto, de uma categoria prescritiva. Um mesmo registro categorial prescreve o presente e o futuro. Os lugares desse modo são os movimentos operários de classe, ou movimentos históricos. A sequência do modo vai de 1848, data do *Manifesto Comunista* de Marx e Engels, a 1871, quando se esgotam, com a Comuna, as categorias de movimentos operários de classe, ou movimentos históricos.

– O modo bolchevique caracteriza-se pela tese da política sob condição. A capacidade política proletária não é nem espontânea, nem histórica, nem determinada socialmente, mas obrigada a enunciar suas próprias condições. Há um desvio entre a concepção na qual a política expressa o social e aquela na qual a política é sob condição. O protocolo desse desvio é dado por *Que fazer?* na categoria de partido. Os lugares do modo bolchevique são o partido e os sovietes. A sequência do modo vai de 1902, data da publicação de *Que fazer?* de Lenin, a outubro de 1917. Após essa data, assiste-se à estatização do partido. O partido e os sovietes, que desaparecem, não são mais os lugares de um modo.

– O modo dialético, em que o nome próprio é o de Mao Tsé-tung, é desistorizante, na medida em que, subordinando a história às massas, ele a faz desaparecer em proveito de noções subjetivas como o entusiasmo (por) e o socialismo. Contudo, a relação com o pensamento da política efetua-se nas categorias de leis da política, as quais permitem uma abordagem da conjuntura e da situação. O pensamento é atribuído à elaboração de leis que derivam de uma relação estabelecida entre o subjetivo e o objetivo. É essa relação que é dialética, e o conhecimento político procede por acumulação e saltos. Existe um conhecimento exclusivamente político, porque é dialético, sem ser histórico. Se o partido existe, ele não identifica o modo. Este último é o materialismo dialético como tal, defrontando-se com as grandes situações. Estas não podem

Antropologia do nome

renunciar ao princípio de massa. Portanto, o modo dialético se apoia na capacidade humana, quando a capacidade política é mobilizada. No modo dialético, a dialética é distinta tanto da dialética de Marx, na qual a história se funde com a classe, quanto do dispositivo leninista, no qual o partido medeia a consciência e a história: ela é o próprio pensamento da política. O antagonismo é concebido como transformação e passagem ao socialismo. Esta não se efetua nem por ocupação de um lugar vazio (o do Estado), nem por um movimento de báscula do Estado burguês para o Estado proletário, mas por crescimento, encarnado pela doutrina das regiões liberadas. A guerra, considerada fator de crescimento e transformação, é que é adequada ao modo e ao lugar privilegiado da dialética. Os lugares do modo, portanto, são os da guerra revolucionária: o partido, o exército, a Frente Unida. Os limites do modo dialético são 1928, quando Mao Tsé-tung publica *Por que o poder vermelho pode existir na China?*, e 1958, data que marca o saldo da Guerra da Coreia e o momento em que cessa a construção do socialismo nas modalidades da guerra revolucionária.

Modos em exterioridade

Examinemos agora os modos em exterioridade, que se caracterizam por uma multiplicidade heterogênea de lugares e se apresentam como se tivessem somente um lugar, o Estado. Chamar-se-á modo em exterioridade um pensamento da política que sustenta em seus enunciados que a política não pensa, ou não pensa a partir de si mesma, e que o pensamento da política, se existe, requer um referente ou referentes externos, como a economia ou o direito. Desse modo, ele subordina o pensamento da política ao do Estado. É o Estado, portanto, que organiza e subordina o pensamento da política e, nesse sentido preciso, esse pensamento pode ser dito em exterioridade. Mas trata-se de uma subjetividade própria.

Pensar após o classismo

Tomemos como primeiro exemplo o modo parlamentar na França contemporânea. Chamaremos modo parlamentar – diferenciando-se do regime parlamentar, que aparece com o Estado de todo o povo no fim do século XIX e sucede ao Estado de classes – o modo da política em exterioridade cuja sequência se inicia em 1968. Ele se determina com relação a uma modificação do Estado, que se torna funcional e consensual; na medida em que se fortalece o caráter estatal e não representativo dos partidos; e, por fim, pelo papel da opinião pública, a qual me permitirá evocar a questão de um dos lugares políticos desse modo.

Pode-se dizer que o Estado é funcional quando ele não se pretende mais representativo do corpo social e se identifica pela evidenciação da tecnicidade estatal e de suas restrições (as decisões são sempre apresentadas como decisões técnicas). O funcional explicita o Estado como tal. "Funcional" significa, portanto, que o Estado não está mais no antagonismo e no programático: o fim do programático, que data dos primeiros anos de governo de Mitterrand, é o fim da ideia de que se podia orientar o Estado por um conjunto de medidas prometidas, ou propostas, e que as escolhas em sua política se davam como possíveis. "Funcional" indica que o campo dos possíveis do Estado é muito limitado e que certas formas de prescrição sobre o Estado desaparecem.

Corresponde ao funcional o consensual, que apresenta as formas de consciência do Estado funcional e, voltando-o para ele próprio, minimiza seu aspecto autoritário e repressivo, inacessível e separado, para trazer e ressaltar o espaço restrito e coercivo do campo das consciências. A tecnicidade, como essência do Estado funcional e consensual, é essencialmente de valência econômica. O Estado funcional não é o Estado do capital – capital que se encontra (e esse é o próprio sentido que se pode dar à palavra "economia") separado dele –, mas interioriza suas exigências, assim como as da crise, e as transforma em artigo de fé. Em última análise, o consensual consiste em deixar para a economia uma parte do domínio da política (pertencente ao Estado e ao governo) e reduzir o espaço da subjetividade não à economia – e esse é o paradoxo –, mas a valores de Estado, alegando o caráter externo da economia, ao passo que parte significativa das decisões acerca dele diz respeito à política de Estado. O consensual retira do fazer estatal suas dimensões prescritivas, propondo ao mesmo tempo centrar a opinião não na política real do Estado, mas em seu aspecto funcional, apresentado sobretudo na forma de valores morais.

A questão do lugar político do modo parlamentar pode ser abordada agora: um dos lugares desse modo é precisamente o consensual. Esse lugar é em exterioridade, na medida em que denega que a política seja um pensamento; dirá que é uma opinião, e uma opinião sobre o governo do Estado funcional. Confirma-se então o fortalecimento do caráter estatal dos partidos, se é admitida esta última hipótese. Os partidos políticos do modo parlamentar, longe de representarem uma diversidade de opiniões, são os organizadores em subjetividade porque o único pensamento político possível é uma opinião sobre o governo. Desse ponto de vista, os partidos apenas organizam a dimensão subjetiva e as formas de consciência como unicamente voltadas para o Estado funcional. Resulta disso que esses partidos não são organizações políticas, mas organizações estatais.

É fácil compreender, então, por que o modo parlamentar, que apresenta diferentes lugares heterogêneos (ao menos o consensual, e a fábrica como lugar do tempo), sustenta que existe apenas um lugar, que é, mais uma vez, o Estado.

Ora, o Estado, longe de ser um lugar, é uma noção heterogênea, cujo papel é dispor elementos heterogêneos, como as classes,[1] e ao

---

1 O Estado, mesmo no pós-classismo, ainda compõe classes, visto que a classe, no sentido social do termo, não desapareceu.

Pensar após o classismo

mesmo tempo organizar dispositivos de representação e subjetividade. Quando o Estado é o fundamento do pensamento da política, ele se dá como lugar único, seja na forma do Estado parlamentar, seja na do partido-Estado, característico dos Estados socialistas. No caso do partido-Estado, lidamos com o que podemos denominar uma polimorfia, que manifesta sua presença diversa em todas as esferas da atividade. A questão da exterioridade de um modo está ligada, portanto, à questão do Estado. Num primeiro nível, a exterioridade é consecutiva à natureza do modo, isto é, à relação de uma política com seu pensamento: se essa política sustenta que somente do exterior há relação com seu pensamento, estamos em exterioridade. Num segundo nível, a questão diz respeito à natureza dos lugares e sua multiplicidade. No modo parlamentar, denominamos como lugares políticos do modo em exterioridade o consensual e, como veremos no capítulo 4, a fábrica como lugar do tempo.

Quanto ao modo stalinista, ele organiza sua exterioridade pelo partido-Estado, que, ao suprimir a lei do valor e a propriedade privada dos meios de produção, suprime a economia.[2] O tipo de subjetivação consensual, que se instala na fratura da economia e do Estado no modo parlamentar, não pode existir aqui. O partido-Estado é o único dado proposto à subjetivação e o único espaço prático dela. Paradoxalmente, o partido-Estado parece menos heterogêneo que o Estado no modo parlamentar, na medida em que não existe economia no socialismo; e não há lugar que não seja o lugar do Estado. O partido-Estado é de fato menos heterogêneo que o Estado do modo parlamentar. Seu caráter terrorista deduz-se disto: como tudo é lugar do partido-Estado e de um Estado pouco heterogêneo, como a única norma do lugar é a norma do partido-Estado, e como essa norma não tem outra regra

---

2 Explicito essa tese no capítulo 4 e no estudo no 2.

a não ser ela mesma, o partido-Estado se impõe como referente de toda subjetividade. A sequência do modo stalinista começa no início dos anos 1930 e termina com a chegada de Mikhail Gorbachev ao poder.

Dialética do objetivo e do subjetivo

Chamemos "dialética do objetivo e do subjetivo" a tese de Marx segundo a qual as condições materiais de existência determinam as formas de consciência. Do ponto de vista de uma investigação das formas de pensamento, a dialética do objetivo e do subjetivo estabelece uma correspondência direta da intelectualidade com um real exterior. À dialética do objetivo e do subjetivo, que é o fundamento do pensamento que denominamos classista e uma abordagem objetal e não apenas objetiva, opusemos a abordagem em interioridade e a categoria do real.

Analisemos a dialética do objetivo e do subjetivo por exemplos do pensamento político porque eles são particularmente conhecidos e esclarecedores; seu uso foi mais intensivo no pensamento político, mas o que se segue aplica-se ao conjunto do que foi qualificado como pertencente à abordagem cientificista e ao pensamento classista, inerente a toda problemática da exterioridade.

Essa dialética rejeita a singularidade. Seus operadores, que são a *classe*, a *consciência*, o *partido* e o *programa*, permanecem na indecisão e na ambiguidade de categorias não de uma singularidade, mas de uma multiplicidade generalizante. Ora, o subjetivo não pode se dialetizar. Ele não pode se pensar, em termos de pensabilidade, senão em si mesmo.

Ou a dialética do objetivo e do subjetivo é pensamento do ponto de vista da objetividade, do ponto de vista da normalização da consciência pela ciência (a consciência é pensamento, por exemplo, a partir do nível do desenvolvimento das forças produtivas, das estruturas de classe), e o subjetivo é impensável: ele só pode ser representado, mas não formulado. Ou a dialética do objetivo e do subjetivo é enunciada do ponto de vista do subjetivo, e o estatuto do objetivo continua incerto. Ele será informulável, por sua vez, e exigirá uma abordagem em exterioridade que uma instrução em interioridade não pode fornecer. Nota-se a grande dificuldade dessa dialética, se avaliada simplesmente em comparação com os dois termos heterogêneos "objetivo" e "subjetivo".

Portanto, é necessário analisar os operadores dessa dialética (que são a *classe*, a *consciência*, o *partido* e o *programa*), ver como permitem resolver sua própria heterogeneidade constitutiva e, ao mesmo tempo, são atravessados por ela. Tomemos a consciência e a classe. A *consciência* é ao mesmo tempo da ordem do objetivo (é determinada pelas condições materiais de existência) e da ordem do subjetivo (desdobra-se em um pensamento da história, em uma visão do mundo). O operador *classe*, por sua vez, é adequado tanto a uma problemática do subjetivo (a consciência de classe) quanto a uma problemática do objetivo (as relações de produção fundam a classe).

Falamos aqui de operadores e não de negação ou unidade dos contrários. A dialética do objetivo e do subjetivo em Marx tem de singular o fato de não ser uma dialética filosófica. Ela não pertence à categoria de negação, a qual, por sua vez, é da ordem de uma concepção filosófica da dialética e de uma abordagem em que a dialética é considerada em termos de estrutura de pensamento. Ora, é esta última que Marx considera idealista. Marx vai tentar fazer a dialética passar de uma concepção em que ela convoca estruturas de pensamento a uma concepção em que ela exige operadores (que são entidades históricas, isto é, materialistas). O operador central é, evidentemente, o de classe (recordamos que Lenin acrescentará o de partido). No debate sobre a dialética dá-se a ruptura entre Marx e Hegel, que, embora seguramente seja uma ruptura com o idealismo, é sobretudo uma ruptura com a filosofia.

Os operadores do pensamento classista são inequivocamente noções circulantes que valem tanto na ordem subjetiva como na ordem objetiva: há passagem entre o ser das coisas e sua pensabilidade, e o mental coexiste com o material. Há coexistência. Como ela é pensável? No marxismo, essa coexistência é dada como essência do materialismo e refunda a ideia de totalidade. A coexistência do mental e do material revela-se como fonte do pensamento totalizante. Desse ponto de vista, totalidade e totalização remetem ambas a uma dialética dos operadores, e Sartre, ainda que se afaste da dialética hegeliana com a noção de totalização, que ele diz que é sem totalidade, não se dispensa da dialética do objetivo e do subjetivo. O pensamento totalizante é igualmente a fonte da problemática da consciência, na medida em que *classe* é intermediária entre uma totalidade estruturada (a sociedade é organizada em classes) e a consciência (consciência de classe).

Reversibilidade e partido

A dupla atribuição da consciência ao material e ao subjetivo traz dificuldades para essa noção: torna-se difícil apreender sua natureza e a operação que ela efetua. O polo objetivo tem o efeito de produzir a consciência como determinada, ao passo que o polo subjetivo a apresenta como operador. É em razão dessa dificuldade que desde o princípio o *partido* será contemporâneo da *consciência* e, na história da política, o dispositivo consciência-partido será objeto de formulações diversas, enquanto as modificações do par consciência-partido manifestarão a historicidade da política. Por exemplo, a versão leninista desse par será muito diferente da proposta por Marx e Engels no *Manifesto*, e a razão dessa diferença pode ser encontrada na heterogeneidade das duas noções. Em

Pensar após o classismo

Marx, a heterogeneidade se dá na ausência da categoria de política, isto é, de um polo subjetivo, e, em Lenin, é ilustrada em *Que fazer?* pelos dois enunciados contraditórios: o espontâneo é o embrião do consciente e a consciência vem de fora. A heterogeneidade estará presente em todas as formas históricas do par consciência-partido. Em última análise, é a heterogeneidade que o distingue. Examinemos mais de perto.

Pensar a heterogeneidade entre o objetivo e o subjetivo é a principal dificuldade dessa dialética. Como pensar a unidade do objetivo e do subjetivo? Marx e Lenin vão resolver o problema a partir da noção de *momento*, mas de maneiras diferentes. Em Marx, o momento se dará na unidade da classe e da história, portanto se subordinará à regra da história. Em Lenin, em que história e política são distintas (a política é sob condição da consciência revolucionária organizada), o momento se dará na unidade da classe e da política como consciência organizada. Contudo, a partir do fim do século XIX, a noção de partido torna-se o principal suporte da questão da consciência. Estamos menos diante de fenômenos de consciência de classe do que de consciência de partido. O partido é tomado no espaço problemático da heterogeneidade. Mais ainda: o partido se tornará em breve o suporte da *reversibilidade* do subjetivo em objetivo.

A reversibilidade se cristaliza no programa. Não há partido sem programa. O programa é uma formulação subjetiva do objetivo, ou de um outro objetivo. Na própria lógica da dialética do objetivo e do subjetivo, a existência de um partido e de um programa gera os efeitos subjetivos da situação objetiva. O programa marca a reversibilidade na medida em que representa a passagem do subjetivo a uma objetividade renovada ou transformada, mas, de todo modo, a uma objetividade. Portanto, a dialética do objetivo e do subjetivo é uma dialética reversível. Seus operadores se situam no fio dessa reversibilidade. Aliás, o debate entre Lenin e a social-democracia

Antropologia do nome

alemã é um debate sobre a reversibilidade: a social-democracia prega uma reversibilidade parcial (o reformismo) e Lenin, uma reversibilidade total (o antagonismo revolucionário).

De fato, após análise da categoria de reversibilidade, deve-se concluir que a dialeticidade não é gerada pela dialética do objetivo e do subjetivo, mas pelos operadores. A consciência, a classe e o partido geram a dialeticidade. O objetivo e o subjetivo designam o espaço e os limites da reversibilidade, e o que pode ser percorrido por um operador, na medida em que apenas ele é dialético. A dialética se torna, por consequência, uma propriedade dos operadores e não a copensabilidade do material e do mental. Em última análise, na dialética do objetivo e do subjetivo não se identifica nenhuma dialética no sentido filosófico – pertencente ou à negação, ou à contradição –, mas operadores reversíveis, que geram a dialeticidade. Deve-se abandonar a hipótese da copensabilidade do material e do mental e estabelecer que existem apenas operadores, que são unicamente a consciência, a classe e o partido. Esses operadores geram sozinhos a dialeticidade; a copensabilidade do mental e do material não é requerida. Contudo, o partido vai se autoafirmar durante muito tempo como, ao mesmo tempo, o efeito e a capacidade dessa copensabilidade. O fracasso da dialética do objetivo e do subjetivo não é o da dialética, mas do possível socorro que esta presta à copensabilidade do mental e do material. A questão fundamental é saber se subjetivo é ou não de natureza dialética: como sua posição é limítrofe, a resposta é negativa.

A luta de tendência, entre uma leitura lukacsiana, que destaca o subjetivo, e uma leitura engelsiana, que, ao contrário, ressalta o peso dos fatores de produção, distribui-se entre a noção de subjetivação (tirada de Hegel) e a noção de determinação (tirada de Engels). Mas, para ambas, só há categoria do subjetivo se for dialética. E essas leituras não se opõem à tese de que apenas os operadores são dialéticos, pois apenas eles são reversíveis.

Pensar após o classismo

O subjetivo, apreendido por intermédio dos operadores, vai ser dissolvido ou reformulado, como se existisse apenas em ligação com a reversibilidade. A partir daí, o subjetivo vai incluir objetos ou *cristalizações*: haverá consciência somente *de*. Essa consciência será a *de* classe. É dessa forma que se deve entender a distinção de Marx entre a classe em si e a classe para si. A consciência será qualificada pelo objeto *classe*. Ao mesmo tempo, *consciência de classe* representará um sujeito: o proletariado. A ligação entre a problemática cientificista e a problemática classista rompe-se aqui. A *consciência* reintroduz necessariamente uma abordagem objetal, que conduz ao *partido* na política e, como se verá, ao Estado na história. Há objetos (abstratos-concretos) (objetivos-subjetivos), inerentes à problemática da *consciência*. Esses objetos, essas cristalizações, são a classe, o partido, o programa, o Estado e a revolução. Eles organizam o pensamento classista, especificação da abordagem cientificista para as questões da política e da história. Para o pensamento classista, que predomina do início do século XIX até hoje, a investigação sobre a política se torna necessariamente uma investigação sobre objetos,[3] no sentido em que é um pensamento objetal sobre operadores. O pensamento classista não é, portanto, simplesmente um pensamento em termos de classe, mas um pensamento dos operadores. É encontrado tanto em Clausewitz como em Marx e Tocqueville, em Jaurès, em Durkheim e até em Weber, se for descontada, em sua abordagem compreensiva, a justaposição de religião e capitalismo que mantém, senão a copensabilidade, ao

---

3 Não admira, portanto, que a sociologia política, subcontratada do pensamento classista, seja exclusivamente a dos partidos políticos, e que ainda se proponha como detentora da investigação do par "aparelho e ideologia". Existem poucos trabalhos sobre o pensamento político do PCF, ao passo que, sobre a história de seu aparelho ou a análise de seu programa, há trabalhos em abundância.

menos a coapresentação do mental e do material, do objetivo e do subjetivo.

Tomada como categoria de investigação, a *consciência* não é capaz de proceder à investigação do subjetivo. Como categoria de investigação, e contrariamente o que eu mesmo admiti,[4] considero agora que a categoria de *consciência* é dessubjetivante. Essa categoria não é utilizável, portanto. Essa é uma conclusão a que cheguei após ter tentado desenvolver, durante muito tempo, a categoria de consciência dentro de uma problemática do subjetivo. A leitura de Lenin que propus em 1981,[5] em teses sobre o pós-leninismo, mostrava que, em Lenin, a *consciência* é largamente *consciência de*, em particular do Estado. Em contrapartida, eu salientava que, em alguns textos de Lenin (*Que fazer?*), a política era da ordem do subjetivo, da consciência sem especificação, e dava ao subjetivo um domínio muito mais vasto e muito mais indistinto que a simples consciência *de*, isto é, das relações de classe e do Estado. A política era inteiramente da ordem da consciência, e a categoria de consciência podia ser empregada sem especificação, sem que fosse consciência *de*. Uma desobjetivação da categoria de consciência parecia possível. Não a penso mais, logo a consciência não é mais a categoria central da política. Na medida em que insisto em considerar que a política é da ordem do subjetivo, a proposta é apreendê-lo diferentemente: pelo *modo histórico da política*.

Consciência e fenomenologia

A política, para que seja pensada como subjetividade, deve ser abordada como intelectualidade e pensamento, dispensando menos a problemática leninista da subjetividade política, isto é, a

---

4 Lazarus, *Notes de travail sur le post-léninisme.*
5 Id.

Pensar após o classismo

problemática da subjetividade sob condição, do que seus operadores, o *partido* e a *consciência*.

Aqui, mais uma vez, a dificuldade é a questão do real. A política como intelectualidade e pensamento tem um real? Essa questão foi denominada a questão do comunismo. Reversibilidade e objetivação se organizavam no tema – e no termo – do comunismo, que, por sua vez, cristalizava-se nos partidos comunistas. O comunismo era um operador dialético cristalizado num objeto: na passagem de "comunismo" a "partido comunista", havia a passagem do operador ("comunismo") ao objeto abstrato-concreto ("partido"). A crise irremediável dos partidos comunistas encerra essa translação. Logo, essa crise é também a crise da hipótese dessa transladação.

Recentrada nos operadores, a dialética do objetivo e do subjetivo veicula uma visão do subjetivo objetal e circulante. E fenomenológica, podemos acrescentar agora. De fato, ultrapassando em importância os outros operadores, a noção central nessa visão do subjetivo é a consciência. Pode-se falar, a seu respeito, de uma fenomenologia da consciência. Confrontando-se com a questão do subjetivo, a abordagem cientificista propõe, quanto à consciência, e como ilustração de sua aptidão à reversibilidade, uma fenomenologia cujo cerne é a noção de alienação. Denominamos *alienação* da consciência a impossibilidade (suposta) de subjetivar fora de um conhecimento científico da realidade. A liberdade será dada como antinômica da alienação. A passagem à liberdade-libertação será feita por mediação da ciência. Assim, é uma fenomenologia da consciência, por meio do jogo entre alienação e liberdade, que oferece um espaço de reversibilidade à consciência. A fenomenologia é também uma reversibilidade. O espaço da reversibilidade se desdobrará conforme o percurso das cristalizações, ou dos objetos abstratos-concretos, e subjetivos-objetivos, que são aqueles acontecimentos das classes e do Estado que se chamam guerras, revoluções ou greves.

Antropologia do nome

A abordagem em termos de objetivo e subjetivo é do âmbito de uma tentativa de pensar o heterogêneo, ou de pensar a heterogeneidade do subjetivo e do objetivo. A questão, aqui, é a do real, e da forma como ele é citado no pensamento. Na abordagem classista, o real manifesta uma presença permanente e estrutural. Na abordagem da antropologia do nome, há uma problemática do real cujo modo de ser não é o heterogêneo, mas a ruptura. Aqui, o pensamento não é o pensamento do real, mas o da *relação do real*, e é pensamento na razão direta de que o pensamento não é pensamento do real, e de que é ruptura: passa-se, portanto, de uma problemática do real ligado ao heterogêneo a uma problemática do real ligado à ruptura. Propõe-se substituir uma visão fenomenológica por uma visão em intelectualidade do subjetivo. Mas, ainda nesse caso, é preciso interrogar-se.

Do subjetivo ao pensamento

A categoria do subjetivo não está intrinsecamente ligada aos operadores e à reversibilidade, à dialética do objetivo e do subjetivo? Não está, como estão os operadores dessa dialética, numa posição interna-externa? A categoria deve ser mantida?

O que está em questão não é a palavra "subjetivo" – ela poderia ser substituída por "forma de consciência" ou "representação" – ou uma definição mais precisa do objeto de que se trata. Saber não quem enuncia o subjetivo, mas de onde esse enunciado é sustentado, é uma questão obscura, porque na dialética do subjetivo e do objetivo, ou abordagem objetal, não se pode responder a essa questão, na medida em que o lugar de onde é sustentado o enunciado sobre o subjetivo é ausente ou errante: a questão é, em última análise, anulada pelo objeto e pela abordagem definicional.

Portanto, a crítica da abordagem cientificista, incapaz de levar à pensabilidade, deve ser estendida à própria noção de subjetivo. O

Pensar após o classismo

ponto de remate da análise da dialética do objetivo e do subjetivo é não apenas sublinhar os limites internos desse pensamento, mas mostrar que o desenvolvimento da crítica deve aplicar-se à noção (predominante) de subjetivo. A fenomenologia da consciência será identificada, portanto, como uma problemática do subjetivo e como respondendo à necessidade de sustentar um discurso sobre o subjetivo numa problemática do heterogêneo, antinômico a uma problemática do subjetivo estribada nas categorias de intelectualidade e pensabilidade. É preciso identificar, agora, pensamento classista, fenomenologia da consciência, problemática do heterogêneo, e considerar que esse pensamento não é um contexto geral, mas um pensamento particular cujo cerne é a noção de subjetivo e não a de pensamento.

Uma noção permanece: a de coletivo. O *coletivo* possui um estatuto à parte, na medida em que, se essa noção foi intrínseca à política, existente no direito, não exclusiva da noção de sociedade, ela abre para o que é ao mesmo tempo singular a cada um e compartilhado. A noção de coletivo, articulando-se ao conjunto entendido como totalidade, revela-se como aquilo pelo qual o subjetivo é um atributo da totalidade. Portanto, o *coletivo* não se exime da crítica, na medida em que liga subjetivo e totalidade: ele não possui nenhum estatuto especial, quanto a uma abordagem da singularidade. Poder-se-ia acreditar que todo pensamento da política é obrigado a manter, ainda que num espaço completamente diferente, a noção de coletivo. Isso é impossível e desnecessário. Impossível, porque a ideia de coletivo se encontra em aderência com os diferentes operadores. Desnecessário, porque o fato de que a política não seja uma atividade solitária, que seja organicamente não solitária, é sustentado pela ideia de organização que lhe é singular, e não é em absoluto um substituto do partido. A organização manifesta o caráter em pensamento e em ato da política.

Antropologia do nome

Qual é o saldo, então, se consciência, partido e subjetivo, quando este não é equivalente a um pensamento, são dispensados?

De um lado, um pensamento que se propõe identificar e nominar singularidades, ou pensamento em interioridade. De outro, a doutrina dos modos históricos da política como relação de uma política com seu pensamento, e como o que permite conduzir de dentro de uma política uma investigação a respeito dela.

A abordagem comporta duas particularidades:

1) Não é dada uma definição da política, a abordagem não é definicional.

2) É sustentado que uma política é um pensamento: é possível qualificar seu modo.

Nesse caso, não se trata de uma teoria geral, mas de um protocolo de investigação cujo objetivo é provar o enunciado: é possível pensar a política em interioridade? O problema, portanto, não é: o que é política?, mas, sim: pode-se pensar a política? A política é pensável?

À última questão, a resposta é positiva. O modo é sua categoria. O que se abre é saber se o modo não faz parte, ainda que como operador do pensamento da política, de uma teoria geral, que como tal reintroduz necessariamente, quando a política existe, a exterioridade. A própria possibilidade de um pensamento em interioridade é estabelecida aqui. Mais exatamente: para que haja pensamento, não há exterioridade num momento ou outro do protocolo? Por conseguinte, o que está em jogo não é o racionalismo, não é a questão do real, mas a questão da possibilidade de uma interioridade efetiva do pensamento da política. A existência de um pensamento sem exterioridade se define na possibilidade de um pensamento da singularidade e de um pensamento em interioridade da singularidade. A problemática da singularidade é que está em questão.

Pensar após o classismo

Pensamento da singularidade e Michel Foucault

Para esclarecer nossa posição, indiquemos como Michel Foucault trata esse ponto.

Foucault, primeiro teórico das singularidades, parou no limiar da questão da interioridade, depois de ter isolado singularidades irredutíveis, pela noção de *epistémê*, em *As palavras e as coisas*: em particular a do século XVII-XVIII e a do mundo moderno dos séculos XIX e XX. Ele declara o fim da *epistémê* do mundo moderno e anuncia a próxima: a *epistémê* contemporânea. A identificação de singularidades irredutíveis leva a mostrar a existência de sua multiplicidade. Ora, Foucault não tem o cuidado de identificar o que é um pensamento, enunciando a existência de *epistémês* irredutíveis. Ele para no limiar da questão: se o pensamento, que permite pensar a *epistémê*, não é uma teoria geral, qual é seu estatuto? Uma vez estabelecido que o operador fundamental de Foucault é a relação das palavras com as coisas, o que se deve constatar é que nada será pronunciado sobre a exterioridade ou a interioridade do operador em relação a uma *epistémê*. Este, estando fora do sítio, torna-se elemento de uma teoria geral. Permanece a indeterminação sobre onde se constitui a relação das palavras com as coisas. O problema, aqui, não é a pertinência do operador, mas sua relação com uma *epistémê*, ou com uma singularidade; como essa relação não é localizada, pode ser chamada de externa – nos meus termos: em exterioridade. Foucault se limita a "analisar formações discursivas, positividades e o saber que lhes corresponde",[6] em singularidades heterogêneas, em última análise.

Vê-se que pronunciar a existência de singularidades não resolve o problema do pensamento que permite sua investigação. Todavia,

---

6 Foucault, Réponse au Cercle d'Épistémologie, *Cahiers pour l'Analyse*, n.9, 1968.

a existência de um pensamento próprio e específico da singularidade é uma tese sustentável. A dificuldade reside na passagem ao múltiplo das singularidades. O que acontece quando há ao menos duas singularidades? O pesquisador vai variar conforme as singularidades, vai moldar seu pensamento em cada uma? Essa proposição, que não desagradaria aos defensores da abordagem participativa ou compreensiva, não é sustentável em razão de sua abstração. Uma multiplicidade de singularidades que, para ser pensamento, não exige uma teoria geral reconvocando a exterioridade é concebível. Em outras palavras, é possível um pensamento em interioridade que, ao mesmo tempo, desafia a multiplicidade das singularidades.

Porque Foucault deixa impreciso o lugar (interioridade ou exterioridade) de onde a multiplicidade das *epistémês* é enunciada, esse lugar é chamado de exterior. É em virtude da exterioridade do operador que ele não pode entrar na análise de uma *epistémê* contemporânea.

Deve-se opor, aqui, uma multiplicidade de singularidades que inclui e desafia a singularidade contemporânea a um pensamento da multiplicidade que não é capaz de tratar da singularidade contemporânea em razão da exterioridade de sua abordagem. É o caso de Foucault. Na análise da multiplicidade das singularidades, na do modo fechado e do modo tendo lugar, é a abordagem em interioridade que permite apresentar na mesma multiplicidade (homogênea) uma singularidade tendo lugar e outra tendo tido lugar, na medida em que o pensamento da singularidade é interno à singularidade. Se o pensamento da singularidade não é interno à singularidade, se não há interioridade, a diferença entre o contemporâneo e o não contemporâneo torna-se insuperável, porque surgem a oposição passado/presente, a queda na história e a troca do pensamento da singularidade pelo pensamento da estrutura. Para Foucault, a impossibilidade de se chegar à identificação de uma *epistémê* nova e contemporânea é consequência da exterioridade do operador. A questão da interioridade ou da exterioridade permanecer irresoluta e resolver-se em proveito desta última, isso é revelado pelo tratamento diferenciado das *epistémês* recenseadas por Foucault: em interioridade, pela análise dos discursos, das representações ou do que Foucault denomina "representação de representação", no caso do século XVIII; em dialética do objetivo e do subjetivo, com frequência em estrutura, na análise das instituições e do poder nos séculos XIX e XX.

A dificuldade que se acabou de ver é inerente a um pensamento da singularidade. Não que sua capacidade de pensar o contemporâneo seja o que o constitui e o ponto de onde é enunciado, mas é essencial a um pensamento da singularidade que ele possa dispor singularidades contemporânea e não contemporânea, em sua multiplicidade, sem cair na história. No que concerne à doutrina do modo, essa dificuldade se resolve pela distinção entre historicidade e intelectualidade. Modo fechado e modo contemporâneo (em interioridade) podem fazer parte de uma multiplicidade homogênea. O método da saturação, como se viu, pronuncia-se no modo fechado, do ponto de sua intelectualidade; esta última não convoca a historicidade contemporânea da política, mas um pensamento do pensamento.

A análise da noção de *epistémê* mostra que o pensamento da singularidade deve associar-se a um pensamento da multiplicidade. É possível uma abordagem em interioridade. *Nome, lugar do nome* e duas categorias representam a modernidade da abordagem em interioridade; são elas as da política e da fábrica.

No ponto em que estamos, a crítica da dialética do objetivo e do subjetivo tem como objeto a pretensão à copensabilidade do mental e do material, levando a um pensamento do heterogêneo. Na realidade, ela necessita de um substrato englobando o confronto do material e do mental. É a totalidade que propõe uma

Antropologia do nome

figura da unicidade diante da multiplicidade dual do objetivo e do subjetivo.

A totalidade

A totalidade existe tanto na visão marxista como na visão de Durkheim e dos historiadores, nos quais o real é um todo complexo. Quer se chame "sociedade" ou "formação social à dominante", quer seja um todo concreto já aí em Althusser, ou a sociedade como conjunto regrado em Durkheim, essa noção é constitutiva das ciências sociais. A sociedade, tomada como um todo, autoriza que se apresentem ou entidades (grupos, classes), ou instâncias, ou campos, considerados uma estrutura: por exemplo, o parentesco, os mitos. A noção de totalidade é fundamental, porque permite explicar a diversidade, o heterogêneo, o múltiplo de uma sociedade, ou de um conjunto de sociedades, e ao mesmo tempo postular uma unidade interna, laços fundamentais entre os diferentes elementos dessa sociedade ou conjunto de sociedades. Marcel Mauss levou essa abordagem ao extremo, propondo a noção de fenômeno social total, que sustenta em seus próprios termos que a categoria de social exige a totalidade. A totalidade, nesse caso, não é a de Hegel, que é uma totalidade homogênea no campo do subjetivo; é uma totalidade heterogênea, peça mestra das ciências humanas.

Como se disse, a categoria de subjetivo só é sustentável e sua investigação só é possível no espaço da relação do pensamento com o pensamento do pensamento. Na dialética do objetivo e do subjetivo, não há lógica de investigação interna do subjetivo; há uma apresentação do subjetivo na totalidade, como um de seus componentes. O que torna possível a citação do subjetivo na totalidade, mesmo quando sua investigação é impossível, é a dialética do objetivo e do subjetivo, que agora vai permitir que se avalie o

Pensar após o classismo

subjetivo em seu desvio em relação ao objetivo cientificamente apreendido.

Diante de uma palavra que abre para um campo de pensamento, ou nome simples, há dois caminhos. Um estabelece a investigação do subjetivo na relação entre o pensamento e a pensabilidade, e examina o nome simples em sua articulação com a intelectualidade e a pensabilidade. O outro é aquele no qual se dá a suposta dialética do objetivo e do subjetivo, na qual (e isso é fundamental) o nome simples é "suficiente" e não se vai além, na esfera própria do nome.

Mesmo que o subjetivo não seja pensável na abordagem em exterioridade, a *totalidade* apresenta sua existência. Por essa noção, alguma coisa existe e não é pensável: a *totalidade* permite uma nominação do subjetivo, uma nominação que o apresenta como pensável, mesmo que ele não seja pensável na "dialética" do objetivo e do subjetivo. Portanto, a *totalidade* é a noção-suporte do pretenso pensável e do impensável comprovado, no que diz respeito ao protocolo do subjetivo.[7] Dir-se-á, nesse caso, que o pensamento em termos de totalidade depende de uma abordagem apriorística, isto é, de uma abordagem em que a constituição da pensabilidade é heterogênea com o *nome simples*, ou palavra como primeiro espaço do nome, à qual se aplica a pensabilidade. Assim, toda reflexão construída a partir do nome simples é necessariamente apriorística. A pensabilidade homogênea, que se opõe à pensabilidade heterogênea ou apriorística, desenvolve-se apenas no protocolo que vai da intelectualidade à pensabilidade.

A abordagem objetal apenas toma nota da carência constitutiva do caráter apriorístico do nome, quando este é um nome

---

7 Encontramos o impensável do real e seu caráter em ruptura aplicado aqui ao subjetivo. O heterogêneo pretende copensar o conjunto, isto é, transpor o caráter heterogêneo do subjetivo e do objetivo, e *in fine* o subjetivo torna-se impensável. Nesse caso, portanto, o real é impensável, com a condição de que se aceite que o subjetivo é um real.

Antropologia do nome

simples. Em vez de reconhecer a ausência de um pensamento do pensamento, essa abordagem pretende normalizar o pensamento pela ciência. Intento impossível, cujo efeito é apenas substituir a pensabilidade homogênea pelas noções de opinião, representação e consciência, noções que substituem o pensamento.[8] Ademais, o apriorismo supõe, no lugar da existência do pensamento, ou intelectualidade, sua permanência na forma de pensamento já aí e apreendido numa retrospecção. Por fim, pode-se dizer que, na abordagem cientificista e classista, o pensamento é um pensamento em exterioridade. É, pois, do ponto de vista da interioridade, ou da exterioridade, que se trata de um pensamento. Pensamentos em exterioridade ou em interioridade são problemáticas que contrastam diferentemente com o que é pensado no pensamento.

A verdade, todavia, é que a problemática do objetivo e do subjetivo torna impossível uma análise das intelectualidades. Indicou-se como ela propunha operadores que possuíam a característica de ser objetivos e subjetivos e também, como dizia Althusser, abstratos-concretos. Indiquei pela noção de reversibilidade como o subjetivo podia abordar o objetivo. A análise da totalidade exige agora que se mostre que a dialética em questão não é simplesmente a do objetivo e do subjetivo, mas também a do subjetivo e do objetivo.

A dialética do subjetivo e do objetivo

A *dialética do objetivo e do subjetivo* apresenta-se como uma problemática da consciência e como o método essencial à problemática materialista da consciência. A *dialética do subjetivo e do objetivo*

---

8 *L'Être et l'événement*, de Alain Badiou, além do enorme alcance filosófico, teve para mim, entre outras contribuições, a de ter posto fim no apriorismo, em proveito de uma axiomática do múltiplo.

coloca-se menos a questão das determinações da consciência do que a dos efeitos possíveis da consciência na ordem do real. Se a consciência é o principal operador na dialética do objetivo e do subjetivo, o *Estado* é o operador central na dialética do subjetivo e do objetivo; isso pode ser ilustrado pela política em exterioridade. Nesse caso, a *totalidade* é o que possibilita a copresença desses dois operadores. A revolução, por sua vez, designa-os em oposição acontecimental. Dos dois pares, *objetivo-subjetivo* e *subjetivo-objetivo*, privilegiaremos o segundo.

Na verdade, ele é o núcleo da problemática classista, no que se refere à questão do pensamento. De fato, na visão classista, o núcleo do pensamento não é a *consciência*, mas o Estado. Por isso, fazer da alienação e das relações de produção – como é o caso da Escola de Frankfurt – o centro desse pensamento é um desvio.

Na dialética do objetivo e do subjetivo, a dificuldade da copensabilidade se dá na impensabilidade do subjetivo. O subjetivo é dispensado da qualidade de real. Na dialética do subjetivo e do objetivo, é a categoria de real, e não o fato de que o subjetivo é da ordem do real, que ocasiona dificuldades de identificação. É difícil estabelecer a categoria de real na dialética do subjetivo e do objetivo, e a totalidade vai remediar essa dificuldade apresentando-se como um real abstrato.

Enquanto na primeira dialética a totalidade é o meio de nominação do subjetivo, na segunda a totalidade será o real, e isso, singularmente, na problemática materialista. Essa mudança é mais patente na problemática materialista, provocando uma forte tensão nas relações do subjetivo com o objetivo.

Situação, prescritivo, descritivo

Se cada pensamento estabelece sua problemática do real, este deve ser sempre identificado. Não existe pensabilidade do real fora de um conhecimento ou fora de um protocolo singular de identificação. Como uma problemática da singularidade que mantém a categoria do real não desemboca numa abundante multiplicidade de reais? É a categoria de *situação* que responde pela manutenção da categoria de real, porém sem salvaguardar uma problemática do Um ou da totalidade. A categoria de situação opera atestando a multiplicidade dos campos de conhecimento, sem que essa multiplicidade torne impossível qualquer declaração ou enunciado sobre a situação,[9] argumentado que cada campo de conhecimento tem condições de propor seu enunciado sobre a situação. Somente existe pensabilidade do real se ligada a um protocolo singular de identificação, um pertencente à ciência e outro ao conhecimento. A multiplicidade dos reais e sua heterogeneidade remetem à diferenciação da ciência e do conhecimento, isto é, à oposição entre descritivo e prescritivo que se exporá adiante.

O descritivo é da ordem da repetibilidade. Ele é o ser da cientificidade do real. O prescritivo pertence à categoria de situação e designa o que não se repete; abre para o tratamento da questão do possível. A *totalidade* não estipula a homogeneidade ou a composição possível dos diferentes reais, nem sustenta a irredutibilidade desses reais. Ela cria, na visão cientificista, uma pensabilidade comum entre a ciência e o conhecimento, reservando a possibilidade de elementos circulando de um para outro. Ela é aquilo pelo qual não se pronuncia a incompatibilidade entre ciência e conhecimento.

O prescritivo é estritamente da ordem do conhecimento. Ele exclui a *totalidade*, que, por sua vez, sempre reserva um lugar ao

---

9 A política, exemplo de pensamento em interioridade, é um campo de conhecimento? Se é um campo de conhecimento, por que a categoria de situação não está nesse campo? Não há generalidade. Situação é o nome do desconhecido.

descritivo, à relação do pensamento e da realidade, isto é, à relação do pensamento – entendido no sentido mais usual do termo (ou como conhecimento, ou como ciência, ou como intelectualidade) – e da realidade. Ora, pensamento e real não são coetâneos no pensamento. Não há nem simultaneidade cronológica nem copresença lógica, mas defasagem. Pensamento e real não são dados ao mesmo tempo (do contrário estaríamos na copensabilidade) ou no mesmo enunciado: é isso que é colocado pela problemática dos dois enunciados.

Há dois tratamentos dessa defasagem: o descritivo e o prescritivo. O descritivo, indicador do pensamento cientificista e da abordagem em exterioridade, trata a defasagem anulando-a, postulando que só há pensamento se for pensamento científico do real. Procede com o auxílio de leis, variáveis, parâmetros, indicadores, que constituem o ser da cientificidade do real; esse ser não é um ser em si, mas um ser descrito. O descritivo estabelece o dever-ser do real, do ponto de vista da ciência, e instala-se entre o ser e o dever-ser. Pensamento do descritivo e pensamento do enunciado são distintos, evidentemente.

Na *totalidade*, que sustenta a copensabilidade das ciências e dos conhecimentos (eles incluem o subjetivo) propondo o modelo das ciências ao conhecimento, a tensão descritiva é muito grande, porque renunciar ao descritivo significa renunciar à pensabilidade compatível. A *totalidade* permite um pensamento do real na forma de uma composição possível da multiplicidade dos protocolos, do descritivo e do subjetivo na unicidade da pensabilidade.

O *prescritivo* é outra solução da defasagem entre pensamento e real, que, longe de anulá-la, estabelece-se nela. A defasagem prescritiva resolve a tensão entre o enunciado I, *as pessoas pensam*, e a pensabilidade aberta pelo enunciado II, *o pensamento é relação do real*. A relação entre os enunciados I e II não se apresenta como uma relação especular, expressiva ou transitiva. Não supõe que o enunciado I é a enunciação, cuja realização seria o enunciado II. O enunciado I não é a substância e o enunciado II a essência. O prescritivo é a articulação dos dois enunciados no *nome* e no *lugar do nome*. O prescritivo não é o dever-ser do real em face da ciência, como é o descritivo. Ele é o dever-ser do pensamento em sua relação com o real.

Obviamente, o prescritivo torna-se então a hipótese sobre a existência de uma força de alma, de modo que o protocolo ininterrupto do real, considerado pelo que é, possa ser sustentado e desafiado, se por força de alma entende-se a força de um pensamento, cuja decisão não esmorece. Em outras palavras, é estabelecer a hipótese de que se pode manter o pensamento. O *descritivo* é da ordem do pensamento cientificista da ciência, o *prescritivo* é da ordem do pensamento do pensamento. Na verificação do pensamento, às vezes denominada ação, prática ou investigação, o *prescritivo* indica que o pensamento é solicitado a organizar o retorno ao pensamento, seja confirmando os enunciados, seja formulando novos, sem se perder. Pode-se dizer, portanto, que não é porque o pensamento é relação do real que ele pode fazer economia dele.

Totalidade, unicidade

A totalidade organiza o múltiplo das intelectualidades, sua heterogeneidade, e a heterogeneidade da ciência e do conhecimento. O movimento da totalidade é tender à unidade, ou ao que chamo de *unicidade*. Sem esse movimento tendente à unicidade, o múltiplo, seja ele conhecimento ou ciência, pode predominar, pondo ciência e conhecimento em estado de dispersão. A dialética do subjetivo e do objetivo produz então a categoria de totalidade – como o que torna copensáveis esses diferentes domínios –, estabelecendo a hipótese de uma unidade no pensamento dos diferentes conhecimentos, a qual se opõe ao heterogêneo e ao múltiplo. A totalidade age como unidade. É essa unidade em intelectualidade que chamo de *unicidade*. Ela vai vacilar; a unicidade não é estável. Seu movimento em balança vai da unicidade da pensabilidade à unicidade do real, sem especificar se ele existe ou está por vir. A totalidade é constituída desse vaivém, sendo ao mesmo tempo uma totalidade concreta (unicidade do real, todo já aí em Althusser, sociedade em Marx ou Durkheim) e uma totalidade abstrata, núcleo de uma pensabilidade geral, transversal tanto à ciência como ao conhecimento, mas sem apresentar uma metaciência. É aquilo pelo qual se mantêm a tese de uma unidade do real e a tese de uma unidade do pensamento, para além da multiplicidade das disciplinas e dos protocolos.

Louis Althusser

O texto de Althusser "Contradiction et surdétermination"[10] apresenta o problema, com a noção de *instância* (econômica, política, ideológica), que vai estar no centro de sua solução. As instâncias são elementos da estrutura, isto é, da totalidade social, ou formação social, e também estão presentes na totalidade como multiplicidade de sua heterogeneidade. A instância é um elemento da estrutura, mas a multiplicidade do heterogêneo na totalidade também se diz sob a noção de instância (e, como se verá, de contradição). Quanto à unidade, ela está presente na totalidade com a noção de *sobredeterminação*. A sobredeterminação articula a multiplicidade das instâncias e abre para que, na multiplicidade, uma das instâncias seja dominante. Ora, uma instância ser dominante não é uma característica da instância, mas do todo. Só há todo já aí, isto é, totalidade, sobredeterminado. A sobredeterminação é uma propriedade do todo e permite que ele seja pensado além

---

10 In *Pour Marx.*

Antropologia do nome

da diversidade das instâncias, que, tomadas em si mesmas, não podem ser recomponíveis numa unidade do todo. A sobredeterminação faz a função da unicidade. Mas a instância também induz a contradição. Portanto, um primeiro estrato da análise de Althusser se faz em termos de instância e totalidade; um segundo estuda a instância, referida à categoria de contradição.

A análise da sobredeterminação, e da instância como dominante, também evolui numa problemática da contradição, que Althusser empresta de Mao Tsé-tung.

No texto *Da contradição*, de 1936, Mao Tsé-tung distingue entre a contradição principal e o aspecto principal da contradição. Ora, em Mao Tsé-tung, contradição principal e aspecto principal da contradição designam, um e outro, o analítico e o prescritivo. O ponto de vista analítico é aquele em que a contradição é chamada principal na medida em que é atribuível a uma visão materialista e dialética do processo, a qual sustenta que toda coisa é movimento e desequilíbrio; toda situação — por exemplo, histórica — é apenas um momento precário, transitório, produzido por outros momentos transitórios ou outras contradições. A apreensão da contradição principal é feita descritivamente. O aspecto principal, por sua vez, diz respeito ao ponto de vista prescritivo. O aspecto principal da contradição é uma tese política a partir da qual é possível analisar os diferentes aspectos de uma contradição (no texto mencionado, entre os japoneses e os chineses), do ponto de vista de seu devir provável ou possível. O aspecto principal é a aposta sobre o devir da contradição.

Althusser vai juntar contradição principal e aspecto principal da contradição na noção de sobredeterminação, reunindo num único termo a perspectiva prescritiva e a perspectiva analítica e descritiva. Conservando o prescritivo, mesmo numa liga pouco harmoniosa, ele preserva a inteligibilidade da decisão política, que deve ir além da simples consideração da multiplicidade das instâncias. O analítico, sendo da ordem do descritivo, não é suficiente para a decisão política. Se a decisão política é simplesmente confrontada com a multiplicidade das instâncias, a heterogeneidade intelectual entre a decisão política e o analítico das instâncias desaba, o que leva, visto que esse analítico é o materialismo histórico, a uma oposição irredutível entre a política e a ciência, o que é impossível para Althusser.

Há, portanto, um problema singular que Althusser deseja resolver: pensar a relação da política e da ciência. Ora, toda a tentativa de Althusser tende a distanciar-se da reversibilidade dogmática entre política e ciência, típica da visão stalinista. A obra de Althusser[11] deve ser compreendida como o que tenta pronunciar a perempção e o fechamento do pensamento stalinista. Tanto porque poderia tratar-se de uma instância suplementar quanto por causa de sua intelectualidade particular, e dos problemas postos pela copensabilidade numa problemática da totalidade, dar um lugar à política é uma questão crítica. A sobredeterminação permite resolver essa questão, apresentando-se como unicidade no todo complexo. Duas teses estabelecem a relação das instâncias entre elas pelo posicionamento da sobredeterminação ou unicidade. Uma se refere à economia; a outra, à política. Abre-se imediatamente, portanto, a questão da relação de uma instância com o resto do todo. Descobrir se essa relação é a relação de uma instância com outras instâncias, tomadas uma a uma, sucessivamente, ou a relação com o todo, menos a instância em questão, é decisivo. Althusser refuta tanto a expressividade dogmática quanto o humanismo, ainda que seja o marxista. A primeira tese, que se opõe ao economismo stalinista, estabelece que a economia, como

---

11 Cf. Lazarus, Althusser, la politique et l'histoire, in: Lazarus (Org.), *Politique et philosophie dans l'œuvre de Louis Althusser*.

instância, não decide tudo, não decide as outras instâncias. As instâncias, nesse momento, estão em desordem.

A segunda tese trata da política. Althusser não sustenta em nenhum momento que a política é da ordem do subjetivo, mas não adere à tese contrária, isto é, aquela segundo a qual a política não é da ordem do subjetivo. Se a política não é um pensamento da ordem do subjetivo, tampouco se reduz à instância "a política", instância pura que designa o jurídico e o constitucional, ou o Estado. A política se apreende por seu processo: a luta de classe.

A primeira tese abre para a relação das instâncias no todo: se a economia não decide, então como o todo se dispõe? A segunda tese trata da política, que é um processo sem sujeito, contanto que a tese de Althusser sobre a história seja conveniente à política. O confronto da primeira tese com a segunda conduz à questão da relação da política com as instâncias; por enquanto, a política não é possível. A questão da relação das instâncias resolve-se, por si só, ou pela expressividade mecanicista e pela agregação das instâncias, ou por sua distribuição num múltiplo inconciliável, produzindo, no primeiro caso, a política stalinista, que não interessa a Althusser, e, no segundo, a ausência da política, que também não lhe interessa.

A sobredeterminação é aquilo por que é colocada uma compatibilidade da política e da problemática das instâncias. Essa compatibilidade pressupõe que seja enunciada uma nova tese sobre o todo. O todo é sobredeterminado, mas em formas não stalinistas: a economia não é a sobredeterminação onipresente e, no entanto, há sempre sobredeterminação por uma instância. É da relação da sobredeterminação com o dispositivo das instâncias que a política se torna possível. Ela é simultaneamente científica e não redutível a uma instância. A sobredeterminação permite que se articule (e se mantenha) uma lógica de luta de classe e uma análise em termos de instâncias e de todo-já-aí [*tout-déjà-là*]. Se a luta de classe

Pensar após o classismo

é expressiva das instâncias, e em particular da economia, a política não possui campo próprio e não há subjetivo. Se a luta de classe e a política ficam à mercê de um comitê central, elas variarão conforme as ocorrências e as oportunidades: o subjetivo não é sempre estabelecido. A tentativa de Althusser aparece como uma tentativa contra Stalin, e, após Stalin, como uma tentativa de propor uma compatibilidade entre a política e o marxismo, ainda que tenha de revisar este último. A problemática das instâncias e da sobredeterminação é o centro dessa revisão. Enfim, quanto à história, à filosofia e à política, embora não sustente que são absolutamente separadas, Althusser as identifica separadamente. Portanto, estamos diante de uma problemática do múltiplo, e não de uma problemática da multiplicidade, isto é, de uma problemática em que cada conhecimento desenvolve seu pensamento singular. Há um múltiplo dos conhecimentos – sem intelectualidade da multiplicidade – dado como possível em virtude das noções de unicidade e totalidade.

A totalidade designa o caráter em si do real. O múltiplo dos conhecimentos não esgota o real, o caráter em si do real, que a totalidade apresenta tornando possível uma não correspondência entre o campo dos conhecimentos e o ser-aí do real, ou todo-já-aí. A noção não serve apenas para compor os conhecimentos ou estabelecer sua copresença, mas para evitar que o real resulte da simples soma – impossível aliás – dos reais de cada disciplina. Através dela é proposto um real compatível com cada conhecimento, mas sem se reduzir a ele, porém, e capaz de suportar um conhecimento obscuro, podendo o real da totalidade substituir a ausência de real de um campo de conhecimento. A totalidade permite uma indeterminação relativa sobre o que denomino o lugar do real de certos campos.

A unicidade está ligada à questão da pensabilidade e da não multiplicidade da pensabilidade. Essa noção designa uma matriz do pensamento aplicável a todas as disciplinas. Se a totalidade remete a uma problemática da composição do real, a unicidade remete à pensabilidade dessa composição. A unicidade não é a categoria de pensabilidade da totalidade, mas a categoria de pensabilidade do caráter múltiplo da totalidade num Um do pensamento. É uma categoria da dialética do Um e do múltiplo, desde que se estabeleça claramente que o Um não pertence à totalidade; ele é o da pensabilidade acerca da totalidade.

Numa problemática da totalidade, certos campos podem ser paradoxalmente indeterminados, pois a própria categoria de real é em parte indeterminada. O real está em excesso nos campos de conhecimento, e, no momento em que um campo obscuro é interrogado, ele remete à totalidade. A obscuridade de um campo é homogênea com a obscuridade de uma parte do real, considerando-se o conjunto dos campos. A problemática em termos de totalidade tem o efeito de tornar obscuro um desses campos e permitir que se pense a unicidade do real e, ao mesmo tempo, a diversidade (não se pode falar de multiplicidade nesse caso) dos processos e dos conhecimentos. Cada domínio de conhecimento remete a seu campo, ou a sua instância, e ao fato de que ele é copensado.

Nomes sacrificados e questões da história

A operação

Num pensamento da singularidade, ao contrário, é apenas a partir da existência do campo que se desenvolve o pensamento do campo. No pensamento da totalidade, o nome de um campo é dito duas vezes: em relação ao campo do nome e em relação à totalidade e sua copensabilidade. Criam-se situações de desequilíbrio em que a existência do campo próprio do nome torna-se aleatória e a manutenção do nome somente se faz graças à copensabilidade. Essas situações são as dos nomes sacrificados.

Os nomes são distintos: o que cada nome trata não pode ser compartilhado com o que é tratado por outro nome. Os conceitos podem ser exportados, os nomes não. A problemática da totalidade, que é a da copensabilidade, somente é afirmável à custa de nomes sacrificados. É nessa perspectiva que se deve entender a vontade de Althusser de reidentificar o nome da filosofia e o da política.[12]

Do ponto de vista da dialética do subjetivo e do objetivo, a copensabilidade é explicada de outro modo. É a noção de Estado e sua relação com a totalidade que a explica. Na dialética do objetivo e do subjetivo, um dos operadores centrais é, como se viu, a consciência. Na dialética do subjetivo e do objetivo, o Estado é o operador central. Os registros de intelectualidade são diferentes nessas duas dialéticas. A dialética do objetivo e do subjetivo está ligada a uma determinação (a forma de consciência é determinada, induzida pelas condições materiais de existência). A dialética do subjetivo e do objetivo está ligada à operação. A passagem do objetivo ao subjetivo é uma determinação, e a passagem do subjetivo ao objetivo é uma operação. Trata-se de duas lógicas completamente diferentes. A tensão entre determinação e operação é induzida pelo jogo alternado das duas dialéticas e apresenta-se na oposição entre a consciência e o Estado. O Estado, por sua vez, está ligado simultaneamente a um procedimento de determinação e a um procedimento de operação. Trata-se de uma entidade determinada e operante, ao mesmo tempo descritiva e prescritiva. Determinada: na historiografia classista, o Estado é o reflexo da sociedade e das classes. Operante: a categoria que identifica o Estado como operação é o poder. As relações entre o Estado e a

---

12 Cf. Lazarus, Althusser, la politique et l'histoire, op. cit.

totalidade são complexas. O Estado se dá como pertencente às duas especificações, a determinação e a operação, enquanto a totalidade se apresenta como neutra, isto é, escapando tanto à determinação como à operação. As características de neutralidade e indistinção da totalidade, no que diz respeito ao registro do prescritivo ou do descritivo, são inerentes à copensabilidade. A dupla identificação do Estado, seu caráter híbrido, descartam a neutralidade e a indistinção. O Estado não é o nome da totalidade, é o produto de uma dialética.

A história é um pensamento relação do Estado. De que se trata a história quanto à operação e à determinação? Pergunta complexa, tanto mais que, conforme o caso, ela emprega uma, outra ou uma e outra. Quanto a Marx, ele vai sustentar que a história é da ordem da determinação e da operação. É nessa qualidade que ela poderá subsumir a política e incluí-la. Identificada pela operação e pela determinação, a história se liga à política pela operação e ao Estado por sua dupla determinação.

Moses Finley

Reservando-me a análise da questão da história em toda a sua extensão, não obstante examinarei um pensamento histórico particular que se situa fora da dialética do objetivo e do subjetivo: o de Moses Finley. Finley deve ser visto como a figura inaugural da ruptura com o pensamento classista da história.

Moses Finley não é um dialético: a questão do Estado não está no centro de seus interesses. Finley é um historiador do subjetivo e da invenção. Em *Mythe, mémoire, histoire* e *L'Invention de la politique*,[13] ele não coloca a história nem no campo na operação nem no da determinação; a história não exige dialética.

---

13 Finley, *Mythe, mémoire, histoire*; Id., *L'Invention de la politique*.

Pensar após o classismo

Para Finley, há invenção da história nos gregos, e seu aparecimento não pode ser entendido como a passagem de uma concepção mítica do passado a uma concepção racional do passado. Ademais, a suposta ruptura entre visão mítica e visão racional do passado não é adequada para caracterizar a história, porque a categoria de passado não a identifica – Marc Bloch já insistira nesse ponto. E a ruptura com o mito não caracteriza sua irrupção; o próprio Heródoto, pai da história, mantém a referência ao mito. A invenção dessa disciplina, e desse pensamento, não se dá em oposição à poesia épica e ao mito, mas ao lado deles. Se a irrupção da história não se reduz à ruptura com o mito, a história não é constituída por uma ruptura racional, no sentido positivista do termo: o fato de que lhe sejam necessárias a datação e a laicização é sintomático, e não constitutivo. Esses dois requisitos não a identificam como matéria e não devem ser vistos como sua origem.

Para Finley, a história é uma *capacidade*, e uma capacidade *sequencial*. O objetivo de *Mythe, mémoire, histoire* é elaborar a nova problemática da história a partir do estabelecimento desse ponto. A história não deve ser entendida como positivista (identificada por sua diferença em relação ao mito), ou como estrutural, sendo considerada a partir do Estado, mas deve ser escorada em momentos de existência singulares e correspondendo a uma capacidade subjetiva provisória. Há subjetividade quando há contemporaneidade entre as consciências e a sequência dita histórica. Finley vai a contrapelo da hipótese classista da permanência da história.

Para Finley, a história não é uma invariante; toda sociedade, todo período, não é necessariamente história. Existem sociedades que não produzem história, e essas sociedades não são só as sociedades sem escrita e sem Estado. A ausência de história não indica um problema de fontes. Para que haja história, é preciso que haja uma *geração* que tenha refletido sobre a sua própria situação; nesse caso, a história dessa geração é possível para ela e para os historiadores

Antropologia do nome

posteriores. Não é sempre, portanto, que existe capacidade para a história. Esta não é sequer uma narrativa: ela é um pensamento, e um pensamento contemporâneo sobre ela própria. Se uma geração não põe sua história "por escrito", esta se perderá para sempre, e apenas a arqueologia e a reconstituição são possíveis.

Pode-se enunciar então duas teses: só há história contemporânea a ela mesma e é necessário um ponto de consciência para que ela exista. Consequentemente — esta é a segunda tese —, nem sempre é dada a ocasião de uma história contemporânea a ela mesma. Finley não diz que é necessário um ponto de consciência; para ele, é diante da existência de historiadores que se coloca a questão do ponto de consciência. Em todo caso, porém, se há capacidade subjetiva, há historiadores para dizê-la: Tucídides pela Guerra do Peloponeso, Lissagaray pela Comuna de Paris, o cardeal de Retz pela Fronda ou Saint-Simon pela corte de Luís XIV.

Esse pensamento, essa capacidade não são característicos de todas as gerações, apenas de algumas. O interesse de uma geração por sua história não é uma reflexividade, mas uma atitude em consciência. Esta última não sendo constante ou presente em toda sociedade, nem a todo momento em uma sociedade, a história aparece sob condição da consciência.

A história é uma situação dos pensamentos, ou das consciências, que permite que historiadores — contemporâneos ou posteriores — abordem essa situação e proponham enunciados e formulações a seu respeito. Portanto, é fundamental que existam essas situações. Se estas não existem, se não há história possível — não, insisto, em razão das fontes —, é porque falta a *matéria* (categoria da qual tratarei adiante) da história. O grande deslocamento proposto por Finley é sustentar que a matéria da história é circunstancial, é uma capacidade da época considerada, antes de ser uma capacidade do historiador. Ora, essa capacidade da época ou da geração não é nada mais do que a política. A obra de Finley

Pensar após o classismo

cessa de propor um campo invariante, um objeto ou uma estrutura à história, e desconecta a história do Estado para conectá-la à política. Por isso é que se pode dizer que a concepção proposta por Finley é a de uma história em interioridade.

É nesses termos que Finley refletiu sobre invenção da história pelos gregos; ele frisa que ela é contemporânea da invenção da *pólis*, mas sustenta sobretudo que é contemporânea da invenção da política. História como ponto de consciência, história como não permanente e invenção, história desconectada do Estado e conectada à política distanciam a tentativa de Finley de qualquer categoria de operação. Mostrando que a história aceita a categoria de invenção, submetendo a inteligibilidade da história à análise das condições de sua invenção, Finley exclui a operação. A categoria de invenção opõe-se à categoria de operação entendida como racionalização, a qual tenta realizar a adequação da consciência e do mundo, do subjetivo e do objetivo. A operação faz uma racionalização, supondo o progresso do irracional ao racional, tese característica dos que sustentam que a história nasce de uma ruptura com o mito. A categoria de invenção vem suplementar a operação, não tomar seu lugar, o que nos levaria de volta à velha categoria historicista da transformação. Onde há invenção, há *en-plus*, que, por essa razão, é precário.

A política também é uma invenção. Em *L'Invention de la politique*, ela não se resume nem ao Estado, nem às classes, nem à gestão do social, nem ao poder: invenção específica, ela não é permanente; em certo pensamento da política, dir-se-á que ela é sequencial e rara. Finley vai encabeçar duas invenções: a história e a política. Elas são separadas ou remetidas à mesma base? Ele não decide, não estatui a separação da história e da política, revelando o limite da noção de invenção. Obviamente, para refletir sobre a questão da separação entre a história e a política, Finley teria sido obrigado a procurar na história mundial a invenção da separação da história e da política – nos meus termos, procurar Lenin –, o que não era o seu propósito. A separação da política e da história não é um objeto histórico, pertence ao campo político contemporâneo, e passa tanto pela categoria de singularidade como pela de modo histórico da política.

No que lhe diz respeito, o trabalho do historiador é claro: consiste em identificar as categorias que cada período histórico, isto é, cada geração produzindo história, desenvolve. Com isso, Finley dá um exemplo muito preciso de abordagem não definicional, uma vez que a categoria de história é inteiramente construída no protocolo de sua investigação. E, tomando o conhecimento histórico no momento de sua invenção (com Heródoto e Tucídides), que é contemporânea da invenção da política, persegue o polêmico objetivo de afastar a história de sua tradição positivista e ligá-la à política. O procedimento da história se torna um processo em interioridade, que Finley opõe a um processo em exterioridade, em que a história é a história do Estado. Assim, Finley abre para a hipótese de uma história sem a operação, isto é, em subjetividade, e num elo de contemporaneidade com a política, uma contemporaneidade que remete à categoria de geração.

História, historiografia, classe

Chamemos "historiografia" a história classista, que aparece no início do século XIX e caracteriza o trabalho dos historiadores: de Guizot, Michelet, Thierry e Quinet a Aulard. Mas essa noção designa sobretudo o surgimento de um pensamento histórico cuja diferenciação com relação a um pensamento da história é constitutiva. O pensamento da história, ou a filosofia da história, estabelece que não há pensamento da história a não ser na filosofia da história. Essa é a tese de Hegel. Inversamente, no início do século XIX, aparece um pensamento histórico que é a relação, em

Pensar após o classismo

pensamento, dos historiadores com a história feita por eles. Ora, nesse pensamento histórico, que é a historiografia, o conceito central é o conceito de classe. O conceito de *classe*, como Marx indica claramente em sua carta a Weydemeyer, não é um conceito marxista. Esse é um conceito comum aos historiadores e aos economistas, circulando na intelectualidade do momento.

Esse conceito é central no trabalho dos historiadores não em razão simplesmente de seu uso descritivo, mas na medida em que a classe é a categoria operativa na questão do Estado, quer se trate do Estado de classe, quer do Estado além das classes, e da Nação. A historiografia aparece, portanto, como uma problemática que convoca ao mesmo tempo as classes sociais e o Estado, e a relação entre um e outro especifica as diferentes escolas. A questão se torna predominante, enquanto um século antes o debate não era sobre o Estado, mas sobre os bons governos, ou sobre as formas (republicanas ou monárquicas).

As formas de governo, no sentido que tem essa expressão em *Do espírito das leis*, de Montesquieu, não se apoiam numa problemática do Estado, das classes ou da história. Cada forma de governo, como se sabe, é identificada por seu princípio, o que significa efetuar uma análise da consciência e do prescritivo subjetivo de cada forma de governo. Nesse sentido, *Do espírito das leis* diz respeito à política tal como é entendida aqui e, seguramente, não à questão do Estado. Ademais, Althusser[14] mostrou perfeitamente bem que os climas estavam subordinados aos princípios e não o contrário. Não há nem determinismo pela classe — que, aliás, não existe —, nem pelo Estado, nem — substituindo o do Estado — um determinismo pelas condições naturais.

O Estado aparece no século XIX em parte como o objeto de um determinismo pelas classes. Ele é determinado, e é nesse sentido

---

14 Althusser, *Montesquieu, la politique et l'histoire*.

que falo de determinação. Com Montesquieu, a categoria *forma de governo* existe no subjetivo e não na operação, nem no Estado nem na história. Vê-se em que pontos distingo-me da leitura fascinante que Althusser faz de Montesquieu.

Althusser mostra de maneira admirável, contrariando as leituras jurídicas e sociológicas de Montesquieu, que o princípio é o que fundamenta o espírito das leis, isto é, as leis analisadas do ponto de vista de seu espírito. E nisso, sendo fiel a Marx, destaca em Montesquieu um espaço de copensabilidade entre o subjetivo (os princípios) e o objetivo, não na forma da economia, mas no que assume imperfeitamente seu lugar (a extensão dos impérios, os climas, a natureza), permitindo que se identifique em Montesquieu uma totalidade concreta, imperfeita.

O dispositivo de Althusser é muito peculiar: nele encontramos ao mesmo tempo a primazia do subjetivo e a circulação da operação e da determinação, mas sem que se estabeleça uma problemática do Estado, e sem uma historização explícita. É porque há circulação entre operação e determinação que não há estatização e historização, que supõem, de sua parte, que não há circularidade completa entre as duas noções. Nota-se nitidamente por que, em Montesquieu, a totalidade concreta (unidade dos princípios e da natureza) é inacabada: falta a economia, isto é, a história. E Althusser critica Montesquieu por aquilo que é aqui considerado sua grande qualidade: não se situar na ordem da determinação.

Antes do século XIX, não há problemática do Estado. *A classe*, portanto, deve ser considerada o princípio de modernização da investigação histórica. A classe e o Estado tornam-se as categorias da nova modernidade, distintas das formas de governo e dos princípios, que antes eram ativos. No século XIX, o surgimento da história classista ocorre numa nova configuração: passa-se de uma abordagem em termos de ordem a uma abordagem em termos de representação. A classe é, por intermédio da questão do

Pensar após o classismo

Estado, o que fará a história classista ascender a sua pensabilidade. Do mesmo modo, a classe é a noção que permite que se responda à questão do que é pensado no pensamento histórico. Por outro lado, o pensamento do Estado, por influência da Revolução Francesa e do Império, é submetida a um pensamento da fratura. A relação entre essa fratura e o Estado é um ponto abordado por todos os historiadores: Tocqueville o estuda em *O Antigo Regime e a revolução*, privilegiando o Estado e as instituições e subordinando--lhes as classes e as fraturas. A Revolução Francesa não deveria ter ocorrido, porque, sustenta Tocqueville, o Antigo Regime já realizara as reformas que a revolução exigia. Marx, por sua vez, faz da categoria de classe a categoria principal, e o Estado lhe será interno: não há Estado, a não ser Estado de classe. Dada a expressividade entre o Estado e a classe dominante, a noção de fratura ficará em dependência lógica absoluta em relação à de classe: Marx atribui a fratura do Antigo Regime a seu caráter de classe. A historiografia se desenvolve nas noções de classe, Estado e fraturas. Por essas noções, ela aborda as de revolução e democracia.

Diante da abordagem em termos de singularidades, a questão se coloca da seguinte maneira: a historiografia é uma singularidade identificada pelas categorias de classe, Estado, revolução, democracia? Ou, com a historiografia, defrontamo-nos com uma intelectualidade, identificável numa generalidade, cuja expressão particular foi a historiografia e cujo esquema central foi a *classe*? Desse ponto de vista, a questão da história, seja ela historiografia ou invenção pelos gregos, é a singularidade e a multiplicidade postas à prova.

No pensamento histórico, *o pensamento é relação do Estado*. Esse enunciado pode ser um enunciado de identificação de uma intelectualidade específica, a da historiografia classista do século XIX — essa é uma primeira hipótese. Ou, segunda hipótese, a história como pensamento-relação-do-Estado pode ser um enunciado sobre a história em geral e sobre a intelectualidade histórica geral. Se aceitamos a primeira hipótese, se se trata de uma intelectualidade específica, chegamos à conclusão de que o próprio *Estado* pode ser concebido como singular, caracterizando uma longa sequência, da mesma maneira que a análise do modo revolucionário sustenta que o nome "revolução" caracteriza uma curta sequência. O debate não é sobre a duração da sequência, mas sobre a afirmação de que o conceito de Estado pode ser aplicado a uma singularidade. Se o Estado, em pensamento, é singular, ele é específico da época classista e do pensamento classista; há uma singularidade nisso, e a história está no terreno da singularidade, dando ao *pensamento histórico* como *relação do Estado* o *status* de singularidade. E se esse pensamento é perempção, então não é mais possível um pensamento histórico ao qual parecem necessárias as noções de classe e Estado. A história como pensamento-relação-do-Estado é fechada.

Se aceitamos a segunda hipótese, se a história pode ser identificada como uma intelectualidade geral, da qual *Estado* é a categoria central por intermédio do enunciado o *pensamento histórico é relação do Estado*, é preciso estabelecer que o Estado não é específico da historiografia classista, mas identifica uma intelectualidade histórica geral da qual o Estado seria, em cada singularidade, o indistinto inequívoco.

A crítica da abordagem objetal conduz, quanto ao pensamento e a seus campos, a um pensamento em termos de multiplicidade, categoria e singularidade. A ideia de singularidade se alimenta da separação: separação entre o que é pensado no pensamento das pessoas e o pensamento do acadêmico; separação da filosofia e da antropologia; separação da política e da história. Por exemplo, estabelecemos a política como singular; e, ao mesmo tempo, o enunciado dessa singularidade, em sua própria investigação, dispõe sua existência numa multiplicidade de ocorrências ou modos, sendo cada um singular e irredutível a outra coisa que não seja ele próprio. Singularidade e multiplicidade caminham juntas, portanto. E essa caminhada comum fundamenta a categoria que a cada vez identifica a singularidade e a apresenta como matéria para reflexão.

A historiografia é classista. Num primeiro exame, podemos ficar tentados a considerar que estamos diante de um dispositivo original e único, cujo fim acarreta o da história. Outro caminho é pensar a historiografia como ocorrência particular do pensamento histórico, cuja perempção não acarreta a da história como intelectualidade.

A política em face do enunciado I e do enunciado II

Reintroduzamos aqui o modo histórico da política, em que a política não é redutível ao Estado, existe em interioridade e identifica-se como uma sequência em pensamento dotada de lugares. A política é rara e sequencial. Desenvolve-se num modo histórico, correspondendo a uma sequência e lugares. O desaparecimento do lugar acarreta a perempção do modo.

Considerando-se o que foi dito antes a respeito da história, *histórico* em "modo histórico da política" indica a singularidade de cada modo; a pensabilidade da política se dá na forma de uma multiplicidade dos modos. O enunciado "há política" desenvolve-se pela identificação dos modos históricos. Portanto, *histórico* participa da identificação de um modo, que designamos como a relação de uma política com seu pensamento, sendo o pensamento a intelectualidade e não a reiteração.

O enunciado I vai ser: *as pessoas pensam a política?* O enunciado I se dispõe como um pensamento da política, portanto como um pensamento histórico, dada a presença e o *status* de *histórico* no "modo histórico da política"? E, outra pergunta, o processo I é: *há pensamento político?*

Antropologia do nome

O que está em jogo aqui é crucial. De fato, se o que se retém é o enunciado *as pessoas pensam a política*, então a antropologia do nome subsume um pensamento da política e propõe-se cobrir o espaço geral do pensamento e dos pensamentos, inclusive o pensamento político, desde que se sustente que as pessoas pensam (a política, a história, a filosofia etc.). O que acarreta certa dificuldade no que concerne à própria identificação da política, da história, da filosofia. E, em face dessa dificuldade, ou a abordagem definicional é reintroduzida, por meio de definições apriorísticas e objetais, ou elas não podem ser identificadas e se tornam indistintos, ou se ausentam.

A outra hipótese é que a antropologia do nome deixa fora do seu campo as questões do pensamento político e do pensamento da história (dado como relação do Estado, o que atribui à história uma diferenciação orgânica). Na realidade, o resultado dessa solução seria o retorno a uma concepção taxinômica dos protocolos e dos campos.[15]

A singularidade de cada pensamento não se estabelece a partir de um enunciado inaugural que seria "há pensamentos" e colocaria axiomaticamente a existência da multiplicidade. A singularidade é uma consequência estrita da abordagem em interioridade e da análise em termos de multiplicidades homogêneas. Por essas razões é que o processo I é *há pensamento* e não "há pensamentos".

---

15 A relação da antropologia do nome com a história e a política não é nem relação de subsunção nem relação de exclusão. A história e a política são investigações em pensamento, exemplificadoras da questão da subjetividade. Para a história, há presença da dialética do objetivo e do subjetivo na relação com o Estado, ao mesmo tempo que a história, como se verá mais especialmente na análise que farei de Marc Bloch, e como já se viu com Moses Finley, possui um pensamento da subjetividade. A política, tal como a expus e segundo minhas teses, é em subjetividade, em interioridade ou em exterioridade.

Pensar após o classismo

É importante esclarecer novamente a abordagem em dois enunciados. O enunciado I, *as pessoas pensam*, não especifica a singularidade do que é pensado; não se trata de uma visão *a priori*, mas de um "há" que estabelece a categoria de intelectualidade. O enunciado II introduz a categoria de pensamento e sua relação: *o pensamento é relação do real*. A filosofia é um pensamento-relação--do-pensamento; a história é um pensamento-relação-do-Estado. Trata-se de pensamentos diferentes. A questão da história, assim como a da filosofia, define-se no enunciado II. A única relação interna constante entre o enunciado I e o enunciado II é a antropologia do nome. Em todo protocolo de conhecimento, há dois enunciados; a história e a filosofia são identificadas por seu enunciado II, com um enunciado I não especificado. Em contrapartida, a especificidade de uma antropologia do nome, além de seus dois enunciados – que ela não compartilha com nenhum outro pensamento –, é que o enunciado II se desenvolve do interior do enunciado I: é a antropologia. Nos dois conhecimentos, há uma autonomia relativa do enunciado II em relação ao enunciado I.

A questão das disciplinas e dos campos se constitui exclusivamente sob o enunciado II formulado como uma relação diferente: *relação do pensamento*; *relação do Estado*. O fato de haver outros enunciados sobre o pensamento, além de *o pensamento é relação do real*, isto é, o fato de haver outros enunciados II, não abre para a pertinência da articulação desses outros enunciados II ao enunciado I, que, de sua parte, é invariante e não especificado em pensamento, não invariante de todo pensamento, mas invariante de toda antropologia. Querer colocar o enunciado "o pensamento filosófico é um pensamento-relação-do-pensamento" (que é um enunciado de tipo II) em relação como o enunciado I equivaleria a antropologizar a filosofia. Evidentemente esse não é o meu propósito. De fato, salvo numa antropologia do nome, que constitui o enunciado II a partir do enunciado I, todos os outros conhecimentos têm enunciados I diversos; a relação com seu próprio enunciado II não é constituída a partir da singularidade fundadora de um enunciado I.

Distinguimos o pensamento-relação-do-real; a filosofia, pensamento-relação-do-pensamento; a história, pensamento-relação-do-Estado. E a política? Ela tem uma relação própria, ou pertence à antropologia do nome, o que leva à investigação de seu nome? Ou a política pertence à antropologia do nome, ou a política se encontra numa articulação do enunciado I com o enunciado II, em que o enunciado II é ou relação-do-Estado, o que leva à historização da política e a reduz ao seu grau zero, ou relação-com-o--pensamento, o que é uma roupagem filosófica da política.

Nem tudo é pensável, o pensamento não pensa tudo, ele se encontra na báscula do desconhecido sobre o conhecido. Coloca--se a questão de saber onde se constitui o pensamento. Distinguimos pensamento em interioridade e em exterioridade. Opusemos o descritivo ao prescritivo, a determinação e a operação que decorrem deles. A antropologia do nome não tem a intenção de pensar a política, mas pensar a partir dos modos da política, porque a política não tem objeto, não é funcional, não pertence à dialética do objetivo e do subjetivo. E, por fim, porque a política é subtraída da dialética do objetivo e do subjetivo e, na medida em que se estabelece, a partir da perempção do marxismo-leninismo, na ordem do pensamento, sua relação do real é uma relação em que o real não é um objeto, mas um indistinto. Consequentemente, é possível um trabalho sobre a política enquanto nome.

A política não está na relação do enunciado II com o enunciado I; ela é um nome. A categoria de modo é a categoria da política e abre para um pensamento da singularidade. A relação da política com o modo é a do inominável do nome com os lugares do nome. Cada nome inominável tem lugares, e existe uma multiplicidade

Pensar após o classismo

de modos. A política é da ordem do pensamento e encontra-se numa relação do real, em que este é um indistinto. A categoria do indistinto supõe que não é o real que é pensado no pensamento, e que o *pensamento pensa o real* é uma proposição inaceitável. Do mesmo modo que a tese da adequação entre pensamento e realidade. O que está em questão, portanto, não é o que o pensamento pensa, mas o que é pensado no pensamento; é o pensamento que deve ser identificado, e as categorias próprias a ele. É isso que caracteriza a passagem da abordagem objetal à abordagem em termos de pensabilidade. O face a face entre o pensamento e o real, denominado *relação*, é o pensamento em que o real é indistinto. Outro enunciado sobre o real que não seja de sua indistinção veta o acesso ao pensamento da singularidade. Encontramo-nos na espantosa situação em que não se pode pensar senão o pensamento, e o que é pensado no pensamento, e não o que o pensamento pensa.

A dificuldade do pensamento histórico vem do fato de que seu desarraigamento da dialética do objetivo e do subjetivo é delicado. Há o risco de uma acontecimentalidade pura, e o *Estado* se torna um indistinto, acumulando operação e determinação. Sendo o estatuto da história onerado pelos efeitos da ausência da dialética do objetivo e do subjetivo, compreende-se que sejam mantidas proposições definicionais sobre seu objeto e métodos. Enfim, o *Estado*, atrelado à *totalidade* – que, como noção, apresenta-se neutra em termos de operação ou determinação –, permite enunciados que apresentam o pensamento histórico como relação da totalidade, e abre para uma visão muito ampla do pensamento histórico, englobando as mentalidades, a economia, a moda, as religiões, a história social. Essas diferentes "histórias" são apenas facetas diferentes de um Um, que é, de fato, a totalidade. Para identificar plenamente o Estado, enquanto núcleo do pensamento histórico, é preciso entender que essa noção se concentra em duas outras

Antropologia do nome

noções: a de estrutura e a de tempo.[16] Sob o Estado, portanto, encontramos a estrutura e o tempo, dos quais "sociedade" não é mais que a coalescência. Evocaremos agora o tempo.

---

16 Note-se, aqui, que o estruturalismo etnológico é sempre o mesmo pensamento aplicado a um grupo sem Estado e concreto, visto que a estrutura e o tempo são, na realidade, as categorias nodais que servem de base à problemática do Estado, da qual se extrai o estruturalismo. Há restrições quanto à linguística, que é uma ciência material (oponho aqui as ciências materiais aos conhecimentos que são da ordem da pensabilidade).

4
Nomes inomináveis

Passo agora das palavras aos nomes. As palavras não são todas nomes simples. A identificação do nome inominável é um processo que se estabelece pelo jogo do nome com os lugares do nome.

A crítica do pensamento classista foi exposta e conduziu à questão da história, que abordamos ao interrogá-la do ângulo de sua singularidade, a qual foi atribuída à fórmula: "o pensamento da história é relação do Estado". Mas a questão da história é também a do tempo, da qual apenas os historiadores não historicistas (Finley), ou em transição para fora do historicismo (Bloch), trataram de forma significativa. A questão em jogo não é mais a do Estado, mas a da polissemia do tempo, bem como a de sua unicidade. E, em breve, a do próprio tempo. O fim do pensamento classista deve confrontar-se com ela. De forma que a questão do nome, que surge nesse momento, deve confrontar-se por sua vez com o estatuto do tempo. Este último é polissêmico? Na unicidade? Ou em ausência pela questão do nome? Estudaremos a esse propósito Marc Bloch e, em seguida, mais uma vez Moses Finley.

A questão do tempo, de sua unicidade ou ausência, é uma questão importante para a antropologia do nome. De fato, esta só é constituível sob a condição de que se desenvolvam uma problemática da singularidade e uma problemática das multiplicidades homogêneas. A análise do tempo em Marc Bloch vai permitir a distinção de multiplicidades homogêneas e heterogêneas, um ponto crucial, porque apenas a multiplicidade homogênea dispõe o nome inominável. Quanto à multiplicidade heterogênea, ela está diretamente ligada à nominação e à composição complexa.

A tese da composição complexa supõe que é preciso partir de um todo como conjunto diversificado e heterogêneo. Essa concepção conduz infalivelmente à nominação do nome e, no que diz respeito às singularidades subjetivas, à objetivação. Quando se procuram tais objetivações nos autores citados aqui como referência, vê-se que Moses Finley acaba nominando a política pelo termo "invenção"; que Bloch interrompe bruscamente sua abordagem em subjetividade ao chamar o passado de "dado"; que, em Durkheim, a sociedade é encontrada muito claramente como conjunto complexo; e que, para Althusser, há sempre um todo concreto já aí. Não é a integralidade dessas nominações que se deseja apontar aqui, mas que existe uma forte relação entre, de um lado, os enunciados inaugurais e fundadores e, de outro, a nominação ou inominação.

O modo como Bloch procede pode contribuir para ilustrar ligação entre enunciados inaugurais e procedimentos de nominação. Em Bloch, o tempo é uma categoria central, na medida em que a história é a dos homens no tempo, e o tempo se dá como essencial, na medida em que abre para o estudo em subjetividade. Aparentemente, para Bloch, não há noções globais inaugurais. Entretanto, examinado mais atentamente, vê-se que é o tempo (comparado com o plasma) que faz esse papel, porque é com essa noção que vai se estabelecer uma polissemia heterogênea. Vê-se que: quando há polissemia heterogênea, há nominação, e quando há nominação, há polissemia heterogênea. De fato, Bloch confere

Nomes inomináveis

diferentes atribuições à categoria de tempo, atribuições que às vezes são contraditórias. É polissemia heterogênea que essas atribuições sejam contraditórias, na medida em que algumas propõem um pensamento do subjetivo a partir dele mesmo, e algumas pelo objetivo: Bloch chama isso de "pensamento do dentro e do fora". Trata-se do tempo, que permite coapresentar e copensar o dentro (por exemplo, as mentalidades) e o fora (a estrutura) e recompõe elementos subjetivos e objetivos heterogêneos. Portanto, há heterogeneidade porque uma noção polissêmica, nesse caso o tempo, permite unir juntos e pensar juntos o que pertence ao objetivo e o que pertente ao subjetivo. O tempo apresenta conjuntamente a simultaneidade e a defasagem. Ele é uma multiplicidade heterogênea cumprindo a função de composição complexa.

A polissemia heterogênea se mostra claramente na análise de Bloch sobre o passado e o futuro. A categoria de tempo, aplicada ao futuro, faz dele um possível e, aplicada ao que passou, produz a categoria de passado como dado. O tempo no passado é um dado e no futuro é um possível. Dado e possível são heterogêneos, e o tempo é dito em diferentes sentidos. O tempo, portanto, existe numa multiplicidade heterogênea. Se o que se quer é explicar o subjetivo a partir dele mesmo, ou o pensamento pelo pensamento, romper com as multiplicidades heterogêneas, que continuam a sustentar conjuntos heterogêneos e a composição complexa, parece necessário.

É concebível uma multiplicidade homogênea que permita não coapresentar objetivo e subjetivo? A demonstração é feita em dois pontos sucessivos. Primeiro, deve-se reduzir a multiplicidade heterogênea — que aqui, mais uma vez, é o tempo — à unicidade. Isso se faz pela categoria de irrepetível, dividido entre irrepetível advindo e irrepetível não advindo, o que contradiz a tese do passado como dado e introduz o possível no passado. O tempo é em uma unicidade. Mas isso não basta: continuamos em uma

Antropologia do nome

multiplicidade heterogênea dos irrepetíveis. O irrepetível advindo e não advindo nos faz ganhar a unicidade do tempo que reduz a polissemia, embora o tempo continue no heterogêneo dos irrepetíveis advindos e não advindos.

O segundo ponto da demonstração é uma ruptura. Trata-se de uma ruptura com a nominação. É preciso suprimir a nominação, geradora de polissemia; é preciso suprimir o tempo, portador do heterogêneo dos irrepetíveis. E aplicar a problemática da multiplicidade não mais ao nome, mas aos lugares do nome. De fato, reduzido a seu caráter essencial, o heterogêneo se constitui da nominação do nome, em torno do qual circula a multiplicidade. Deixar o heterogêneo é abandonar a nominação do nome. Mas renunciar à nominação é também deslocar a multiplicidade: ela não é mais a do nome, mas a dos lugares do nome. Os lugares de um nome são uma modalidade de existência do subjetivo. No que concerne ao nome inominável de uma política – pensamos na identificação da política revolucionária –, seus lugares são a Convenção, as sociedades *sans-culottes*, o exército do ano II. Esses são todos lugares do nome, e todos são homogêneos porque são subjetivos, e são subjetivos porque são prescritivos. E prescritivos porque saíram de um pensamento da política cujo movimento essencial é o de uma separação que inscreve o possível como caráter racional e praticável dessa separação. No caso da inominabilidade do nome, a multiplicidade é deslocalizada (ela é interna ao nome singular), e a multiplicidade é transformada: ela é homogênea. É homogênea porque cada lugar do nome é um lugar subjetivo, identificado por uma prescrição. Portanto, há multiplicidade homogênea se essa multiplicidade é argumentada a partir dos lugares de um nome.

Uma das teses centrais deste livro é a da separação da história e da política, da necessidade de sua identificação respectiva, e não apenas diferencial. A análise da categoria de tempo, e de seu distanciamento, será conjunta à identificação da política e à separação absoluta desta última em relação à história. Obviamente, a crítica da abordagem objetal e da dialética do objetivo e do subjetivo, que precedem, introduzem essas questões, mas não as regram, na medida em que essas críticas foram conduzidas mediante um questionamento da dialética do subjetivo e do objetivo, das categorias de consciência e de Estado, e mediante categorias de determinação e operação, e trata-se, agora, de considerar diretamente a separação da história e da política. Até aqui, tratou-se em grande parte da crítica do pensamento classista, até em seus mecanismos essenciais. A separação da história e da política, que não se resume em absoluto à questão do dentro e do fora, pode ser introduzida, no entanto, por essa oposição e por esse par, e agora convida à análise da categoria de tempo, na medida em que une e torna copensáveis o dentro e o fora, a história e a política, mas, como veremos, permanece numa subjetivação parcial.

A história e o tempo

Marc Bloch

Bloch não é um historiador historicista. É um historiador da transição para fora do historicismo. Quer romper com o positivismo durkheimiano e o desprezo da história resultante dele. Quer, numa ordem muito diferente, distanciar-se do robespierrismo de Mathiez, considerando que a clivagem entre jacobinismo e dantonismo é inoperante e falha. Enfim, descarta o marxismo-leninismo da Terceira Internacional, que, a seu ver, não abre para uma visão da história. A via de Marc Bloch é singular. As noções que ordenam sua tentativa são: os "homens no tempo", apreendidos de "dentro" e de "fora", e o próprio "tempo", que é o que une o dentro e o fora. Bloch é um historiador da transição para fora do historicismo, porque assume a questão do dentro e do fora e, por isso, entra no breve rol dos historiadores da subjetividade. Mas Bloch continua no historicismo, na medida em que, se a história classista é uma fenomenologia que propõe uma hermenêutica e sentidos, ele os admite e procura. Essa é a razão por que a categoria de tempo de Bloch é tão importante, a hermenêutica e a busca de sentido tendo como categoria, muito singularmente, o tempo.

Quando se examina a categoria de tempo em Bloch, aparece uma multiplicidade heterogênea que serve para estabelecer a ligação entre o dentro e o fora e leva de volta a uma dialética do subjetivo e do objetivo. A categoria de tempo, portanto, não está fora da dialética. Todavia, se participa dela, é em outro dispositivo, ainda da ordem do subjetivo, que não é o da operação e da determinação. Esse novo dispositivo é a oposição entre passado e futuro pela qual Bloch aborda a categoria de possível.

O ofício de historiador

História e política não são identificáveis e separáveis com a ajuda de um simples método, no qual a história seria identificada pelo método histórico, o que remeteria ou a um objeto, ou, no melhor dos casos, a um campo. De resto, Bloch propõe, em vez de método e objeto, as categorias de *matéria da história* e *ofício de historiador*. O que é notável em sua tentativa é que o ofício de historiador é o analisador da noção de matéria, que dessa forma escapa de um eventual caráter transcendental. A matéria é o que designa a singularidade do que se trata na história. A matéria não é o objeto, ou o conteúdo de uma disciplina; é uma tese de existência, relativa a um substrato singular, de modo que um processo de conhecimento é possível. Matéria, aqui, estabelece-se num novo sentido, absolutamente extrínseco ao historicismo, e não reintroduz a noção de objeto ou objetivo, ou mesmo uma dialética de dois termos

Nomes inomináveis

(entre o pensamento e a matéria). Bloch confirma isso, rechaçando a abordagem definicional. Diz: "Não haveria nenhum interesse em fazer uma longa e rígida definição [da história]". O historiador "define raramente".[1] A identificação da história não passa por uma dialética do objetivo e do subjetivo, portanto não demanda definição.

Em sentido estrito, partir do ofício de historiador desenvolve sobre a matéria da história um protocolo de identificação por pesquisa que leva a categoria de matéria da história, e o projeto de examiná-la, à investigação do nome da história. A matéria pode ser chamada de o "nome da história". Ora, por causa da categoria de tempo, e, mais ainda, apesar dessa categoria, o nome da história em Bloch é um nome heterogêneo, isto é, um nome impossível. Esse nome não é inominável, é impossível. Os nomes sacrificados são impossíveis. "Nome impossível" é o nome do que se denominou antes "nome sacrificado".

Na abordagem objetivista, o próprio tempo é uma categoria objetiva que se desenvolve na datação e no cômputo, ou na análise do contínuo e do descontínuo, do tempo longo e do tempo breve. O que é contado é uma categoria objetivável, uma instância, uma estrutura, uma forma econômica, um tipo de Estado. A questão do sentido é oriunda da história tumultuosa da estrutura. O tempo é aquilo pelo qual se dá a apreensão da estrutura, é a categoria de subjetivação e de intelectualidade da estrutura, porque desenvolver-se no tempo é também uma característica da estrutura. A história historicista, que articula as consciências e as estruturas pela mediação do tempo, é uma noção a uma só vez objetiva e subjetiva – objetiva pelo cômputo, e subjetiva na medida em que a consciência é concebida como podendo apreender a estrutura, isto é, a história. Dessa forma, e sob essa condição, o tempo se torna

---

1 Bloch, *Apologie pour l'histoire*, p. 143.

uma categoria em subjetividade. O que está em jogo é uma análise da categoria do subjetivo por intermédio da categoria do tempo, em que se revela que não há categoria de tempo como categoria do subjetivo, mas como categoria de subjetivação dos fenômenos de estrutura. Porque não há nada para pensar, a não ser a estrutura, e o racionalismo exige que o tempo seja contado. Se a história classista enreda a questão do real e do sentido mediante as categorias de estrutura e tempo contado, para a consciência a noção de tempo é central. É por ela que a estrutura pode se tornar uma categoria de intelectualidade. A história, que não pode assumir uma desobjetivação total do subjetivo — isso a afastaria demais da questão do Estado, que é seu centro —, constrói uma categoria do tempo compatível com uma objetivação mínima do subjetivo.

O tempo como função distributiva e operador de compatibilidade entre ciência e consciência

A história, para Bloch, enfrenta simultaneamente os homens no tempo e o tempo (o tempo das estruturas). Mas o que é notável é que o tempo, em vez de ser reduzido ao objetivo e ao subjetivo (lidar-se-ia, nesse caso, com Cronos e Consciência), funciona como um operador múltiplo, constituindo uma polissemia necessária, a qual conduz a uma multiplicidade heterogênea. Há tempo e tempo. Surge uma complexidade múltipla da categoria do tempo, sem que o princípio dessa complexidade seja dado explicitamente na dialética do subjetivo e do objetivo. O tempo, como operador múltiplo, é o lugar da história na medida em que, em Bloch, terá uma função de distribuição.

O último texto de Marc Bloch, *Apologie pour l'histoire*, dos anos de exílio e resistência, no qual, a meu ver, depois de ter analisado a debacle de junho de 1940 com *L'Étrange défaite*, ele dispõe, mais do que o ofício de historiador, a história como pensamento, no qual o historiador e o resistente refletem e agem simultaneamente, é um grande texto. Bloch dá o tom na carta de apresentação de *Apologie pour l'histoire* a Lucien Febvre, em 10 de maio de 1941: "Somos os derrotados provisórios de um destino injusto".[2]

Bloch, em *Apologie pour l'histoire*, rompe com a visão de um modelo único da ciência – que, como se sabe, Durkheim encontrou na física do século XIX –, sustentando que a física relativista permite pôr fim à visão pancientista durkheimiana. Para ele, não existe mais uma ciência que seja um modelo geral para o pensamento científico e, consequentemente, para as outras ciências. Cada ciência desenvolve seu espaço, seus próprios termos, seus próprios processos de cientificidade. Bloch, portanto, sustenta a tese da existência não simplesmente de uma multiplicidade das ciências, entre as quais ele computa a história, mas de uma multiplicidade das cientificidades de cada ciência. Sua intenção é formular a da história, cientificidade singular.

A tentativa de Bloch aparece como constitutivamente contraditória: a história é uma ciência, e é como tal que deve ser pensada e praticada. Ao mesmo tempo, porém, a ciência da qual a história é o nome é de um tipo inédito: trata-se de explicar os fatos humanos "reconhecendo neles, por natureza, fatos psicológicos", e esforçar-se para "explicá-los de dentro".[3] Bloch aventura-se numa investigação de "dentro", portanto, e numa investigação do dentro e do fora. Sua intenção é abordar tanto as "estruturas sociais" como as "mentalidades", não com o simples objetivo de estudar sua relação, seu face a face ou entrelaçamento, mas considerando-as a base do estudo das crenças e das representações.

---

2 Ibid., p.17.
3 Ibid., p.11.

Investigação do subjetivo do dentro e do fora, a história é ciência dos "homens no tempo".[4] O tempo será a categoria polissêmica que autoriza a passagem de dentro para fora e de fora para dentro. A noção de duração é que permite essa passagem. A duração é a inscrição no tempo dos fenômenos e dos processos. Pode ser concebida ou como uma qualidade dos fenômenos (alguns são breves, outros são longos), ou como o cômputo temporal dos fenômenos. Trata-se de uma categoria, portanto, que opera de dentro e de fora.

Como é muito forte a pressão objetivista sobre a categoria de tempo, Bloch, contra essa pressão, especifica numa frase o uso que é feito dele e sua dimensão de intelectualidade: "realidade viva e concreta devolvida à irreversibilidade de seu elã, o tempo da história [...] é o próprio plasma em que os fenômenos estão mergulhados e o lugar de sua inteligibilidade".[5] E, mais adiante: "Ora, esse tempo verdadeiro é contínuo por natureza. Também é perpétua mudança. Da antítese desses dois atributos surgem os grandes problemas da pesquisa histórica".[6]

Após designar o tempo como inteligibilidade, Bloch o transforma em categoria regida pela unidade dos contrários e fratura o tempo, que se torna simultaneamente contínuo e mudável. O fato de o tempo ser contínuo e mudável instaura a polissemia e conduz essa categoria fundadora a dar-se numa multiplicidade heterogênea. Essa multiplicidade é uma multiplicidade – que reconvoca sob uma mesma denominação (o tempo) o subjetivo indexado a uma coisa diferente dele mesmo – e uma polissemia – na medida em que essa multiplicidade é ela mesma e outra. A multiplicidade heterogênea funciona por polissemia, portanto. O próprio Bloch diz:

---

4 Ibid., p.36.
5 Id.
6 Ibid., p.37.

Em resumo, o tempo humano será sempre rebelde tanto à implacável uniformidade como ao seccionamento rígido do tempo do relógio. *Ele precisa das medidas dadas à variabilidade de seu ritmo*, que, como limites, muitas vezes aceitam, porque assim exige a realidade, conhecer apenas zonas marginais. É somente à custa dessa plasticidade que a história pode esperar adequar, segundo diz Bergson, suas classificações às "próprias linhas do real": o que é, propriamente, o fim último de toda ciência.[7]

Embora aqui se confirme o caráter contraditório e polissêmico da tentativa, a inteligibilidade do tempo não está relacionada exclusivamente a uma hermenêutica; o tempo é um operador de conhecimento. Esse operador não é de tipo objetivista (a inteligibilidade não significa objetivação); está ligado a uma abordagem compreensiva.[8] Se a história é uma ciência, cuja matéria é constituída, "em última instância, pelas consciências humanas",[9] a confrontação da ciência e das consciências não vai se desenvolver pela dialética do subjetivo e do objetivo, nem pertencerá a uma abordagem fenomenológica. Para Bloch, não há mais espaço apenas para a objetividade. A invenção de Bloch é estabelecer uma compatibilidade entre a consciência e a ciência. Mas o tempo é uma multiplicidade heterogênea. Essa multiplicidade heterogênea tem, em Bloch, uma função de distribuição entre consciência e ciência. O tempo se distribui em atribuições diversificadas, e são essas atribuições que conjuntam as ambições de um conhecimento de dentro com o de uma ciência e permitem a compatibilidade, ainda que, no último capítulo de *Apologie pour l'histoire*, o autor mantém o princípio da explicação causal como fundamento da abordagem histórica.

---

7 Ibid., p.153 (destaque nosso).
8 Max Weber não é citado em *Apologie pour l'histoire*, ao contrário de François Simiand e Georg Simmel.
9 Bloch, *Apologie pour l'histoire*, p.126.

Bloch emprega, portanto, uma multiplicidade distributiva que é uma multiplicidade heterogênea. Ela se diferencia da multiplicidade homogênea, que está ligada à investigação do nome, em que a multiplicidade dos lugares permite que se chegue à categoria. A multiplicidade homogênea é conexa da categoria e, portanto, da singularidade. A distinção entre um pensamento da multiplicidade distributiva ou heterogênea e um pensamento da multiplicidade homogênea concerne à categoria da singularidade e sua pensabilidade. A multiplicidade distributiva ou heterogênea não se distingue da singularidade das formas do subjetivo, das formas de pensamento, das consciências, das mentalidades, e não é conjunta com uma inteligibilidade da singularidade. Recordamos que é o enunciado da singularidade dos fenômenos que separa uma problemática da categoria de uma problemática do conceito. No entanto, a preocupação com um pensamento da singularidade é muito presente, em particular por aquilo que Bloch denomina "o momento e seu estudo", graças aos quais ele realiza estudos em situação de uma singularidade, que, no entanto, é enfocada com uma intenção comparatista. Como "uma experiência única é sempre impotente para discriminar seus próprios fatores e, por conseguinte, para fornecer sua própria interpretação",[10] é necessário recorrer a outras experiências, e o trabalho de interpretação se encontrará necessariamente distante da "experiência". Mais uma vez, esse distanciamento não é uma objetivação: ele será interno a uma abordagem compreensiva e operará pela função que Bloch atribui ao tempo.

O passado

Uma das análises mais notáveis de Bloch trata das categorias de passado e presente. Bloch estabelece a inadmissibilidade

---

10 Ibid., p.47.

da proposição segundo a qual a história é a ciência do passado. Esse enunciado é desqualificado pela demonstração da precariedade da oposição entre passado e presente. Para ele, o método e o pensamento da história como história do passado são rigorosamente idênticos aos da história do presente: "Seja qual for a idade da humanidade para a qual se volte o pesquisador, os métodos de observação que se fazem uniformemente sobre traços são fundamentalmente os mesmos".[11] A oposição entre passado e presente, na medida em que permitiria a identificação daquilo do qual a história é o nome, é desqualificada. Contudo, ainda nesse seu duplo movimento, Bloch vai considerar a ideia de passado do ponto de vista da ciência, para que se adeque ao caráter científico da história e, a fim de estabelecer sua categoria exclusivamente na ciência, vai dar-lhe uma caracterização definicional: "O passado se torna um dado que nada mais modificará".[12] O caráter científico da história repousa sobre essa asserção e, mesmo criticando o positivismo, Bloch mantém a tese da história como ciência. A constituição da categoria de passado como dado satisfaz a esse requisito. Entretanto, o passado não é nem um objeto nem o objeto da história, é a qualidade da história enquanto matéria. De modo que ser um dado, o que caracteriza a história como matéria e como ciência, torna-se na realidade sua condição. O preço que se paga por isso é que o passado exclui nele mesmo o possível. À primeira vista, este último é reservado unicamente ao futuro: "só o futuro é aleatório, o passado é um dado que não dá mais lugar ao possível... A incerteza está em nós, em nossa memória e das testemunhas. Não está nas coisas".[13]

---

11 Ibid., p.73.
12 Ibid., p.58.
13 Ibid., p.107.

Assim, o passado escapa do prescritivo, já que a categoria de possível está ausente dele. O que está em jogo nessa definição do passado não é simplesmente os fatos ou o que é denominado usualmente sua exatidão histórica. A exatidão não necessita da categoria de coisa, assim como esta não indica um empréstimo de *As regras do método sociológico*. A exatidão é a condição para que a história seja uma ciência e para que sua inteligibilidade seja científica, sem exigir objetivação por causa disso. Trata-se, e isso é tudo que nos interessa aqui, de uma intelectualidade distanciada do "houve", e de uma intelectualidade que diferencia um passado e um futuro. Em Bloch, o passado e o presente não requerem um método de análise diferente, enquanto passado e futuro se distinguem e se opõem. Sejam quais forem os termos, dispondo presente, passado e futuro, ao contrário dos que fazem da história uma ciência do passado ou um efeito de estrutura causal, Bloch dá uma dimensão não objetivista a sua obra. Mas o passado, na medida em que, para Bloch, não pode ser um possível, não abre para um pensamento da singularidade. Esse pensamento somente pode se desenvolver se, apesar dessa concepção corrente, o passado admite o possível.

Multiplicidade do tempo e unicidade do tempo

O paradoxo é que, para Bloch, o passado que ele apresenta como um dado é em verdade não unívoco. O passado comporta um irrepetível advindo (o dado) e o irrepetível não advindo. Portanto, há uma multiplicidade heterogênea de irrepetíveis. É preciso entender claramente que a categoria de possível, a que Bloch utiliza, funciona não só com relação ao futuro, mas também quanto ao passado. De fato, se o futuro está ligado ao possível e o passado ao dado, aparentemente passamos de uma multiplicidade a uma unicidade; na verdade, permanecemos na multiplicidade do irrepetível. Sem a multiplicidade do irrepetível (que aqui não se deve validar senão por essa demonstração), a tese do caráter possível do futuro se ausenta. Se for levada a sério a tese "o passado é um dado", o enunciado sobre o caráter possível do futuro é inadmissível. É necessário considerar, contra Bloch, que o possível não vacila diante da efetuação da situação. Antecipação, efetuação da situação e distanciamento cronológico não alteram a permanência do possível. Portanto, é preciso manter um possível no tendo tido lugar e corrigir a tese de Bloch que transforma o passado em um dado. Consequentemente, é impossível opor futuro e passado, inclusive na obra de Bloch. Há multiplicidade do futuro, mediante a categoria de possível. Há multiplicidade do passado. Com o irrepetível advindo e não advindo, o possível se aplica ao passado. É exatamente nessa ordem que se deve examinar essas noções em Bloch: começar pelo futuro e avançar na direção do passado, e não o contrário; procedendo em sentido inverso, conclui-se que não há possível no futuro.

Vamos fazer o mesmo percurso, não validando a categoria de irrepetível. É forçoso admitir que, em Bloch, a polissemia do tempo acompanha a categoria de irrepetível, do qual somente um nos é dado. Portanto, a ligação entre o irrepetível e o possível é própria da história. Ainda aparentemente, o futuro é no possível, o passado é no dado. Mas esse dado, que, como se esclareceu, pode ser considerado um irrepetível advindo, insere-se numa multiplicidade de irrepetíveis, dos quais todos, salvo um, são irrepetíveis não advindos. A multiplicidade de irrepetíveis é uma multiplicidade heterogênea: o irrepetível advindo não basta a sua própria inteligibilidade. E, para indicar isso, Bloch recorre à categoria de experiência e ao múltiplo das experiências, sendo uma apenas, segundo ele, insuficiente para produzir sua própria interpretação.

O irrepetível, por conseguinte, longe de abrir para uma intelectualidade suficiente do que o constituiu, impede isso e, dessa forma, mostra que exclui um pensamento da singularidade, apreendida a partir dela mesma. Esse é um ponto importante: a irrepetibilidade, que parecia estabelecer a especificidade dos fenômenos históricos – inclusive os da subjetividade –, aparece, afinal, como o meio de diferenciar-se, mas apenas por defeito, do campo da experimentação física e biológica, e não como uma investigação racional do subjetivo a partir dele mesmo.

Por isso, contornando seu próprio paradoxo, Bloch permanece no passado, dado que nada modificará mais, e atribui-lhe um *status* de experiência. Para manter a história na ciência, a positivização do passado deve ser realizada.

Portanto, Bloch é obrigado a propor a noção de experiência na extraordinária categoria de experiência natural, ou experiência espontânea, que é a das sociedades e dos homens, e que ele opõe à das ciências experimentais, isto é, repetíveis, físicas e biológicas. A história, conjugada à noção de tempo e à de ciência, necessita de experiências, mesmo que sejam naturais.[14] A noção de experiência reforça a polissemia e torna indistintas a multiplicidade homogênea e a multiplicidade heterogênea. A política e sua categoria de possível pertencem a outra intelectualidade, que, não tendo mais necessidade da categoria de experiência, não apela nem para a ciência nem para a ambição de ser uma ciência. Abandonar a categoria de experiência exige uma visão homogênea da multiplicidade. A categoria de possível é compatível apenas com uma multiplicidade homogênea, a dos lugares do nome.

Como se viu, a categoria de matéria introduz em Bloch a polissemia do tempo e a multiplicidade heterogênea. Contudo, essa polissemia não é a do tempo objetivo e do tempo subjetivo, que oporia o tempo da estrutura econômica e o tempo das mentalidades, mas a do tempo, dado como existente apenas na

---

14 Bloch, Que demander à l'histoire?, in: *Mélanges historiques*, t.I, p.6-7.

multiplicidade, devendo a história praticar e ordenar essa multiplicidade. Portanto, há uma configuração da matéria e da polissemia do tempo, isto é, uma configuração da matéria e da multiplicidade.

Essa multiplicidade impede que a questão do nome se abra de uma perempção da polissemia do tempo. A ruptura entre a história e uma antropologia do nome opera-se pela passagem de uma configuração interligando a matéria e o tempo em sua polissemia (que absorve a questão do nome) a uma configuração comportando o lugar e o tempo (que eleva a questão do nome). Atribuir a questão do lugar ao nome é o que foi denominado *o lugar do nome*. Nesse caso, não há recondução da polissemia; *lugar* e *lugar do nome* não existem na figura polissêmica do tempo histórico.

Nome e tempo

A saturação da unicidade do tempo

À polissemia do tempo opor-se-á primeiro a unicidade do tempo. E, em seguida, propor-se-á, a título de refundação da categoria de possível, e de multiplicidade homogênea dos lugares do nome, a supressão da categoria de tempo, quando mais não seja na forma de sua unicidade, a qual foi oposta à polissemia. A separação da história e da política é o operador da passagem da polissemia do tempo a sua unicidade, e o operador da passagem da unicidade do tempo a sua ausência. É preciso fazer a separação da história e da política para abordar a problemática do nome e dos lugares do nome.

Toda hipótese de uma investigação política da política, sem reintrodução da história, exige que se reflita sobre o que teve lugar fora da categoria de irrepetível. Isola-se então uma categoria de possível cujo único substrato é o que aconteceu. Esse possível não é o de Bloch; o seu, apoiado na multiplicidade do tempo, mostra-se ao cabo de um derradeiro exame que se deve fazer de suas teses, numa unicidade do tempo. Pois, se estamos num tempo múltiplo, há um campo múltiplo de possíveis: o que aconteceu se torna também o que pôde acontecer e, tendencialmente, o que deveria acontecer, uma vez que esse é o funcionamento da multiplicidade do tempo. A multiplicidade do tempo conduz ao estrutural e, ao cabo, o que aconteceu, em sua necessidade, torna-se um efeito de estrutura. Inversamente, tem-se unicidade do tempo quando uma sequência não é refletida na problemática da multiplicidade do tempo. A unicidade do tempo que parece nos afastar de Bloch decorre disso, quando se procede à saturação das teses do historiador no que concerne ao possível, à polissemia, ao irrepetível e ao tempo. É a essa saturação, portanto, que é preciso proceder agora. E é somente efetuada a saturação, e estabelecida como seu resto a categoria de unicidade do tempo, que se poderá refundar a categoria de possível. A unicidade do tempo aparecerá como um sinal da perseguição obstinada da capacidade do subjetivo para sua própria investigação.

Para separar história e política, deve-se convocar uma categoria de possível que deixa atrás de si o irrepetível. Enquanto se mantém a irrepetibilidade, ainda que se distinga o irrepetível advindo e o irrepetível não advindo, permanece-se no tempo polissêmico e na categoria de matéria. E esta última se constitui em Todo, tornando-se o substrato do múltiplo heterogêneo. A separação da política e da história se efetua com a ajuda de um possível distinto daquele da polissemia. O possível, em sua refundação, não cai na multiplicidade dos irrepetíveis, na medida em que não é uma especificação externa do que teve lugar ou do que tem lugar. Em outras palavras, nas fórmulas "o futuro convoca o possível" ou "somente o futuro convoca o múltiplo", "possível" e "múltiplo" são sinônimos. Quanto ao passado, se seguirmos o exemplo de Bloch, a categoria de possível – de múltiplo, portanto – ausenta-se

Nomes inomináveis

em proveito do dado. A fusão entre pensamento e o que teve lugar é efetuada na medida em que a fusão tem como suporte essencial muito mais o irrepetível que a multiplicidade do tempo. O pensamento capta o irrepetível como dado, o qual é simplesmente o nome do irrepetível advindo.

A saturação da polissemia do tempo e da categoria de possível (como Bloch a concebe) conduz à unicidade do tempo, noção que, na realidade, é interna ao dispositivo do historiador. Porque a unicidade do tempo não é senão o irrepetível e o que funda essa categoria. Por conseguinte, a categoria de possível provém do irrepetível, do mesmo modo que a categoria da multiplicidade histórica heterogênea. Devolvido a sua categoria fundadora, o tempo pertence à unicidade. Esta é a tese limite do espaço de Bloch que se pode enunciar: a unicidade do tempo é o irrepetível. Partiu-se do tempo como constitutivamente heterogêneo, contínuo e mudável, e chega-se à tese do tempo fundado em unicidade pelo irrepetível. Uma vez conduzido, do interior do pensamento de Bloch, o trabalho de desobjetivação e redução da polissemia, chega-se à categoria de tempo, que se torna então uma categoria em pensamento e subjetivada. O trabalho da saturação mostrou que, se o tempo em Bloch é uma categoria em pensamento – coisa que ele não é exclusivamente –, então ele é a categoria do irrepetível. Neste ponto, pode-se sustentar a unicidade do tempo. Unicidade do tempo e categoria estritamente em pensamento se conjuntam.

O desafio do que precede é permitir a revisão da categoria de possível, sem que seja necessário renunciar à investigação. Trata-se tanto de uma revisão das categorias como de uma revisão dos processos. O propósito de Bloch mira o processo do conhecimento histórico como processo de investigação. Foi necessário saturar esse processo de conhecimento para dispor a possibilidade de outro processo de investigação. Neste último, que é o nosso, o que conduz à unicidade do tempo é a inversão da questão do múltiplo para o terreno dos lugares do nome. A unicidade do tempo, ponto de chegada da análise de Bloch, é o que se deve abandonar, quando se aborda a multiplicidade homogênea dos lugares do nome. Quando se encontra a multiplicidade homogênea dos lugares do nome, a questão da singularidade e da multiplicidade é dispensada da questão do tempo, em razão da própria ausência da multiplicidade heterogênea e do irrepetível.

No entanto, o novo dispositivo não implode a categoria de possível, que é separável da de tempo quando é dissociada da multiplicidade heterogênea, isto é, de seu uso empírico, o qual se aplica na multiplicidade dos irrepetíveis. A intenção não é unir a unicidade à multiplicidade homogênea dos lugares do nome, ao invés de uni-la à multiplicidade heterogênea dos irrepetíveis; a intenção é separar o possível da multiplicidade para conjuntá-lo com o prescritivo, em que o possível não é a substância ou a natureza do que pode vir e, por conseguinte, não é uma especificação externa, mas o que permite ao pensamento pensar a relação entre o que pode vir e o que é. Essa relação pode ser concebida de outra forma: ou da ordem do prescritivo, de uma ruptura entre o que pode vir e o que é; ou da ordem do descritivo e permitindo inferir o que virá a partir do que é. No caso do prescritivo, o possível não é mais um atributo do que virá, e próprio somente ao futuro, mas uma categoria em subjetividade que problematiza a abordagem do que pode ser em relação ao que é, tanto no futuro como no passado. O que pode ser, em relação ao que é, atravessa tanto o futuro como o passado e o presente. Não enquanto irrepetível, mas da seguinte forma: o que tem lugar não anula os conteúdos de subjetividades que o precederam. O possível prescritivo é, portanto, o conteúdo de subjetividades e práticas que presidiu o que teve lugar.

Em nossa problemática, a multiplicidade se desenvolve. Mas homogênea, pois a multiplicidade é a dos lugares. A complexidade de uma sequência política é a de seus processos principais, cada um é apreendido por seu lugar, no sentido em que o desaparecimento do lugar acarreta a cessação do processo. Como bem se recorda o leitor, designamos a Convenção, as sociedades *sans-culottes* e os exércitos pelo modo revolucionário da Revolução Francesa, o POSDR[15] e os sovietes pelo modo bolchevique, o dispositivo da guerra revolucionária (partido, frente unida, exército) pelo modo dialético. Há, portanto, multiplicidade dos lugares no modo revolucionário e no modo bolchevique, isto é, nos dois modos em interioridade.

Refletir a multiplicidade dos lugares não é refletir a do tempo. A unicidade do tempo foi dada como condição da investigação do subjetivo. A multiplicidade concreta dos lugares é compatível com a tese da unicidade do tempo? É precisamente neste ponto que a questão do nome é convocada. Da multiplicidade dos lugares deve-se abordar a questão do nome.

O nome e os lugares do nome exigem a rejeição da unicidade do tempo

Quando se está numa problemática da multiplicidade dos lugares – que é a problemática antiestatal por excelência, em que o Estado se afirma como lugar único e, ademais, visando destruir todos os outros –, a problemática da unicidade do tempo é invalidada: a singularidade é indissociável da multiplicidade homogênea, sendo esta última a dos lugares. Singularidade e multiplicidade homogêneas estão diretamente ligadas. Essa é a tese da singularidade, sustentada pela multiplicidade homogênea dos lugares, que conduz ao nome. O nome não é o do tempo. É o

---

15 Partido Operário Social-Democrata da Rússia.

nome daquilo cujos processos múltiplos são os lugares do nome; o nome de uma singularidade, e do que teve lugar apenas uma vez.

A unicidade do tempo desaparece assim que nos desdobramos na multiplicidade dos lugares, pois, se mantemos a unicidade do tempo, reconstituímos uma relação de totalidade, e de heterogeneidade, entre a unicidade do tempo e a multiplicidade dos lugares. São, pois, os lugares, a multiplicidade dos lugares, o ponto de apoio da questão do nome e sua base materialista. Encontra-se evidenciado o espaço problemático do nome, ele próprio completamente aberto para a multiplicidade dos lugares, que vai se redesdobrar em lugares do nome.

A doutrina da sequencialidade da política não resulta num pensamento do nome

Até onde sabemos, *L'Invention de la politique*, de Moses Finley, é o texto em que, pela primeira vez, um historiador confronta-se com a subversão da categoria de tempo histórico mediante a análise da consciência política e do pensamento político. Se considerarmos a possibilidade da passagem da polissemia do tempo a uma problemática do nome, esse livro é inestimável. Pois, uma vez identificado por processos singulares aquilo do qual a política é o nome, vê-se que o nome – o da política – vem a não ser mais, quando terminada a sequência. Portanto, deve-se estender a raridade da sequência política a seu nome. Se a política é rara e sequencial, o nome (da política), que também é sequencial, não se satisfaz com a sequencialidade da sequência. A polissemia historiográfica, em que, quando falta um sentido, há outros, é inutilizável aqui. Com Finley, abandona-se toda polissemia que levaria a dizer "há política e política", numa enunciação múltipla do nome, em que, vindo a faltar uma forma, outra permitiria manter seu significante.

Finley abole, portanto, a concepção histórica da política, rechaça o uso corrente da palavra "política" e, embora a polissemia seja o próprio núcleo do empreendimento histórico, na medida em que a polissemia substitui com facilidade a palavra "política" pela palavra "Estado", ele a rejeita. A rejeição da polissemia da palavra "política" impede que "Estado" seja seu sinônimo e destrói o próprio cerne do empreendimento histórico que trata do Estado.

Minha interpretação é que Finley tentará sempre atenuar a radicalidade de seus enunciados, razão pela qual, após analisar a invenção da política em Atenas, ele convoca a análise da invenção da política em Roma. Com isso, ele paga o dízimo devido à corporação dos historiadores (do qual ele dizia não querer ser excluído).[16] Para isso, não descarta o comparatismo. Para isso, numa questão mais sutil, substitui uma polissemia do nome por uma multiplicidade restrita dos lugares do nome – aqui, nas figuras de Atenas e Roma[17] –, mas ao mesmo tempo deixa indecidido o ponto sobre ser tal a singularidade própria de cada uma dessas duas existências sequenciais da política que cada uma é suficiente e sua exposição simultânea é simples conveniência.

Do mesmo modo, Finley tenta estabilizar suas teses numa intelectualidade histórica, dispondo nome e lugar do nome de forma que os lugares do nome continuam a ser ocorrências, ou acontecimentos. Aqui, a categoria de invenção é *princeps* e, sendo aquilo pelo qual se demonstra a sequencialidade, permite apreender a sequencialidade da política. Mas a política vai ser inquirida, menos por si

---

16 Entrevista em Cambridge, março de 1986. Cf. Michel, La décision de Moses Finley, *Le Perroquet*, n.64, 1986.

17 Atenas e Roma representam o papel de uma localização do lugar. O lugar não é espacial.

Antropologia do nome

mesma e a título do que denomino seu nome, portanto menos em seu nome do que no registro de sua invenção.

É muito importante destacar que uma problemática da raridade, da sequencialidade da política e, mais ainda, de sua precariedade, que se encontra em autores tão diversos quanto Saint-Just, Lenin ou Finley, não traz em si nem desemboca num pensamento do que é desenvolvido pelo nome "política". A abordagem da sequencialidade e da precariedade não se confunde com a questão do nome.

A cessação

A temática da invenção é a da irrupção, do advindo, e não a do princípio ou da origem. Ora, uma das questões capitais da antropologia do nome é menos a do princípio que a da cessação. Os lugares do nome vêm a não ser mais (a política em Atenas, a política do modo revolucionário, do modo bolchevique etc.), e o fato de haver *fim* não é um escândalo em pensamento ou uma catástrofe para o espírito. Melhor: não é sobre a cessação que se deve pensar, mas sobre o que veio a cessar.

Deve-se pensar e identificar o que foi e veio a não ser mais. Essa forma de ver rompe com essa forma de historicismo que se dá nas categorias de sucesso ou fracasso (fracasso da democracia ateniense, dos jacobinos, do leninismo). A visão em termos de fracasso abre sempre para a questão do que faltou; manifesta uma ressalva, hipoteca o que se pode designar como o caráter inteiro, e de plenitude, do real. A problemática do fracasso não aceita a verificação do fato inteiro, ela o recorta a sua maneira. O fato de uma política cessar não a identifica. Ao contrário, é preciso pensar que toda política cessa. Assim, a cessação não é mais uma verificação da verdade, mas o que advém no fim da sequência e constitui a ideia de sequência. O fim da sequência não tem privilégio próprio quanto à identificação da sequência.

O nome inominável

Lembremos: a desobjetivação é uma desobjetivação do subjetivo. Impõe o abandono da polissemia, que sustenta a multiplicidade do tempo. Toda categoria em pensamento pertencente ao nome sustenta uma multiplicidade dos lugares, mas não uma multiplicidade do tempo. A polissemia, em contrapartida, é o que organiza uma confusão, ou uma indecisão, entre os dois tipos opostos de multiplicidade: a multiplicidade dos lugares do nome e a do tempo.

Abolição da categoria de tempo

De minha parte, sustento a tese das multiplicidades homogêneas e não heterogêneas; as multiplicidades heterogêneas, cedo ou tarde, acabam coapresentando o subjetivo e o objetivo e voltam à tese da impensabilidade do pensamento quando este é só apresentado. No que nos diz respeito, a questão é saber se lugares e tempo são compatíveis com uma multiplicidade homogênea ou heterogênea. Numa primeira abordagem, a multiplicidade homogênea parece constituir-se sobre a base de uma unidade dos lugares com o tempo, e ser regida por este último, na medida em que o tempo é categoria fundadora do subjetivo. Já as multiplicidades heterogêneas constituem-se, paradoxalmente, no registro da multiplicidade dos lugares, que desse modo são considerados singularidades históricas, e a multiplicidade dos lugares é dissociada da multiplicidade do tempo. Ao contrário, a multiplicidade homogênea é uma multiplicidade categorial (a categoria da política é o modo histórico). Trata-se de uma multiplicidade concreta e não combinatória. A multiplicidade, portanto, é o modo de ser concreto da categoria; a existência de vários modos da política ilustra isso.

Portanto, opomos a multiplicidade concreta da categoria de modo histórico da política à polissemia, que nada mais é que uma

Antropologia do nome

multiplicidade do nome – e não uma multiplicidade da categoria de nome –, o que cedo ou tarde leva à tese de sua obscuridade, ou impossibilidade. Bloch – e por isso é que ele é uma figura importante para os antropólogos – vai estabelecer, porque essa multiplicidade conduz ao comparatismo e ao relativismo, a polissemia entre o nome, para ele nominável (é o homem e sua consciência em situação), e os lugares do nome, que para ele são as singularidades históricas. Ei-nos mais uma vez diante de Bloch.

Nele, como vimos, o tempo tem como atribuição principal ser a categoria em consciência do subjetivo, assim como é o que remete ao caráter concreto da vida das pessoas. Mas o tempo continua sendo uma noção circulante, porque oferece um espaço de circulação: os homens no tempo, do ponto de vista material e do ponto de vista subjetivo. O historicismo, que se constitui como positivismo anti-hegeliano, apoia-se numa dessubjetivação do tempo e, pode-se sustentar, no tempo como concebido por Hegel: puramente subjetivo e no campo da Ideia absoluta. Ora, abandonar Hegel não implica a obrigação de passar à multiplicidade heterogênea, a uma resolução antissubjetiva, e não leva necessariamente à unicidade polissêmica do tempo. A unicidade do nome se opõe à do tempo, pois a rejeição e a demonstração da impossibilidade da unicidade do tempo permitem o movimento de báscula para a inominabilidade do nome.

Se o tempo é mantido como operador de investigação, estamos na ordem de um múltiplo do subjetivo, e numa abordagem em exterioridade, na medida em que a categoria de tempo na história visa a identificação do subjetivo em sua copresença no material. A problemática polissêmica do tempo funciona, em Bloch, do interior da matéria e organiza sua investigação. E o tempo realiza um distanciamento necessário. Para falar do subjetivo, é preciso distância, é preciso que as categorias do subjetivo sejam também categorias de distanciamento: a polissemia é um meio de distanciar e objetivar que leva ao comparatismo e ao relativismo. Em Bloch, o tempo caracteriza a abordagem polissêmica; em nossa abordagem, o nome permite a abolição da categoria de tempo. O nome não subsume o tempo: ele procede a sua abolição nominal pela passagem à unicidade e, em seguida, pela atribuição da multiplicidade ao movimento que vai do nome ao lugar do nome.

O nome inominável

Quando se atribui a multiplicidade aos lugares, e esta se torna homogênea, separou-se a problemática do nome de qualquer ocorrência ligada ao tempo e procedeu-se à abolição do tempo. A abolição do tempo remete a multiplicidade aos lugares: a multiplicidade se torna a dos lugares e não a que é aberta pela polissemia do tempo. Por esse procedimento, a interioridade é estabelecida firme e definitivamente: de fato, a passagem da multiplicidade heterogênea à multiplicidade homogênea é uma evidência e torna plenamente consistente a passagem da exterioridade à interioridade. Mas esse deslocamento da multiplicidade garante e concerne unicamente à interioridade? Na verdade, ele abre para a análise do nome e conduz ao que se denominou o(s) nome(s) inominável(is). Como? Primeiro dedutivamente e depois com relação às teses sobre os dois enunciados.

Dedutivamente. Se a multiplicidade homogênea é a dos lugares, os lugares são os de um nome e esse nome é inominável, porque, se não é inominável, se é nominável, ele destrói a multiplicidade homogênea, e caímos no impasse cientificista: a exterioridade postula que o nome existe e é nominável polissemicamente. Inversamente, dizer que a multiplicidade é homogênea consiste em postular que estamos diante de nomes inomináveis. Isso resulta da lógica das multiplicidades.

Antropologia do nome

E por que se trata de nome(s) inominável(is)? Por uma razão muito simples: não pode haver nominação em interioridade da interioridade. Essa impossibilidade está relacionada à problemática da singularidade. A singularidade subjetiva em interioridade não admite nominação, do contrário é designada de fora de si mesmo, e voltamos à exterioridade objetivante; essa é a objeção à nominação que foi feita ao longo de toda a nossa investigação.

Mais profundamente, porém, se não se pode conceber que uma singularidade seja objeto de uma nominação, é porque isso significaria sustentar a tese de que a singularidade pensa e entrar numa monadologia de singularidades pensantes. Ora, essa atitude anula o enunciado I (*as pessoas pensam*), atribuindo o que foi denominado o "primeiro pensante" (as pessoas) à monadologia das singularidades pensantes, perturbando a relação entre intelectualidade e pensabilidade, visto que essa relação se apoia em dois enunciados (e nos dois enunciados) e em dois processos, e reunindo-as num único enunciado, que seria "a singularidade pensa". Em certo sentido, "monadologia das singularidades pensantes" pode ser uma leitura foucauldiana da singularidade. Se o enunciado "a singularidade pensa" é postulado, seus operadores devem necessariamente ser encontrados, e a relação das palavras com as coisas exerce essa função.

Se se quer manter dois enunciados e a relação entre intelectualidade e pensabilidade, não se pode designar outras operações, a não ser a passagem do nome ao lugar do nome. Mas por que se dirá que se trata (dos lugares) de um nome? Porque trocar o nome pelos lugares de um nome é o método pelo qual é respeitado que a pensabilidade não possa fornecer nomes: o pensamento pode pensar seu próprio pensamento, mas não pode dar-se nome, em virtude da impossibilidade de uma nominação da interioridade. Em outras palavras, o pensamento do pensamento, ou pensabilidade, não pode ter nome, exceto se cair na exterioridade e na objetivação.

164

Enquanto, como se sabe, toda tentativa de nominar o pensamento do pensamento proporá apenas a circulação entre o subjetivo e a polissemia, entre a multiplicidade homogênea e a multiplicidade heterogênea, a pensabilidade só pode ser tal — e, consequentemente, numa relação com a intelectualidade — quando ela não se dá nome. Dir-se-á que o nome é o que resta do subjetivo quando o tempo, como categoria do subjetivo, reduzido a sua unicidade (que é a condição de uma multiplicidade homogênea), ausenta-se. Enquanto tal e nesse sentido, o nome é inominável.

O nome inominável não é a categoria. A categoria é nominável, o nome não o é. A categoria está na ordem do conhecimento, o nome não se encontra nela em razão estritamente de sua inominabilidade. É impossível passar da categoria ao nome.

Os lugares do nome

Todo nome tem lugares. Para identificar esses lugares, é preciso estabelecer a categoria do nome: para o nome inominável "política", a categoria é a de modo histórico da política. A investigação em termos de nome inominável exige uma passagem à singularidade e a evidenciação da possibilidade de uma investigação singular da singularidade. *Modo histórico* é a categoria que permite a identificação de uma política a partir dela mesma. Desemboca-se então na tese: o modo é relação de uma política com seu pensamento. Consequentemente, não se pode mais falar de política em geral. Há somente modos, e cada modo dispõe, através de seus lugares, o espaço do nome inominável dessa política singular. A categoria é o modo e é nominável. Em cada modo aparecem um ou vários lugares que identificam a singularidade e se revelam os lugares do nome.

Todavia, a problemática dos modos se estabelece muito mais por aquilo que é pensado no pensamento de uma política (isso é

Antropologia do nome

decorrente do próprio significado do termo "modo") do que pelo movimento que vai dos lugares do nome ao nome. A identificação dos modos produz categorias, e não nomes que são inomináveis. Os modos históricos da política pertencem à antropologia do nome, sob a condição de que não haja nunca acesso direto ao nome, mas que a categoria se desenvolva pela disposição dos lugares do nome.

No exemplo do modo revolucionário da política, que, como recordamos, designa a sequência 1792-1794, e cuja figura é Saint-Just, o estudo não é feito pela palavra "política", pelo significante "política" quando este é empregado, pois este último não contém a carga de seu próprio pensamento. São as categorias de bem, mal e corrupção que organizam e dispõem o pensamento da política de Saint-Just. O período da Convenção é um período singular de existência da política em relação ao que é desenvolvido nele por um pensamento da política que identifica a sequência. Aqui, o pensamento em questão não se prevalece formalmente do qualificativo "política", mas dos qualificativos "virtude", "bem", "espírito público", "República", todos categorias do modo revolucionário.[18] Há um modo revolucionário que identifica esse pensamento e não um modo jacobino. "Modo revolucionário" não é o nome da política da Convenção. Em contrapartida, Convenção, sociedades *sans-culottes*, exército do ano II e clubes são lugares da política revolucionária. Há lugares de um nome que é inominável.

Mais exatamente, dir-se-á que o lugar é em interioridade, ao passo que o modo é a designação *categorial* — consequentemente, em *exterioridade*, não objetal aqui — do inominável do nome. "Inominável" designa, portanto, a impossível nominação em interioridade do nome. A problemática dos modos alcança o inominável do

---

18 Cf. estudo nº I.

nome. A problemática das categorias permite que se pratiquem os lugares do nome, sem que se caia na nominação, sendo a passagem à categoria a passagem à pensabilidade, numa exterioridade que é entendida agora como categorial, e marcando apenas a exclusão da categoria da inominabilidade do nome. Em todo conhecimento, há uma exterioridade categorial. Desenha-se um movimento entre, de um lado, a intelectualidade e a pensabilidade e, de outro, os lugares do nome.

O trabalho de identificação dos lugares do nome conduz não ao nome, mas a cada modo, enquanto categoria singular. Portanto, a categoria aparece em exterioridade, no sentido categorial, isto é, na exclusão da nominação do nome. Um modo – aqui, o modo revolucionário, tomado como categoria identificada (e não mais a ser identificada) – não é nem em interioridade nem em exterioridade – aqui, no sentido objetal –, mas nem por isso se torna um elemento circulante. É estabelecida, portanto, uma não interioridade que não é uma exterioridade objetal, mas categorial. O modo histórico terá esse estatuto de agora em diante. O modo histórico da política é nominado, e essa especificação é resultado de uma identificação em interioridade; ele não é um nome.

O modo não é um nome, os lugares não têm nome e a antropologia do nome não tem o objetivo de constituir e recensear nomes. Seu primeiro propósito, que é ser uma antropologia do pensamento, seria abandonado em proveito de uma abordagem nominativa, metassemântica, ou pertencente a uma arqueologia dos nomes. Para sustentar a hipótese de uma antropologia do pensamento das pessoas, isto é, a da plena consideração do enunciado I, é necessário que a passagem da palavra, simples matéria linguística, à categoria seja possível por intermédio da intelectualidade, depois da pensabilidade e depois da relação do real. A condição para esse encadeamento é que a palavra abra para um nome desdobrado em seus lugares.

Antropologia do nome

Do modo ao nome simples "operário"

Entre a problemática dos modos, saída da pesquisa sobre a política, e a da fábrica como lugar especificado do qual trataremos, há uma unidade e não uma identidade. Uma investigação – comparável em certos pontos com a anterior – será realizada a propósito do nome simples "operário", com o objetivo de examinar se ele tem *status* de nome. Para proceder a essa investigação, é preciso estar em condições de identificar a singularidade que constitui cada lugar desse nome eventual. Se o nome é inominável, se há uma multiplicidade homogênea dos lugares do nome e se cada lugar é singular, o trabalho com o nome simples "operário" consiste, primeiramente, em tomar distância da visão estrutural e universalizante que define o termo "operário" como produtor de trabalho no espaço industrial. Portanto, é preciso formular uma abordagem da singularidade. Ora, como se sabe, singularidades e multiplicidades homogêneas se articulam indissociavelmente, e essa articulação constitui a categoria do nome. Como ficará, então, o nome simples "operário"?

O que aparece é que "operário" convoca imediatamente outro nome simples, que é "fábrica". "Operário" e "fábrica" formam um par. Esse par é inseparável, mesmo quando o nome simples "operário" está ausente. A singularidade se encontra então no campo da fábrica; as investigações que fiz em diferentes países e situações levaram-me a identificar: a fábrica lugar do tempo, a fábrica lugar do Estado, a fábrica lugar do dinheiro, a fábrica lugar político. A categoria, portanto, é a fábrica como lugar especificado. Lembramos que, se há uma multiplicidade dos lugares do nome, há também uma multiplicidade categorial; no caso do modo, tem-se: modos revolucionário, classista, bolchevique, dialético, parlamentar, stalinista. A categoria da fábrica como lugar especificado existe na multiplicidade da fábrica como lugar do tempo, lugar do Estado, lugar político. Essas são as multiplicidades da categoria e não dos lugares. Quando se procura saber se "operário" é um nome, o primeiro passo é estabelecer a categoria que permite chegar à singularidade. O problema todo é saber de que nome inominável a fábrica como lugar especificado é categoria. Essa categoria é a do nome inominável "operário"? Veremos que é a do nome inominável "operário-fábrica".

O problema se complica pelo fato de que, se a abordagem presente é em unidade e não em identidade com a abordagem anterior acerca da política, aqui o trabalho se efetua com os lugares e vamos dos lugares ao nome. Sou remetido aqui ao estado atual das minhas pesquisas em antropologia operária e sobre a política. Estas últimas têm como resultado a categoria de modo. As pesquisas de antropologia operária e os estudos de fábricas têm como resultado principal a problemática do lugar especificado (fábrica), o qual se constitui no jogo dos termos "operário" e "fábrica", na medida em que haverá ausência e presença da palavra ("operário") em relação à qualificação de seus lugares (lugar do tempo, lugar do Estado, lugar político).

Fábrica e identificação dos modos contemporâneos

Na análise dos modos passados, a abordagem vai da identificação do modo (trabalho com a política como pensamento) aos seus lugares; existe um encaminhamento conjunto da investigação da categoria de modo e da dos lugares do nome. Na investigação contemporânea sobre a política, o encaminhamento é diferente.

Avanço a hipótese de que a fábrica é um lugar para todo modo histórico *contemporâneo* da política, seja ele em interioridade – veremos que, nesse caso, a fábrica é o lugar do operário – ou em exterioridade – a fábrica é o lugar do tempo, no caso do que foi denominado "modo parlamentar", ou lugar do Estado em outro tipo de configuração: em que a produção não é separada do Estado e, seja o *kombinat* soviético, seja a *dan-wei* chinesa, é possível qualificar estes últimos de "pedaços" de Estado.

A investigação que fazemos agora acerca do nome simples "operário" diz respeito não ao *tendo tido lugar*, mas ao *tendo lugar*. O que está em jogo é o acesso à modernidade e ao espaço da política hoje. Seguramente, refletir sobre a política hoje tem como hipótese fundamental a fábrica como lugar especificado de todo modo histórico contemporâneo da política. Praticar essa hipótese exige uma investigação da palavra "operário" e da palavra "fábrica".

Quando se considera o lugar especificado e se toma como exemplo a fábrica enquanto lugar do tempo, o que o tempo designa? Em outras palavras, qual a relação entre o modo parlamentar, o caráter inominável da política parlamentar e o tempo como especificação da fábrica como lugar nesse modo? O tempo é o que se poderia chamar de nome do lugar, no modo parlamentar? É evidente que não: os lugares não têm nome. Mas essa questão é importante. Vamos ilustrá-la com o exemplo do partido no modo bolchevique.

No modo bolchevique, o partido é um dos lugares do nome inominável da política, mas o que acontece se ele é alçado a nome de um lugar? O lugar ter um nome nominável acarreta o fim do modo e leva à estatização. "Partido" entendido como um nome de lugar é da ordem do pensamento de Stalin, não do modo bolchevique, e não abre para o pensamento da política em interioridade. Para chegar a um pensamento em interioridade do leninismo, a categoria de partido deve ser da ordem de uma prescrição. Do mesmo modo que a política bolchevique existe sob a condição de enunciar suas próprias condições, o partido é um de seus lugares, mesmo que não seja o único. O partido é um lugar do nome, e não a ferramenta da história. A categoria de lugar político permite sustentar a tese do caráter organizado da política, sem que por isso o pensamento da política seja centrado no da organização, quer se trate do partido, do sindicato ou do Estado.

Acesso ao modo contemporâneo. Doutrina do modo.
Doutrina do lugar

O tendo lugar não admite saturação; entre a investigação do tendo tido lugar e do tendo lugar, há uma diferença de processo de investigação. Em cada modo histórico contemporâneo da política, existe uma especificação da fábrica como um dos lugares do modo. Como as coisas se dispõem, uma vez que se está diante da singularidade? O que resta da fábrica, agora que se disse que ela é o lugar do tempo? Esse é o problema evocado anteriormente. Sua resolução permite resolver o do nome do lugar especificado. Pode-se hesitar quanto ao que conduzirá à especificação. No exemplo "lugar do tempo", é a fábrica que acolhe o tempo, ou é o tempo que organiza a fábrica, e, nesse caso, "fábrica" é subordinada a ele? Na eventualidade de se postular a existência de um nome do lugar, a especificação é que serve equivocadamente de nome.

Os lugares não têm nome, por isso a identificação do lugar não deve ser procurada no campo do nome do lugar, mas no campo da prescrição. Um lugar não é um nome, é uma prescrição, isto é, um lugar subjetivo. Para o modo bolchevique, o partido, como se sabe, é um dos lugares do nome; desde que é tratado como nome de lugar, entramos numa problemática instrumental e estatal. Dando um nome ao lugar, dissolve-se o caráter inominável do nome, do qual o lugar é o lugar. Sustentar o caráter inominável da política é, por consequência, sustentar que os lugares não têm nome. O desafio é monumental: inscrever o organizacional no campo do pensamento sem cair no estadismo ou no economismo. Essa é a questão que se coloca, tanto a respeito do partido no modo bolchevique como no caso da fábrica

Antropologia do nome

nos modos históricos contemporâneos. Se a fábrica como lugar especificado é o nome de um lugar, se a fábrica como lugar do tempo é o nome de um lugar do modo parlamentar, o próprio nome da política parlamentar deixa de ser inominável e torna-se, no mínimo, uma composição do nome de seus lugares: Estado, fábrica, nação. Ou então o tempo – na frase "fábrica como lugar do tempo" – torna-se o nome do modo. No caso da fábrica como prescrição, estamos em uma figura muito diferente. A especificação é que é o lugar do modo, e o lugar não tem nome. A especificação identifica o lugar do nome.

A análise da política tendo lugar põe à prova a categoria de modo histórico da política. O modo do tendo lugar não pode ser identificado de forma sólida e sustentado pela relação de uma política com seu pensamento. Portanto, é proposto um movimento diferente, que vai dispor o pensamento da política por uma entrada que não é a da relação com seu pensamento. Essa outra entrada é a de *um* dos lugares do nome. Como o modo não é abandonado, trata-se também de pôr à prova a categoria do tendo lugar contemporâneo. Seguramente não é porque se encontrou uma inadequação da categoria de modo na análise do contemporâneo, mas é porque se trata de um percurso de investigação distinto. Deve-se partir dos termos "operário" e "fábrica", e não mais da relação de uma política com seu pensamento.

Ademais, se não é dessa forma que se procede, no confronto com a política hoje e o contemporâneo, a problemática do modo revela-se apenas uma problemática crítica do historicismo, agora confusão e aderência da política e da história. A problemática dos modos pode bem servir para designar a confusão entre política e história, mas não é capaz de dispor sozinha um pensamento que manifeste na prática a separação possível entre a história e a política. A investigação do tendo lugar deve ser feita pelo tendo lugar e o tendo lugar se dá por seus lugares, não pelo modo. Para manter no protocolo de investigação a distinção entre o tendo lugar e o tendo tido lugar, deve-se partir dos lugares.

Surgem duas problemáticas: a do modo e a dos lugares do nome. A primeira permite identificar o historicismo e abrir para um pensamento próprio da política. A elucidação efetiva do contemporâneo é feita pelos lugares do nome e pela multiplicidade homogênea. Continua aberta a possibilidade de caracterização do modo durante sua sequência. Entende-se por isso que a cessação, dispondo a sequência em sua totalidade, permite qualificar o modo. Não é a conclusão que abre para a caracterização do modo. A questão é de que ponto de vista se pensa. Se somos contemporâneos de um modo, somos contemporâneos de seus lugares, da intelectualidade e da pensabilidade desses lugares.

A questão é saber se é possível pensar um modo fechado sem se reportar a um elemento do modo tendo lugar, visto que, se não estamos mais no campo da ciência, não há ponto neutro de onde pensar. Mas não confundamos "ponto não neutro" com modo tendo lugar. Para pensar o modo tendo lugar, é preciso o debate sobre a existência e a natureza de um lugar desse modo tendo lugar, e sobre o caráter homogêneo ou heterogêneo da multiplicidade desses lugares. Somente cumpridos esses requisitos é que advém um pensamento do tendo lugar.

Do contrário, se acreditamos que não se pode pensar o modo fechado senão pelo tendo lugar, entramos no historicismo, que não distingue o tendo lugar do tendo tido lugar; ou numa tentativa de pôr o historicismo em crise, sem conseguir desenhar o seu após. Na perspectiva de ir além da simples crítica do historicismo, a escolha do paradigma operário — cuja crise atual por falta de herdeiros do movimento, do partido e do Estado operários é bem conhecida — e a vontade de propor uma renovação da figura operária, em oposição total ao historicismo, conduzem a postular a fábrica como lugar do modo ou exigir uma hipótese comparável.

A hipótese, portanto, é que a fábrica é lugar de um modo da política tendo lugar e a investigação do lugar abre para a investigação do modo. Não é sustentado que esse lugar é único, mas que, salvo se forem sustentadas as teses do historicismo e da totalização, a política hoje pode ser tratada abordando-se tal ou tal de seus lugares. Entre a investigação da palavra "operário", a da fábrica como lugar e comprovação do modo em sua capacidade de analisar as formas contemporâneas da política, delineia-se uma unidade. A pergunta "de que *operário* é o nome?", somada ao emprego do par "operário-fábrica", abre para a especificidade da fábrica como lugar, com uma clivagem entre o modo em interioridade e o modo em exterioridade, que correspondem a especificações diferentes.

A questão do lugar coloca-se diferentemente num modo em interioridade ou em exterioridade. Tendencialmente, "operário", em sua consistência positiva, torna-se característico de um modo em interioridade.

Operário e fábrica

A palavra "operário" é um exemplo de *nome simples*, isto é, pertencente ao processo I. É um nome indeciso, carregado de equívocos, e o primeiro ser constituído em "*os* operários". Nesse caso, pode ser entendido em transitividade objetal: o "movimento operário", o "partido operário", a "consciência operária", o "Estado operário". Pode ser contraído em "proletariado"; essa é a formulação marxista-leninista, que, ao mesmo tempo que torna a classe um referente, alcança uma maior labilidade do termo com essa contração do que na acepção "os operários" e acrescenta-lhe certo *télos*. No plural, "os operários" é entendido como um coletivo (dissemos anteriormente que "coletivo" era aquilo pelo qual o subjetivo se tornava um atributo da totalidade). Enfim, "operários", ainda no plural, é entendido como conjunto socioprofissional em que os operários são diferenciados dos empregados de escritório e subdivididos em OE, OP, OQ, OAQ.[19] Para ficar completo, é preciso acrescentar o espaço dos concorrentes próximos desse nome simples: "trabalhador", "proletário", "assalariado".

"De que *operário* é o nome?" foi objeto de um debate, em particular de 1966 até hoje, do qual um dos aspectos foi considerar a questão admissível e, em seguida, caduca. O processo de ausência do nome simples "operário" na França pode ser datado das greves da indústria automobilística em 1983 e 1984, na Citroën-Aulnay, e, sobretudo, na Talbot-Poissy, onde se pôde observar que "imigrante" substituiu "operário".

Diante da perempção objetal do termo *"os operários"*, ou do termo "operário" – que aqui não tem função distinta –, abriam-se ao menos duas possibilidades. Uma consistia em concluir disso o fim dos operários como sujeito e sustentar que o único modo de ser da palavra era a forma sujeito, ligada à perspectiva classista. Esta última estando obsoleta, a forma sujeito "os operários" desapareceu (tese do modo parlamentar). O outro caminho estabelece que a falência da palavra "operário" tem a ver com seu caráter nominável, que é, por sua vez, efeito da concepção objetal e classista desenvolvida a seu respeito, a qual foi historicamente dominante por intermédio dos termos "movimento operário", "partido da classe operária", "classe operária".

---

19 Operários especializados, operários profissionais, operários qualificados, operários altamente qualificados.

Antropologia do nome

Antropologia operária e multiplicidade da fábrica como lugar

A tese de uma antropologia operária parte da perempção desse significante, que marca o fim de uma intelectualidade, e examina a possibilidade de outros campos de intelectualidade no que concerne à palavra "operário". O desenvolvimento dessa palavra exige que eu cite mais detalhadamente minhas pesquisas a esse respeito. Elas trataram das formas de consciência e representações dos operários, tomados como *indistintos inequívocos*, tanto na Renault-Billancourt como em duas fábricas em Cantão (China), na Polônia e na ex-República Democrática Alemã.

Tinham como objeto a palavra "operário" considerada uma categoria – e não um nome simples – mediante a pergunta "o que os operários pensam dos operários?", uma pergunta que, evidentemente, não visava as opiniões – assim como não visava coletar considerações sobre as pessoas –, mas a constituição atual, para além da perempção objetal, da palavra "operário".

Examinando a hipótese de outra pertinência da palavra "operário", conclui-se a necessidade da análise, *em subjetividade* e *em interioridade*, desse termo. Para isso, o único meio de considerar a perempção do método objetal, estrutural e classista, isto é, considerar que não pode haver constituição em exterioridade da palavra "operário", é aplicar estritamente o enunciado II: *o pensamento é relação do real*, e questionar os operários sobre o que eles pensam dos operários. Se há perempção da abordagem estrutural, o único caminho, no que diz respeito à possibilidade de desenvolver outro significante, desde que ele seja descoberto, é a aplicação do enunciado I e do enunciado II: *as pessoas pensam*, "os operários pensam"; *o pensamento é relação do real* permite analisar os termos propostos por aquilo que pensam os operários dos operários, termos que, como se verá, convocam a fábrica como lugar.

Duas regras foram observadas nas referidas pesquisas. A primeira foi aplicar estritamente o enunciado I, "os operários pensam", que é a condição para a interioridade. A segunda foi considerar fundamental que as entrevistas fossem realizadas na fábrica e durante o tempo de trabalho; essa é uma cláusula da abordagem que tem como finalidade limitar a oscilação da palavra "operário" entre o *status* social e o ser subjetivo.

Fábrica-operário

Os resultados são os seguintes. A perempção da intelectualidade classista da palavra "operário" é confirmada e, ao mesmo tempo, o protocolo dessa perempção se especifica: na pesquisa, "operário" se revela como um elemento circulante entre a fábrica e o que é designado como fora da fábrica e nominado "sociedade". É essa circulação que aparece como protocolo de perempção da identidade classista. Será constatado um movimento duplo: de um lado, uma separação dos termos "operário" e "fábrica", em benefício de uma junção dos termos "operário" e "sociedade". Na França, sempre que essa junção se efetua, observa-se a substituição de "operário" por "imigrante". Consequentemente, se o termo "operário", em sua proximidade com o termo "sociedade", dissolve-se em proveito do termo "imigrante", devemos supor que a fragilidade da palavra "operário" diante do termo "sociedade" é resultado de uma fragilidade do significante "operário" na própria fábrica. E devemos sustentar que o único espaço de consistência da palavra "operário" é a própria fábrica, e que toda tentativa de extensão para fora da fábrica acarreta uma dissolução da palavra. Nos dois casos, somos remetidos a uma investigação da noção de fábrica, que é ela própria questionada pela palavra "operário". Trabalhar com o nome simples abre necessariamente para um trabalho com a fábrica.

Antropologia do nome

"Fábrica" e "operário" formam um par. A análise de um acarreta a análise do outro.

A fábrica como categoria recente (Xangai, 1966)

Em Lenin, a fábrica não é uma categoria significativa, ao passo que o termo "operário" é central em seu pensamento. Lenin fala de firmas, grandes conglomerados industriais, mas não há nele uma problemática singular da fábrica. Se, para Lenin, esta última é um lugar, é o da greve, com a conhecida tipologia da greve econômica, da greve política e da greve insurrecional. Logo, a greve oscila entre a luta contra a taxa de exploração (greve econômica) e a luta contra o Estado (greve insurrecional). Mas nem no leninismo nem no bolchevismo há uma problemática da fábrica como tal, o que terá um grande peso no futuro, já que a fábrica se tornará *um lugar do Estado*, e os operários, operários de Estado.

A fábrica é uma categoria de pensamento recente. É explicitamente datada do aparecimento da fase operária da Revolução Cultural na China, isto é, dos acontecimentos ocorridos em Xangai de 1966 a 1968. Quanto ao desenvolvimento histórico dessa categoria, ele pode ser identificado na Itália (de 1968 a 1970), na Fiat de Turim e na Alfa Romeo de Milão; na França, pela fase das revoltas operárias (1968-1978); e, por último, na Polônia do Solidarno, da primavera de 1980 ao golpe de Estado de dezembro de 1981.

O que essas situações e fases têm em comum, apesar da extrema diversidade, é ter *atribuído ao espaço da fábrica a questão do lugar do Estado na fábrica*. Entendendo-se que esse é o caso na China e na Polônia, ambos países de economia e Estado socialistas, pode-se enunciar essa tese a respeito da França e da Itália sem nenhum paradoxo. De fato, nesses dois últimos casos, o Estado e sua questão se situavam no centro das relações antagônicas entre as novas formas da mobilização operária ou da ação operária e as estruturas sindicais

Nomes inomináveis

e políticas operárias institucionais e, como se verá, estatais, encarnadas pelo Partido Comunista Francês e pela Confederação Geral do Trabalho na França, pelo Partido Comunista Italiano e pela Confederação Geral Italiana do Trabalho na Itália. Quanto à Polônia, o caso será objeto de um próximo desenvolvimento.

Em Xangai, no caso francês e italiano e na Polônia, aparece uma configuração ideológica e política cujo termo será "fábrica" e que visa desfazer a inscrição estatal da figura operária, diretamente estabelecida no socialismo e indiretamente estabelecida, mas efetuada pela intermediação do sindicalismo classista, nos outros países citados. Nos dois países socialistas mencionados, os *kombinats* encarnam a inclusão da esfera da produção no Estado e, por esse motivo, comportam fábricas, escolas, cooperativas, hospitais e estruturas agrárias. Na Itália e na França tem-se a problemática da firma, ligada à mercadoria e ao capital; e sindicatos, cuja problemática é a estatização, como se viu no episódio do Programa Comum. A inscrição estatal da figura operária e a tentativa de subvertê-la mostram que a fábrica é, ao contrário do que reza a concepção econômica e marxista, uma categoria em subjetividade e em intelectualidade. O que aparece nessa configuração é que os quadros, quer econômicos, refletindo a fábrica como lugar de apropriação do mais-trabalho, quer estatais, refletindo a produção industrial como da ordem do Estado ou do mercado, são inoperantes. A fábrica como categoria recente é, consequentemente, o que rompe com o estadismo e o economismo, que são abordagens objetivantes. A ruptura com o estadismo tem como efeito um processo de subjetivação em que aparece a categoria de fábrica.

A fábrica como categoria recente sustenta uma nova conexão com a palavra "operário", diante da crise do par precedente, que é "operários e Estado". A crise da visão classista é a do espaço *classe operária-Estado de classe*, definido pela propriedade dos meios de produção – o Estado socialista sendo o da propriedade coletiva, e o Estado capitalista o da propriedade privada.

No momento da morte de Stalin, a estatização e a objetivação estão no auge. Os Estados socialistas declaram encarnar o socialismo; estamos numa problemática geral da encarnação, forma extrema da tese da fusão total do subjetivo e do objetivo. Do mesmo modo, em outra situação, o PCF afirma não só que ele é o *partido* da classe operária, mas que a classe operária é o partido. O estudo do stalinismo mostra que a hiperdialetização do objetivo e do subjetivo desdialetiza essa mesma dialética. É exatamente isso que Sartre e a fenomenologia francesa concluíram, querendo retornar a uma dialética da consciência, visto que a dialética do partido e a da classe estavam a caminho da desdialetização total. Um pseudoleninismo triunfara porque a classe figura do operário foi substituída pela classe figura do Estado. Pseudoleninismo: o leninismo genuíno produzira, ao lado da dialética entre a consciência e as condições materiais (que, em Marx, fundava o materialismo como determinação da consciência pelas condições materiais), uma segunda dialética entre as formas de consciência e o Estado, e a oposição radical à existência do Estado era o critério da consciência revolucionária de classe. Ao mesmo tempo, no movimento comunista internacional ia começar um debate para saber se o que estava em questão era uma desdialetização ou uma dessubjetivação.

A hipótese de Mao Tsé-tung – que, como se sabe, sempre foi muito discreto sobre Stalin – foi tentar uma *redialetização* por meio da contradição e da prática, instituindo um novo sujeito, as massas, que é uma categoria pós-classista. Os acontecimentos em Xangai, em 1966, operam uma *desdialetização*. Essa desdialetização consiste em separar, uma segunda vez depois dos sovietes, as *massas operárias* do Estado e do partido, em romper a expressividade entre estes e aquelas, desnudando o caráter sob condição da

Nomes inomináveis

classe, do partido e do Estado, revelando o caráter aleatório desse condicionamento e conseguindo objetivar o partido e o Estado, enquanto o stalinismo propunha equivocadamente subjetivá-los. A experiência de 1966 em Xangai representa um ponto limite, na medida em que se define ali o fim da dialética do objetivo e do subjetivo pela anulação do termo "Estado-partido", e na medida em que é proposto um novo protocolo, classista e operário, evidentemente, mas na verdade subjetivado, porque apresenta um conjunto de enunciados dos quais o principal é "contar com suas próprias forças"; enfim, porque é desenvolvida uma categoria inédita de fábrica. Os textos da fábrica de máquinas-ferramenta de Xangai[20] propõem universidades operárias, a redução do direito burguês, a limitação da divisão entre trabalho manual e intelectual e, fundamentalmente, o fim da política de quadros, que é, na verdade, a política do partido comunista na fábrica e o modo de ser estatal da fábrica. É preciso reconhecer que atacar os quadros no interior da fábrica socialista foi um gesto comparável ao que consistia em pôr em dúvida a contradição capital/trabalho numa fábrica capitalista.

A fábrica como lugar político

Xangai propunha pôr fim à dialética do objetivo e do subjetivo e, em seu lugar, estabelecer procedimentos de subjetivação contidos sobretudo no aparecimento da fábrica como *lugar político*. O lugar político é um lugar não dialetizado, distinto do lugar do tempo em que se prova a dialética da consciência, do trabalho e do capital;

---

20 *Suivons la voie adoptée par l'usine de machines-outils de Shanghai pour former des techniciens issus des rangs ouvriers* [Sigamos a via adotada pela fábrica de máquinas-ferramentas de Xangai para formar técnicos saídos das fileiras de operários] (Éditions de Pékin, 1969).

Antropologia do nome

e distinto igualmente do lugar do Estado no qual acontece a dialética em que o objetivo prescreve o subjetivo, e em que o caráter socialista do Estado prescreve o que é a figura operária.

A problemática do lugar político é uma problemática não dialetizante do lugar, na medida em que toda problemática dialetizante do lugar, exigindo o Estado, conduz a uma negação do indistinto inequívoco que é a inominação em existência da palavra "operário", e a uma negação do enunciado I (*as pessoas pensam*). O indistinto inequívoco e *as pessoas pensam* formam a base da figura ou da subjetividade operária. A problemática do lugar político se revela específica, e pode-se avançar que a fábrica como *lugar político* é a tensão da modernidade. O lugar político se opõe ao lugar do tempo, no capitalismo, e ao lugar do Estado, no socialismo. A problemática do lugar, somada à da fábrica como lugar político, é o que opõe, a uma problemática dialetizada do lugar, uma problemática subjetivada que aparece como a única adequada para assumir o enunciado I.

Apenas a problemática subjetiva pode assegurar a hipótese de uma capacidade política operária. Todo enunciado, com relação à política, que não seja um enunciado subjetivado, mas dialetizado, tem como segundo termo a capacidade estatal, ou estatal-sindicalista, ou estatal-partidária. Hoje, o surgimento da fábrica se torna o de uma questão que permanece em estado de questão: pode-se falar de uma capacidade operária em outro registro que não seja o do partido, do Estado, da classe, e em outro tom que não seja o de um otimismo operarista ou, no outro extremo, de um miserabilismo?

Duas proposições

A tese da fábrica como lugar específico conduz às duas proposições a seguir.

Proposição I: há circulação e, posteriormente, ausência da palavra "operário", quando ela não faz par com a categoria de fábrica. Quando há conexão do termo "operário" com o termo "sociedade" – como é o caso na França, a partir de meados dos anos 1980 –, "operário" ausenta-se em proveito de "imigrante". Se a conexão de "operário" é com "Estado" ou "partido", o termo "operário" se dá em sua ausência. Consequentemente, estabelece-se que, se o termo "operário" tem sentido apenas com o termo "fábrica", a pergunta "o que os operários pensam dos operários?" somente é respondida se é respondida a pergunta "o que os operários pensam dos operários e da fábrica?" – pergunta cuja formulação exata é: "o que os operários pensam dos operários na fábrica?". Essa formulação rompe o caráter circulante da palavra "operário", inclusive considerada a palavra "fábrica". "Os operários e a fábrica" ainda é um enunciado em que o termo "operário" é circulante, a fórmula "operário na fábrica" começa a destruir essa circulação.

Há surgimento da fábrica como categoria e lugar, e não como espacialização, a qual dá a fórmula "os operários são na fábrica", topologia descritiva em que a fábrica é simplesmente uma localização dos operários. Nesse caso, a *fábrica* não é mais uma categoria, e o caráter circulante de "operários" é mantido.

Proposição 2: "Na fábrica há o operário". Essa proposição é absolutamente oposta a qualquer formulação do tipo: "a *fábrica é o lugar do operário*". "Fábrica" e "operário" são uma configuração do real. Sua conjunção é de grande importância, na medida em que distancia, pelo processo de *desdialetização*, os termos "sociedade", "Estado" e "partido". A *fábrica como lugar político* é a categoria da fábrica quando sua relação com "operário" é desdialetizado.

O coletivo

No tratamento das relações entre operários e fábrica, surgem diferentes possibilidades, algumas das quais reinduzem a dialética

Antropologia do nome

e a objetivação. Um desses protocolos de dialetização subordina a fábrica à espacialização, identificando os operários ao coletivo.

O coletivo operário, em Marx,[21] fundamenta-se não na comunidade do trabalho operário, mas no trabalho regulado pelo tempo, que é aquilo pelo qual a extorsão do mais-trabalho se efetua e o que articula o trabalho ao capital. O coletivo, portanto, não está diretamente ligado a uma problemática do sujeito: ele é um efeito subjetivo daquilo que os operários têm em comum, isto é, o tempo. O coletivo operário é uma abstração (ele é produzido pelo tempo), e, supondo-se que se torne concreta, sua lei de desenvolvimento é a luta de classes. Para Marx, se são as relações de produção que formam o coletivo, este opera na história. Trata-se, em última análise, de uma noção abstrata e concreta, subjetiva e objetiva, uma vez que liga a força de trabalho e a figura da classe emancipadora e antidespótica. É abstrata porque a categoria de tempo é aquilo pelo qual se passa da problemática aparente do salário à da mais-valia. É concreta, e isso permitirá que, após Marx, em vez de continuar uma categoria da ciência e da história, ela se disponha no social, substituindo a classe pelo grupo concreto e transmitindo a este último uma subjetividade mínima. O coletivo não pertence à organização, mas à classe. Em vez de convocar a classe no sentido antigo e marxista, convoca-se o coletivo para atribuir uma subjetividade a grupos estatísticos, permitindo a passagem da classe histórica à classe sociológica. Afirmando a potencialidade subjetiva da classe sociológica, o coletivo age de dentro do objetivo e do subjetivo, segundo a falsa lei: se há o objetivo, pode seguir-se o subjetivo.

No século XX, porque é abstrato e concreto, o coletivo, subordinando a classe, vai ser estendido não da história para a sociedade, mas da história para o social, o qual tem mais necessidade

---

21 Seção IV do Livro I de *O capital*.

da noção de concreto do que da noção do subjetivo e do objetivo, ligada demais a uma perspectiva política classista. A sociedade, na versão do social, deixa de ser representada como entidade histórica e sociedade política, vetores da revolução na dinâmica histórica da luta de classes. Da dinâmica histórica chega-se a situações sociais que serão apresentadas como simplesmente devendo ser resolvidas, e cuja conexão com o movimento da história não é mais pregnante. Passa-se, portanto, de um pensamento histórico, em que a revolução é fundamental, a um pensamento programático, em que os partidos e os sindicatos se tornam os referentes. Nesse caso, o coletivo indica a capacidade local para um tratamento programático de uma situação. O coletivo do modo classista é trocado pelo coletivo, tal como é entendido no modo stalinista. Deve-se notar, em torno de Maio de 68, a breve reação da noção, prorrogando a hipótese, por intermédio do tema dos operários combativos, da vanguarda dos operários conscientes.

O coletivo abstrato-concreto revela-se uma variante em parte desistorizada da dialética do subjetivo e do objetivo, que se estabelece a partir de uma visão da classe que não é a da luta de classes. A perempção da dialética do objetivo e do subjetivo acarreta a perempção do coletivo, juntamente com a classe operária, o conjunto operário, o proletariado. E deve-se concluir que o coletivo, em sua tentativa de distinguir-se, é um avatar dessas categorias. Como elas, é marcado pelo enunciado "há operários". O enunciado "há operários", ou, ainda, "na fábrica há operários", torna a fábrica uma simples espacialização e a cena formal e externa do coletivo.

A noção de coletivo é antinômica à categoria de fábrica. Somos conduzidos à proposição "na fábrica há o operário", que rompe com o coletivo, não cede no nome "operário" em proveito da palavra "trabalhador" ou "assalariado", e assume a questão do nome simples "operário".

A fábrica lugar do tempo

O que identifica a fábrica no capitalismo parlamentar, e, mais precisamente, no modo parlamentar, é que nele ela é o *lugar do tempo*. O tempo é entendido aqui no sentido de Marx, como aquilo que articula o trabalho ao capital. A fábrica, como lugar do tempo, revela-se na medida em que o cálculo do trabalho é sempre conflituoso, até mesmo quando ocorrem demissões, o cálculo do tempo passado na fábrica durante uma vida operária. Contudo, o trabalho é apenas um dos termos da questão do tempo; não o encarna em si só, a não ser que a fábrica seja designada como lugar do trabalho, formulação operarista atestada. O outro termo da questão do tempo é o "capital", com seus mecanismos e processos, mais geralmente denominado hoje "economia de mercado".

A fábrica lugar do Estado

No que se refere ao Estado socialista, as caracterizações em termos de capitalismo de Estado, ou capitalismo monopolista, são incapazes de identificá-lo. Se sustentamos essas posições (capitalismo de Estado, existência de uma "nova burguesia" ou nomenclatura), permanecemos numa problemática classista. Deve ser feita outra análise do socialismo: não em termos de relação de classes, mas, de um lado, do ponto de vista da relação singular que têm – ou tinham – o Estado e a produção e, de outro, pela categoria de partido-Estado.

O socialismo não pode ser qualificado de capitalismo de Estado na medida em que seu processo original consiste na não separação entre o Estado e a produção, resultado da decisão real de suprimir a lei do valor, a mercadoria e a moeda como equivalente geral. Se há não separação entre o Estado e a produção, não há mais separação entre o Estado e a sociedade, como ilustra a

Nomes inomináveis

multifuncionalidade do *kombinat*. Um *kombinat* é, como se sabe, uma combinação de produção e funções sociais. Trata-se de um conjunto complexo que administra unidades de produção, centros de aprendizagem, asilos para idosos etc. O *kombinat* é um pedaço de Estado, o qual se atualiza na forma de uma multifuncionalidade. O multifuncional comporta funções de produção e serviços e funções de controle social. No *kombinat*, existem relações singulares entre o trabalho, a organização do trabalho e a produção. Existe uma separação entre o trabalho e a produção; a produção não rege o fator trabalho, como é o caso no capitalismo.

Ao contrário, no capitalismo, a produção se encontra sob restrição do mercado, e essa restrição se encontra nas formas técnicas do trabalho (ritmos, rendimento), mas também em suas representações e valores. É o capital, portanto, que, na economia de mercado, dispõe o espaço do trabalho e sua subordinação à produção e à mercadoria.

No *kombinat*, a situação é muito diferente. O trabalho não é regido pela lei do valor, mas é estruturado numa relação de exterioridade com a produção cujo efeito é a constituição do que se poderia denominar um "funcionalismo operário". A constância, a regularidade, mas também a natureza do *kombinat* permitem que se arrisque esse termo, assim como o caráter de função pública do trabalho operário e o estatuto dos operários no socialismo. A extensão do estatuto de funcionário público ao trabalho manual operário é uma das características do socialismo.

O Estado socialista é um partido-Estado. Estado e partido são indissociáveis. O partido dirige o Estado, o que dá existência a um Estado singular, de função polimorfa. Chamar-se-á "Estado socialista" um Estado de função polimorfa. O socialismo tentava a construção de uma sociedade sem economia e sem direito: o Estado polimorfo deveria, por conseguinte, cobrir todo o campo social, sem exceção, inclusive operários e camponeses. O partido,

Antropologia do nome

por sua vez, era o dispositivo de controle e regulação do conjunto e, portanto, era responsável pelo polimorfismo. No parlamentarismo, o Estado também pode ser denominado polimorfo – aqui não se designa a separação dos poderes –, mas de forma muito mais limitada. Existe economia, isto é, uma separação da produção e do Estado; o direito apresenta um campo próprio, separado, que não se confunde com o campo das instituições judiciais. No modo parlamentar, economia e direito são separados.

No socialismo, a produção e a esfera do trabalho se desenvolvem na planificação e na centralização, seja qual for o significado técnico desses termos, e, consequentemente, inscrevem-se na esfera do Estado. Planificação e centralização são apenas a consequência obrigatória da ausência da lei do valor e da mercadoria. A esfera do Estado e a esfera do trabalho e da produção identificam-se uma com a outra.

Ao contrário, no que chamo aqui de "capitalismo", a lei do valor e o mercado formam um domínio separado e próprio. Será estabelecido que, no capitalismo, esse domínio separado constitui estritamente a economia. Portanto, conclui-se que não há economia – no sentido em que esse termo designa um espaço que elabora critérios particulares normatizando o trabalho e a produção – a não ser separada do Estado.

No capitalismo, as esferas da produção e do trabalho são separadas da esfera do Estado. Até o momento presente, a lógica da separação entre o Estado e a economia é a lei do valor.

O socialismo, tendo suprimido a lei do valor, abole a economia ao abolir a separação e estabelece a produção no campo do Estado. Abole a economia e não dispõe nenhuma mediação e nenhuma separação entre a esfera do trabalho e da produção e a esfera do Estado. O *kombinat* é a forma prática dessa ausência de mediação e separação. Por isso é que se pode dizer que ele é um "pedaço" de Estado.

Nomes inomináveis

No capitalismo, a lógica da separação entre o espaço da economia e o Estado é também uma lógica de separação entre o espaço da economia e o espaço do social. Essa separação acarreta outras, entre os espaços da educação, da saúde, da repressão, do campo da polícia e da justiça. Essas diferentes separações são tributárias daquela da economia e do Estado. Quando não existe separação, todos esses espaços se fundem em um único e são devolvidos em uma forma prática à multifuncionalidade do *kombinat*.

Enfim, a ausência de economia permite afirmar que a propriedade, em termos de propriedade dos meios de produção, é igualmente ausente. A ideia de uma propriedade de Estado ou de uma propriedade coletiva é retroativa: vê-se propriedade coletiva, por indução a partir da propriedade privada, precisamente onde se constata a ausência de propriedade privada. A tese implícita que serve de fundamento ao tema da propriedade coletiva é que não pode haver dispositivo de produção sem forma de propriedade. Ora, esse é o caso do socialismo: a fábrica é o lugar do Estado no socialismo, e o que é proposto aos operários é institucionalmente o estatuto de operário-funcionário. A figura operária é trocada pelo termo "funcionário".

A crise do socialismo e a introdução de elementos de economia de mercado nos países socialistas permitem levar a investigação mais a fundo. Os trabalhos de pesquisa realizados em março e abril de 1989, em duas fábricas de Cantão,[22] permitiram evidenciar que, no socialismo, se a fábrica é o lugar do Estado, ela também é o lugar do dinheiro, o que não deve ser entendido como a introdução do capitalismo no socialismo, mas como uma tentativa de alinhar os operários a uma política estatal de desfuncionarização parcial ou total do estatuto operário por mediação do dinheiro. Sobre a crise do socialismo e o debate sobre uma passagem progressiva ao capitalismo, ou sobre a ruptura absoluta entre

---

22 Cf. estudo nº 2.

Estado socialista e Estado pós-socialista, de um lado, e, de outro lado, sobre como fica o operário nesse caso, remeto o leitor ao estudo nº 2.

Recapitulemos. O aparecimento recente da categoria *fábrica* nos conduziu à evidenciação da necessidade de desdialetizá-la, à perempção do coletivo e à proposição da noção de lugar especificado, em exterioridade categorial ou em interioridade. Enfim, para que o termo "operário" seja consistente, ele deve ser referido à *fábrica* como *lugar especificado*. O saldo da abordagem, neste ponto, pode ser apresentado da seguinte maneira:

1) "Na fábrica há o operário" é o enunciado que pode comportar a figura operária. Nas especificações da fábrica como lugar do tempo, lugar do Estado, as caracterizações em consciência de (operários-)imigrantes ou (operários-)funcionários são subvertidas, em situações excepcionais, pelo aparecimento da categoria de figura operária comportada no enunciado "na fábrica há o operário". Na fábrica lugar do tempo e na fábrica lugar do Estado, a figura operária é radicalmente suprimida ou reduzida. De fato, na fábrica lugar do Estado, a figura operária, a que pode ser comportada no enunciado "na fábrica há o operário", aparece mais como uma subjetividade reduzida, subjugada, mas não suprimida. O que é suprimido é uma efetividade do enunciado "na fábrica há o operário".

2) A multiplicidade da *fábrica* como *lugar*, ou, em outras palavras, a multiplicidade que identifica a *fábrica* como *lugar do Estado*, *do tempo*, e *lugar político*, é uma multiplicidade categorial da ordem de uma pensabilidade, quer em interioridade (o lugar político), quer em exterioridade (o lugar do Estado e o lugar do tempo). Não se trata de identificação objetal, nem com relação a lugar do tempo nem com relação a lugar do Estado. Não estamos na economia política aqui, mas numa antropologia do pensamento. A presença categorial da fábrica no modo parlamentar é a fábrica como lugar do tempo; logo, é preciso dar consistência subjetiva à fábrica

como categoria nesse modo. As tentativas de transgressão, negação e confrontação da fábrica serão denominadas lugar do tempo: *fazer da fábrica um lugar político*.

3) A fábrica como lugar político é uma ruptura, considerada a fábrica como lugar do Estado e como lugar do tempo.

Entretanto, uma questão se apresenta. À fábrica como lugar do tempo e à fábrica como lugar do Estado correspondem "fábricas como lugar político" singular? As tentativas de negação, transgressão e confrontação da fábrica como lugar do tempo e da fábrica como lugar do Estado dão fábricas lugares políticos distintos? Se é admissível que a fábrica lugar do tempo pode abrir para a fábrica como lugar político, é admissível que a subversão da fábrica como lugar do Estado é possível e abre para a fábrica lugar político? O que é ilustrado aqui é que a doutrina dos modos e a doutrina da fábrica como lugar especificado não reproduzem a oposição entre sociedades capitalistas e sociedades socialistas, encerrando todo fenômeno operário ou num ou noutro. A fábrica como lugar político não é nem um elemento circulante nem uma invariante. Ela dispõe num mesmo campo de pensamento, mantendo ao mesmo tempo sua singularidade própria, os diferentes modos da política, o modo parlamentar cujo enunciado é que a fábrica é o lugar do tempo e o modo cujo enunciado é que a fábrica é o lugar do Estado. O exemplo da Polônia, onde realizei uma pesquisa em 1981, responde a esse ponto, visto que lá era operativo o enunciado "na fábrica há o operário".

A desestatização da palavra "operário" no caso polonês

Na Polônia, o período de 1980 a 1981, que foi dominado pela existência da organização Solidarność,[23] é uma sequência singular

---

23 "Solidariedade", em polonês. (N. T.)

e fechada, na medida em que não manifesta nenhum dos traços de nacionalismo, clericalismo e antissemitismo que caracterizarão a situação a partir de 1986, e qualquer aspiração ao capitalismo parece ausente. Entre 1980 e 1981, nas fábricas polonesas – tanto das cinco cidades do litoral báltico como dos centros industriais, em Ursus, na Cracóvia, nas minas da Silésia, assiste-se ao desenvolvimento de novos enunciados operários. Esses novos enunciados se apoiam, paradoxalmente, na palavra "sociedade", emblemática, dentro e fora da fábrica, da luta contra a corrupção e a estatização.

A palavra "sociedade" investia a capacidade popular numa economia diferente, em relações sociais diferentes, sem convocar o Estado. O Estado em sua forma comunista, assim como qualquer outra forma de Estado, em particular aquela cujo surgimento pressupõe insurreição, fora descartado. A *sociedade* encarnava um empreendimento político popular e a possibilidade de uma separação do Estado. Vasta tentativa de desdialetização, essa sequência tinha como base as fábricas, na medida em que os operários buscavam pôr fim à direção do partido-Estado, tentando substituí-lo por novas formas, como o controle dos quadros (os diretores eram submetidos ao controle do Solidarność ou, mais tarde, nomeados por ele). É notável que não tenha se tratado apenas de greves realizadas com o intuito de satisfazer os interesses operários, por mais legítimos que fossem, mas da direção operária de um projeto não estatal e não antagônico, e, mais ainda, de uma tentativa de manter o termo "sociedade" sem estatizá-lo. "Na fábrica há o operário" deve ser entendido, nesse caso, como contestação e crítica do que a categoria dominante do lugar – o Estado – propunha como conteúdo à figura operária: as estatísticas de produção e a figura dos operários modelos. Cada especificação da fábrica como lugar propõe seus paradigmas da figura operária. No caso da Polônia, havia a afirmação do real operário diante do irreal da proposição estatal. "Na fábrica há o operário" era um enunciado antiestatal, sem que esse enunciado – e essa era sua singularidade – fosse acompanhado da apologia de outra forma de Estado, por exemplo, ligada à economia de mercado. O fato de que a economia de mercado não tenha sido o espaço de desestatização da consciência operária num país socialista permite, durante uma curta sequência, e contrariamente ao que aconteceu após 1989, o surgimento temporário da figura operária.

A revolução cultural, em seus anos operários, e a fase operária do Solidarność são as únicas alternativas conhecidas à fábrica como lugar do Estado que não têm como registro, conjuntamente, a fábrica como lugar do tempo. A ruína do socialismo, as tentativas infrutíferas dos mineiros de Vorkuta e a problemática atualmente dominante da economia de mercado como única saída para o pós-socialismo, com a exclusão de qualquer outro caminho, têm essas duas tentativas como contraexemplos.

Na França, contra o sindicalismo que estabelecia a figura operária na produção e no Estado, com a dupla atribuição ao salário e ao governo, isto é, à greve e às eleições, pode-se designar como revolta algumas situações de fábrica entre 1968 e 1978. Nesse caso, é a capacidade política operária que estava em jogo, e a questão se torna: "*operário* pode ser o nome de uma capacidade política?".

De "operário", nome simples, à figura operária

"Na fábrica há o operário" é a formulação pós-classista, não economista e não coletiva, de uma figura operária que se mostra contemporânea, moderna e coextensiva à categoria de fábrica. É marcada pelo aparecimento da fábrica como lugar político a partir de situações e sequências investidas por revoltas contra a fábrica como lugar do Estado, ou contra a fábrica como lugar do tempo.

"Na fábrica há o operário" é o cerne do enunciado "a fábrica é um lugar político". Ambos são enunciados prescritivos da ordem do subjetivo. A fábrica como lugar do tempo, a fábrica como lugar do Estado ou a fábrica como lugar político designam igualmente categorias em subjetividade e formas de pensamento *relação do real* que pertencem ao enunciado II. Nos três casos, o lugar é em exterioridade categorial e desobjetivado. Há apenas um caso em que o termo "operário" é em subjetividade: é aquele em que a fábrica é um lugar político. A fábrica como lugar político é o único em que o termo "operário" é subjetivado.

A esta altura, o que resta do nome "operário" – já que a investigação empreendida tinha o risco de vê-lo tragado na perempção do classismo e do historicismo? Ao binômio historicista "operário-classe" opõe-se o par "operário-fábrica". O par permitiu, caso a caso, a especificação da fábrica como lugar. Agora permite passar do nome simples *operário* à categoria de figura operária e qualificá-la.

O que é a figura operária? Não é a categoria de um nome inominável, visto que a abordagem aqui é a que vai dos lugares ao nome. A figura operária aparece, portanto, como um dos lugares do par "operário-fábrica". Como o par é prescrito pela fábrica como lugar especificado e pela figura operária, a fábrica como lugar especificado e a figura operária são os lugares do par. O par tem, portanto, o *status* de nome inominável.

Esse nome inominável recorta, em um de seus lugares, a fábrica como lugar político. Na doutrina estrita, tem-se a multiplicidade da fábrica como lugar e, como se sabe, essa multiplicidade deve ser homogênea. Numa primeira abordagem, a fábrica lugar do tempo, a fábrica lugar do Estado, a fábrica lugar político não constituem uma multiplicidade homogênea. Para que não haja heterogeneidade entre as especificações subjetivas – fábrica lugar do tempo, lugar do Estado, lugar político, marcado nesse caso pelo enunciado "na fábrica há o operário" –, é necessária uma compatibilidade, homogênea ou não, entre lugares do tempo, do Estado,

Nomes inomináveis

e o enunciado "na fábrica há o operário". Ora, esse último enunciado convoca a figura operária e, por consequência, exige que se tome "a fábrica como lugar político" e "na fábrica há o operário" como prescrição e âmbito da exigência de homogeneidade. Empiricamente, nos casos em que existiram "a fábrica lugar político" e "na fábrica há o operário", a fábrica e a figura operária foram convocadas. Portanto, dois nomes inomináveis, o par "fábrica-operário" e o nome "política", têm um lugar em comum. Esse lugar não é um lugar circulante, paralelo em sua ordem às noções circulantes, mas em comum: dois nomes diferentes podem ter o mesmo lugar. Mas não é pela doutrina dos modos que essa possibilidade é estabelecida, visto que o modo é a relação de uma política com seu pensamento e não se mistura com a política. É na medida em que todo modo contemporâneo tem a fábrica como lugar que os dois nomes inomináveis, a política e o par, têm um mesmo lugar em comum.

O segundo lugar é a figura operária. Esta não é deduzível da especificação da fábrica. No caso da fábrica lugar do Estado, não se dirá que a figura operária é a do operário funcionário,[24] ou que "operário explorado" é a figura operária da fábrica lugar de tempo. A figura operária não é deduzida da especificação (da fábrica como lugar) simplesmente porque se constitui fora dos modos em exterioridade e em situações de ações operárias contra a fábrica como lugar do Estado ou lugar do tempo. A figura operária é intransitiva com o lugar especificado: ela é a subjetivação da palavra "operário". O nome inominável "operário-fábrica" tem ao menos dois lugares: a fábrica como lugar e a figura operária; portanto, estamos na ordem da multiplicidade dos lugares do nome, e não há nenhuma relação de transitividade, expressividade ou deduzibilidade de um lugar para outro; a única relação que

---

24 Cf. estudo nº 2.

Antropologia do nome

existe entre os lugares do nome é sua multiplicidade homogênea, e não sua multiplicidade expressiva. Por isso a figura operária não é deduzível da fábrica como lugar.

Em certos casos, a figura operária é homogênea à fábrica como lugar; é o caso quando ambas são em interioridade, não porque essa é a natureza da figura operária, mas porque esse é o estado da situação. Há apenas um caso em que a figura operária apresenta o nome inominável "operário-fábrica": é o da fábrica como lugar político; e, nesse caso específico, a figura operária se articula ao enunciado "na fábrica há o operário".

A partir do par "fábrica-operário", perguntou-se o que restava do nome simples "operário". Após os desenvolvimentos feitos acima, é preciso sustentar que:

— O nome simples "operário" não toma o *status* de nome inominável. "Operário" não é um nome.

— O par "operário-fábrica" é um nome inominável. A fábrica como lugar é seu primeiro lugar. Sob esse aspecto, a fábrica como lugar especificado é em comum, enquanto lugar de um nome, com o nome inominável da política e com o nome inominável "operário-fábrica". Os nomes inomináveis "operário-fábrica" e "política" não são idênticos ou redutíveis um ao outro.

— Embora "operário" não seja um nome, em cada situação de fábrica há discursos sobre a especificação do lugar e a figura operária: os operários formulam enunciados em subjetividade sobre eles mesmos.

— A figura operária pode constituir-se por rejeição e revolta contra a fábrica como lugar do tempo ou como lugar do Estado. A figura operária, como segundo lugar do nome inominável "operário-fábrica", designa uma capacidade intelectual operária não redutível ao pensamento do lugar do modo da política.

— Há somente um caso em que a figura operária se desenvolve numa subjetividade criativa: é quando ela gera os enunciados

Nomes inomináveis

"na fábrica há o operário", enunciado sobre a figura operária, e "a fábrica é um lugar político", enunciado sobre a fábrica como lugar especificado.

— Enfim, o par não se confunde com o nome inominável da política, seus lugares não são os de um modo, mas os de um outro nome inominável. Se é possível apreender um modo contemporâneo da política pela fábrica (como lugar), é — como se disse — porque o nome inominável da política e o nome inominável "operário--fábrica" têm um lugar em comum. Talvez se abra, aqui, a constelação dos nomes inomináveis e de seus lugares, iluminados e luminosos no escuro, uma vez que cada investigação do inominável efetua o movimento de báscula do desconhecido sobre o conhecido, do qual já se falou. Poderia causar surpresa que, afinal, o nome inominável da política não sustente o da figura operária, e seria inútil ver essa asserção como um ajuste de contas com o marxismo, apresentado justamente como a fusão ou a confusão dos dois nomes. Insistimos no fato de que o pensamento em termos de modo não é uma política, e que a questão do nome da política, necessária ao seu pensamento, não se conjunta com o seu fazer, portanto não se conjunta com todo o seu pensamento. A liberdade da figura operária, que também é sinal de sua ocorrência aleatória, com relação à fábrica como lugar do modo, marca o excesso do pensamento da política sobre o pensamento do modo. A tentação de situar o modo no histórico e a figura operária no prescritivo é uma leitura incorreta, que demole a asserção — importante, ao meu ver — da multiplicidade homogênea dos lugares do nome.

5
Hora de concluir

A antropologia do nome, que se propôs uma investigação do subjetivo, defende um procedimento de inominação dos nomes.

O inominável do nome é apreendido pelas multiplicidades concretas dos lugares do nome, que apresentam singularidades da categoria e são multiplicidades homogêneas. As multiplicidades homogêneas são modos de ser da categoria. O conhecimento como pensamento e o conhecimento do pensamento não se satisfazem com uma metodologia, ao mesmo tempo que o pensamento, como matéria, é descartado. O real é dado como singular e devendo ser descoberto.

As categorias que se desenvolvem contra o fundo do inominável do nome são: os modos históricos da política, categoria do inominável do nome da política como pensamento; a fábrica como lugar especificado, categoria do nome inominável "operário-fábrica". E gostaria de poder ter acrescentado: o pensamento, categoria da inominável inexistência do tempo, cujo o lugar é o desvio e o possível.

Há, pois, nomes inomináveis. A antropologia do nome sustenta que não há tentativa de nominação que não seja nominação dos lugares do nome e identificação da categoria.

Antropologia do nome

Do enunciado à prescrição

Dos dois enunciados que fundamentam a antropologia do nome, o primeiro sustenta que as pessoas não são sempre intelectualmente incapazes ou impotentes. Quanto ao segundo, defende a tese de que o pensamento não é puro aparecimento ou oscilação, é relação do real. O segundo enunciado é uma postulação de "racionalismo", termo que doravante é preferível ao termo "materialismo", pois o primeiro envolve o segundo.

Esses enunciados são prescrições. São "há" prescritivos. No campo dos fenômenos de consciência, o enunciado não pode ser de outra forma. Nenhum "há" experimental é adequado, é preciso separar-se das ciências sociais, e o estabelecimento no prescritivo manifesta essa ruptura. Por mais abrigo que se possa obter tachando a hipótese da prescrição de voluntarismo ou romantismo intelectual, somente há pensamento de enunciados. Pensar é prescrever o pensamento, atribuí-lo para convocá-lo, restringi--lo para prová-lo, assumir que ele é relação do real, praticar um autêntico protocolo de pesquisa no que lhe diz respeito. A antropologia do nome se desenvolveu com base nesses dois enunciados, cujos desenvolvimentos aparecem antinômicos às noções de consciência, ideologia, dialética do objetivo e do subjetivo, bem como à noção de coletivo.

O questionamento dessas noções se cristaliza na separação da história e da política. *A política, que não recobre o político, é um pensamento.* No que concerne às formulações acadêmicas, ou de opinião, o debate proposto por este livro trata da possível e necessária separação da política e da história, separação paradigmática da distinção entre as formas de pensamento, o raciocínio e a argumentação historicistas, e o pensamento do pensamento que aqui é o da política. A antropologia do nome reivindica explicitamente não ser uma ciência social, refuta e critica o historicismo.

Hora de concluir

A força de convicção de um Jean-Claude Passeron, asseverando em *O raciocínio sociológico* que os "considerandos da tese que afirma a indiscernibilidade epistemológica da história e da sociologia permitem mostrar que ela se aplica em graus diversos a qualquer ciência social, igualando-as a ciências históricas",[1] mostra que a última suma sociológica estabelece essa disciplina no historicismo, o qual gera a abordagem tipológica e comparatista. Nas ciências sociais, tipologismo, comparatismo e historicismo formam uma constelação que permite explicar a maioria das teorias e escolas.

Mesmo Lévi-Strauss, que reivindica uma filiação infiel a Durkheim, tenta uma desistorização, mas interna ao historicismo. A ambição do estruturalismo, porém, era sair dele. As características da saída proposta não o permitem. Lévi-Strauss propõe um esquema abstrato-concreto que não é dialético e que, portanto, a seu ver, parece satisfazer a exigência de desistorização, tanto mais que suprime o tempo. Por outro lado, é sabido que ele suprime a história. Existem espaços de organizações e correspondências na parentela, nos mitos e no pensamento. Essa importante e incontestável descoberta antropológica é inteiramente desdialetizada. Exclui todo pensamento da política, porque este último é naturalmente fora do campo. Mas a desdialetização conduz não a um pensamento relação do real, mas a um pensamento classificatório, que conduz à tese do caráter natural da cultura. "Pensar é classificar" leva a uma enciclopédia e ali fixa exclusivamente o pensamento.

Essa desistorização marcada pela ausência da dialética, do tempo e da história permanece no historicismo por um ponto constitutivo: o "há" fundador é o de um todo, a sociedade. A categoria de sociedade funda o historicismo, quer seja denominada "totalidade",

---

1 Passeron, *Le Raisonnement sociologique: l'espace non poppérien du raisonnement naturel*, p. 14.

"mundo" ou "mundo histórico". A ambição das ciências sociais é chegar a uma composição das ordens do real, de sua diversidade, ou, mais exatamente, analisar o real como múltiplo heterogêneo. O "há" postulado é único e heterogêneo.

As opções diferem: abordagem dialética ou não; ausência ou presença do tempo; dimensão psicológica ou abordagem compreensiva. São variantes a partir de uma base comum, o enunciado: para pensar e conhecer (pensamento e conhecer confundidos), é necessário formular a prescrição de uma *unidade inicial heterogênea*. Pensar sem totalidade heterogênea exige que se opere uma mudança radical de prescrição.

Antropologia do nome e comunismo

"A história de toda sociedade é a da luta de classes." Essa proposição inaugural do *Manifesto Comunista* reúne a tetralogia do historicismo: a história, a sociedade, a luta, as classes. A categoria de comunismo especifica o historicismo marxista pelo conceito de ditadura do proletariado, e o comunismo propõe como termo real da história uma sociedade não estatal, isto é, sem classes. Portanto, o comunismo pode ser caracterizado como uma problemática historicista da desestatização. É nesse ponto que a tentativa falhou: a desestatização a partir da classe e, mais ainda, a partir do partido e do Estado revela-se impossível, e o partido, em vez de acelerar a desestatização, torna-se o suporte do Estado na forma do partido-Estado.

O comunismo em Marx sustenta a ideia de um saldo desistorizado do historicismo, o fim da luta de classes é o fim das classes e, portanto, do Estado, e – quem não se lembra? – a passagem da ordem da necessidade à ordem da liberdade. No pensamento de Marx, a noção de Estado é muito próxima da de classe, o que, evidentemente, facilita a tese do comunismo. Ora, já na

Hora de concluir

segunda metade do século XIX, e plenamente no século XX, o espaço do Estado mostra não expressar mais o espaço de uma classe, tornando-se o que se pode denominar o *Estado de todo o povo de um ponto de vista de classe* e, na ditadura do proletariado, o *Estado proletário de todo o povo*. Passa-se da tríade de Marx, "classe proletária-história-comunismo", à de Lenin após 1917, "partido-revolução-Estado". Desde a Comuna, sabe-se que a proposição de Marx de que a sociedade se divide em *duas* classes é inadequada, donde a exigência de se retornar à unicidade heterogênea e ao enfraquecimento da noção de classe que produzirá a categoria de partido, do qual se disse nas páginas anteriores que convocava pessoas de toda parte e rompia com a noção de classe, contra o que se insurgiam os anarcossindicalistas, classistas puros.

Viu-se no capítulo I, quando se tratou da diferença entre Marx e Lenin, que aquilo pelo qual essa nova situação — isto é, que o Estado não é mais transitivo com as classes — mostra-se e procura uma solução é o partido no sentido leninista, que não tem nada a ver com o que é dito a seu respeito no *Manifesto Comunista*. Dos anos 1880 a 1917, o espaço do historicismo e o do comunismo se renovam e se tornam mais complexos com a noção inédita de partido na acepção moderna e contemporânea da fase imperialista e parlamentar do capitalismo. Consequentemente, toda questão, inclusive a do comunismo, é mediada pela questão do partido, que se torna o operador do comunismo (a ponto de denominar-se "partido comunista"), no lugar da classe. A tese do comunismo — como desistorização e desestatização do historicismo, na medida em que a lógica de classe trabalha pela abolição da luta de classe e do Estado — desaparece. O que decorre, longe de confirmar a via da desestatização, escora-se no elemento novo e decisivo que é o partido, constituindo-se após 1917 em partido-Estado.

O historicismo marxista apoiar-se na classe é fato conhecido; o que é menos conhecido é que a noção de classe é introduzida

Antropologia do nome

pela – e escora-se na – noção de sociedade, em razão da tetralogia mencionada acima. Pode-se objetar que a noção de classe se organiza na de contradição e não na de sociedade. A contradição em sentido estrito, no sentido político que Mao Tsé-tung tentou lhe dar, requer a ditadura do proletariado; nos meus termos, a contradição em sentido estrito não é objetiva, é prescritiva. A ditadura do proletariado é apenas uma fase de transição, antes da que Marx, assim como Lenin e Mao, chama de sociedade comunista, sociedade sem classe, sem Estado, mas de todo modo sociedade. O que foi chamado de "totalidade" ou "unicidade" é o paradigma da sociedade – somente há sociedade como totalidade –, e é notável que os pensamentos políticos que se apoiam no marxismo proponham sempre composições da ordem da unicidade heterogênea ou da totalidade, como as alianças de classe, todo o povo, ou o que os chineses chamarão de nova democracia, que inclui a burguesia nacional. Aliança de classe, todo o povo, nova democracia não entram apenas numa lógica de composição: eles dão um nome ao todo na forma de seu devir e de sua perspectiva. É necessário que o todo tenha um nome para que se opere um pensamento ou uma dialética da parte e do todo, ou do elemento e do conjunto. A própria questão da história e de seu movimento possível decide-se na relação da parte com o todo. O jogo da unicidade heterogênea ou da totalidade é o do movimento da história. Não há mais o que dizer sobre este último. Em contrapartida, notemos que a tese – não de uma multiplicidade dos lugares da política, mas de uma unicidade, quer seja o partido na visão política da coisa ou o poder na abordagem histórica – é interna a essa problemática. Em suma, sociedade e unicidade do lugar (partido ou poder) conjugam-se para assentar o Estado como lugar único e composição, sendo esta última ao mesmo tempo fatal e indispensável. A necessidade do Estado é um efeito da tese da unicidade heterogênea, que exige uma "composição", e o Estado

Hora de concluir

aparece como o lugar único, necessário a todo pensamento da política.

Quanto a Lenin, seu marxismo e seu pensamento acerca do Estado são de essência puramente historicista e tem como base a noção de sociedade que acabamos de analisar.

O saldo é que o historicismo caducou e certamente é não saturável. Ele leva à queda das noções de sociedade e Estado, às quais se oporão as categorias de governo, país e pessoas.

Sociedade e Estado

Consideremos uma *parti pris* sociológico. Para Durkheim, não existe problemática explícita do Estado: nele, o que existe é uma tal vontade de despolitização, de desistorização e de desdialetização que a noção de sociedade se torna preponderante e a de Estado desaparece.

Uma parte da sociologia moderna propõe que se trate pelas classes, pelas hierarquias e pela reprodução um espaço que ela constitui em meio à indiferença à questão se ele pertence à sociedade ou ao Estado. Não separando claramente um espaço diferencial do Estado em relação ao da sociedade, a distinção entre o Estado e a sociedade torna-se árdua – o que é demonstrado pelas atuais oscilações da noção de social. A escola, tema longamente debatido, é um exemplo crítico da indiferenciação operada. A crise da escola deve ser abordada do ponto de vista do Estado? Da sociedade? Como Estado e sociedade se sobrepõe, o social em crise é identificado como aquilo que escapa da regulação estatal. Na verdade, o social, noção informe, é um produto residual do classismo e do antagonismo classista; no classismo, o antagonismo era um princípio de subjetivação, consequentemente a subjetivação do objetivo produzia uma relação com o Estado que era uma relação combativa e dirigia-se a ele no espaço de sua destruição. Após o fim do classismo, a situação objetiva não tem alternativa senão apresentar-se ao Estado na solicitação de sua intervenção sob a espécie de um social em crise. A essa "crise" não se propõe outra saída senão a estatização, que, por sua vez, comprova a indiferenciação que frisamos antes.

A incapacidade de distinguir entre sociedade e Estado resulta num dispositivo em termos de *parte e todo* – sendo a sociedade um todo real heterogêneo, no qual o Estado pode ter seu lugar se é parte dele –, que se examina com o auxílio das noções de estruturas, campos e níveis.

A dinâmica do historicismo, e do historicismo sociológico, era a classe. O desaparecimento da dinâmica de classe acarreta a confusão entre Estado e sociedade, na medida em que era a luta de classes que os mantinha à distância. Tendo acabado essa diferenciação, restam o Estado, a economia e, da sociedade, seu estado de crise na categoria de social, com relação ao qual, a sociedade ausentando-se em sua diferença, permanece somente a estatização. Em ciências sociais, o historicismo se transformou em funcionalismo e estruturalismo.

Ruína do socialismo na URSS e na Europa Oriental

O historicismo acontecimental, ponte entre o ideologismo historicista de 1968 e o parlamentarismo mitterrandiano dos anos 1980, teve um futuro medíocre. A não pertinência do historicismo também é avaliada em comparação com a ruína do socialismo.

A categoria de revolução é obsoleta. Contudo, foi por meio dela que se tentou explicar fenômenos reais, embora a perempção da categoria valha igualmente para os países socialistas. No sentido do historicismo, houve revolução nesses países – antissoviética na Hungria, cultural na China, da primavera em Praga, sem mencionar as revoltas de 1953 na Alemanha Oriental e, mais tarde,

Hora de concluir

revolução: a queda do muro de Berlim, revolução tranquila na Alemanha, e a revolução de veludo longe dali.

Ainda do ponto de vista do historicismo, todo acontecimento num país socialista merece o nome de "revolução", mesmo quando são um malogro, como a tentativa do Solidarność, que foi a última, cronologicamente falando. Quanto à ruína do socialismo, segundo a mesma perspectiva de pensamento, trata-se tão somente do que sucede após a derrota das revoluções. Logo, a ruína do socialismo é imputada, por sua vez, ao fracasso das revoluções no socialismo.

Contudo, mesmo aprofundando essa tese, e aceitando o uso da categoria de revolução com propósitos de análise, aquelas designadas não podem ser, propriamente falando, qualificadas de antissocialistas. Ao contrário, deve-se dizê-las ou nacionais ou antiburocráticas; de modo algum pode-se afirmar que essas revoluções foram realizadas em nome do parlamentarismo e da lei do valor. O fato de o malogro das revoluções ser considerado o elemento determinante da ruína do socialismo ilustra a incapacidade do pensamento historicista de explicá-la. De fato, a debilidade desse pensamento vem do uso abusivo que ele faz da categoria de revolução. Portanto, devemos pensar a ruína do socialismo fora da categoria de revolução e, a contrapelo do pensamento historicista, derrubar e apresentar diferentemente os problemas.

Em primeiro lugar, na ruína do socialismo, seja da URSS, seja da Europa Oriental, a categoria de revolução se invalida na ausência de qualquer movimento de massa e capacidade popular. De fato, só há constatação de massa no que concerne ao verdadeiro fenômeno que é *a ruína do Estado-partido*.

E se o fracasso das revoluções pudesse ser inscrito na genealogia da ruína do partido-Estado? Evidentemente, essa é a objeção que se apresenta. Não é desse modo que o problema se coloca. O que se constata é que, no pensamento dos partidos-Estado, a ruína da categoria de classe é levada a tal ponto que

Antropologia do nome

toda a dinâmica desaparece e a forma partido-Estado se esgota. O contraexemplo do parlamentarismo mostra que esse tipo de Estado vive numa revolução consumada – a de 1789, ou a Guerra de Secessão no caso dos Estados Unidos – que, se não lhe dá legitimidade, ao menos lhe dá fundamento.

Portanto, o movimento de báscula na economia de mercado deve ser considerado um retorno ao classismo e um redesdobramento da historização, explicitamente destinados a ressuscitar uma "sociedade estratificada". Trata-se efetivamente de um retorno dinamizante ao classismo historicista e da substituição num espaço operativo das categorias de classe, Estado e economia.

Assim, o historicismo parece fortalecido pela ruína do socialismo e o fim do partido-Estado, e por poder mostrar a agressividade política ostentada por ele, criminalizando conceitualmente toda a problemática da revolução após tê-la utilizado, quando se tratou de lutar contra o partido-Estado.

Devemos dizer, portanto, que as explicações usuais da ruína do socialismo presidiram à implantação de um historicismo ressuscitado e *expurgado*. O movimento conceitual é o de uma redinamização do historicismo adequado, isto é, expurgado, e essa recuperação do historicismo não poderia ocorrer senão com essa restrição. Seguramente, o uso da categoria de revolução se explica: essa é a única categoria de acontecimentalidade da qual ele dispõe. Daí em diante o historicismo marxista é incapaz.

O historicismo não marxista é transitoriamente reforçado pela queda do socialismo e pouco exigente diante da constituição de um espaço de explicação em que o que cristalizava a consistência do antigo historicismo, a revolução, é criminalizado. Demonstrando tão grande plasticidade, o historicismo no sentido conceitual pode ser dividido em historicismo revolucionário e historicismo contrarrevolucionário. No entanto, o historicismo dessa segunda espécie não conclui que há imobilismo das

208

Hora de concluir

sociedades, mas que elas estão envolvidas no juridismo sustentado pelos direitos humanos. Para o historicismo, a questão do motor da história não se coloca mais, o que existe são apenas zonas boas ou más, cuja medida político-jurídica é a dos direitos humanos e da economia de mercado.

Mas devemos concluir diferentemente. O fim de curso do historicismo é a ruína dos Estados socialistas, que conduz ao seu fechamento. Seu aparente retorno leva apenas a sua deriva para o contrarrevolucionário. A história acaba em benefício de um retorno a uma filosofia da história que pode ser denominada filosofia dos direitos humanos.

Estudos

1
A categoria de revolução na Revolução Francesa

O texto a seguir ilustra a teoria do modo histórico da política e a sequencialidade desta última. Apresenta o modo revolucionário da política no qual se esgota a categoria de revolução, que em seguida só poderá ser atribuída por analogia. No modo revolucionário, a revolução não é o vetor em historicidade da política, mas é, sim, a categoria da política. Há somente uma revolução cuja categoria da política é esse termo: a Revolução Francesa.

A revolução não é uma passagem

A Revolução Francesa esgota a categoria de revolução, quando esta é entendida do ponto de vista da política. Obviamente, o vocábulo se mantém até hoje. Cabe a nós considerar se isso se justifica. De saída devemos fazer duas observações.

— O núcleo do pensamento histórico foi sucessivamente de ordem filosófica, classista, sociológica.[1]

---

[1] Os historiadores evitaram muitas vezes as questões colocadas por sua própria disciplina, com poucas exceções: referimo-nos a Marc Bloch e Moses Finley; é digno de nota que nenhum dos dois seja historiador da época moderna ou contemporânea.

Antropologia do nome

— Tenhamos em mente que as categorias de classe, luta de classe e conflito são comuns a toda a historiografia do século XIX, de Guizot a Marx, e que as atribuições da categoria de revolução são em geral relativamente simplistas e designam, de um lado, o fim do Antigo Regime e, de outro, o Estado napoleônico.

Historiografia, doutrina dos limites e equivocidade do termo "revolução"

A perspectiva historicista denominará "revolução" a transição agitada e violenta entre um estado da sociedade (dito "estado 1") e outro estado, qualitativamente diferente (dito "estado 2"). Ponderará o papel atribuído aos diversos acontecimentos da revolução em função de dois termos essenciais: o fim do estado 1 e o estabelecimento do estado 2. Segundo essa concepção, um acontecimento não terá significado revolucionário por si mesmo se não entrar em um processo de mutação do estado 1 para o estado 2. Muito antes da Revolução Francesa, houve revoltas, saques de lojas, ataques a carroças carregadas de grãos que talvez tenham sido premonitórios, mas que ninguém considera pré-revolucionários, ao passo que fatos análogos, após 1789 e a convocação dos Estados Gerais, são dados como revolucionários. Não é o acontecimento — as características formais do acontecimento — que decidem isso, mas sim sua presença ou ausência dentro dos limites que circunscrevem a chamada fase de mutação.

Devemos acrescentar um elemento à definição dos historiadores dada anteriormente: é denominada "revolução" a ruptura da ordem antiga da sociedade induzida por mobilizações populares e insurrecionais, pelas quais frações de povo tentam formular e estabelecer um novo espaço. Por conseguinte, a revolução é, na concepção historiadora, um efeito de estrutura de classe, de sociedade, de civilização.

Estudos

O que está em questão aqui, num primeiro momento, não é a abordagem estrutural, mas as problemáticas que fazem da categoria "revolução" uma categoria de junção e articulação, graças à qual passamos de uma situação a outra, de um estado 1 a um estado 2. Nessa concepção, o peso dos dois estados (1 e 2) é tal que um e outro desses estados, um *ou* outro desses estados, serve de referência. É denominado "revolucionário" o que pertence ao espaço dessas referências, e a revolução torna-se uma passagem (de um estado 1 para um estado 2). Ora, a revolução não é uma passagem.

Tocqueville defende em *O Antigo Regime e a revolução* que, quanto ao surgimento de um Estado moderno, se não democrático, em 1789 a revolução já estava feita: posição extrema da subordinação da revolução ao Estado e aos limites do que vem a seguir. Em Tocqueville, inclusive como efeito de estrutura, a revolução é negada em sua função.

Para a escola adversária – representada por Mathiez –,[2] o essencial consiste em analisar o desenvolvimento da revolução, conhecer seus conteúdos, suas peripécias exatas, formular e defender seu espírito. Em Mathiez, o tratamento próprio do processo da revolução tem como condição manter à distância a questão do que vem antes e do que vem depois (estados 1 e 2), mantendo afastado qualquer paradigma teleológico. Para o historiador, isso só é possível se procurar uma proximidade estreita com aqueles revolucionários que tentaram pensar a própria existência da revolução, para além da simples referência a seu limite anterior: Robespierre, no caso de Mathiez. Paradoxalmente, é essa proximidade que dá à obra de Mathiez uma dimensão de desideologização da historiografia e simultaneamente faz dela uma tentativa de tirar do jogo

---

2 Mathiez, *La Révolution française* e *La Vie chère et le mouvement social sous la Terreur*.

Antropologia do nome

qualquer abordagem da revolução em termos de filosofema. Se o filosofema é uma categoria circulante que estabelece uma articulação, é próximo da ideologia — ambos se alimentam de uma problemática da revolução como ruptura, sem dúvida, mas ela própria referida ao que vem antes e ao que vem depois dela. É assim em toda a historiografia da revolução em que o acontecimento só adquire sentido em relação ao que precede e ao que será aberto por ele.

Poderia ser de outro modo? Não, na medida em que permanecemos numa visão cognitiva e positivista do acontecimento, e essa visão é de ordem idealista ou reivindica o marxismo. Nos dois casos, o acontecimento será sempre retrospectivo, se não em sua descrição, ao menos em sua substância intelectual. Desse ponto de vista, "estrutural" e "retrospectivo" são sinônimos.

A concepção da revolução como passagem, ligada a uma problemática estrutural à qual a articulação, a junção, a sutura e as noções que as efetuam são necessárias, tem outra consequência além da visão retrospectiva: a extensão generalizante do nome "revolução". De fato, enquanto categoria histórica geral, o termo "revolução" é utilizado tanto para 1789 quanto para Cuba e o Irã, seja qual for a natureza desses acontecimentos singulares. O mesmo acontece no caso das grandes revoluções, Revolução de Outubro e Revolução Cultural, embora não sejam mais revoluções no sentido em que é revolução a Revolução Francesa. Vê-se aqui o caráter muito formal do uso do termo "revolução" nessas três situações, todas singulares. Para sair da generalização, a única saída é qualificar cada uma dessas situações em relação aos processos da política que ela desenvolve, e conclui.

Portanto, se a problemática estrutural é rejeitada, é preciso propor a renúncia total da universalidade da categoria de revolução e supor que essa categoria, mesmo sendo produzida pela Revolução Francesa, é saturada e esgotada por ela.

Essa hipótese mostra sua pertinência se se quer analisar a revolução enquanto categoria política. A partir do momento que a revolução adquire um sentido estrutural, como acontece na história, a categoria se torna inoperante no que diz respeito ao processo e à análise da política. Ora, estabelecer que a categoria de revolução é saturada e esgotada pelo acontecimento Revolução Francesa, desde que este seja identificado, está ligado a uma concepção da política que a considera sequencial e singular. Ao contrário, a utilização estrutural da noção de revolução produz infalivelmente uma abordagem tipológica, em que não se pode fazer uma investigação sobre a singularidade da política; nunca se reconhecerá que, naquilo que teve lugar, conclui-se um processo da política. Defendo a tese da sequencialidade e, por conseguinte, do encerramento de uma política, contra uma visão da história sempre em rebote de si mesma em ação na abordagem estrutural. É frutuoso deixarmos a revolução à Revolução Francesa para reconstituirmos seus processos políticos.

Convém denominar "Revolução Francesa" um conjunto de processos políticos absolutamente singulares que vão desenvolver-se, transformar-se e chegar a sua conclusão em termos tais que a categoria de revolução se vê conhecedora para sempre de sua efetuação, não no sentido de sua ideia, mas no sentido de seu processo.

Sequencialidade da política e conclusão de uma sequência

A relação entre a efetuação da política e sua derrota não é uma relação necessária. Não sustentamos que haja efetuação na derrota e a derrota seja a única forma possível da efetuação. A efetuação é de ordem política, e é efetuação da política. Acontece que se trata de uma derrota e, a partir daí, todo um pensamento da política se empenhará em procurar modalidades tais que o modo da efetuação não seja mais o fracasso.

Quando, após ter sido, a política desaparece, ao cabo de uma sequência de desenvolvimento, seu desaparecimento é um fenômeno endógeno, interno aos processos da política: é nesse sentido que se pode falar de conclusão. O fim da política não é apenas um retorno ao Estado como única lógica "natural" de uma sociedade. O retorno da lógica do Estado é consequência da conclusão de uma sequência política, não a sua causa. A derrota não é a essência da efetuação.

Quando se considera que a política é um fenômeno sequencial, descontínuo, como explicar o fim de uma sequência? Em outros termos, por que e como a política para de ser? A conclusão, o fechamento de uma sequência tem dois significados.

— Acabo de dizê-lo: o fechamento da sequência é interno à própria política, e aqui é preciso reconhecer a primazia das causas *internas*. A política não é destruída de fora, invadida ou impedida. Seu esgotamento não é provocado pelo campo adversário e a política não é uma vítima da qual se deve apontar o carrasco.

— Se a política cessa, é porque o processo em curso se encerrou, e não pode haver outra forma de conclusão além da cessação da política. As sequências de existência da política não são incompletas ou disformes, ou simplesmente fragmentadas ou em rastro; elas são o processo da própria política, e seu modo de ser. A política pode ser pensada, portanto, porque também se pode estudar os processos dessas sequências. Para supor que os processos políticos são autenticamente em ação nessas sequências, também se deve admitir que esses processos se encerram. Essa é a única maneira de proceder para ascender a um pensamento da política do ponto de vista da política.

De fato, se não sustentamos que os processos da política existem ou existiram, quando muito sustentaremos que existem fragmentos de sequências, mas em condições tais que a política não é pensável a partir dela mesma, e a razão essencial é que ela não é capaz de produzir sequências em processo de desenvolvimento, portanto de conclusão. Nesse caso, a política não é completamente da ordem do pensável, e temos motivos para explicá-la do ponto de vista da economia, do ponto de vista da filosofia ou do Estado. Refletir sobre a existência de sequências políticas do ponto de vista de sua conclusão concentra e focaliza um elemento de método da abordagem proposta.

Num esquema evolucionista, o sentido de uma sequência é largamente inferido do que vem antes e do que vem depois. Em contrapartida, se introduzimos a problemática da descontinuidade da política, se a aplicamos à Revolução Francesa qualificando-a de "sequência política" – com a proposta de analisá-la não em termos de junção e, por conseguinte, dentro de uma problemática evolucionista e estrutural, mas em sequência política –, então o sentido que devemos dar ao fim dessa sequência, o sentido que devemos dar ao esgotamento de uma sequência da política, é totalmente renovado. Tomemos a problemática dos limites por outro ângulo: o ângulo da diferença entre a problemática das sequências descontínuas da política e sua conclusão interna, e o ângulo estrutural, evolucionista ou "etapista", no qual intervém a categoria de transição.

Nos esquemas evolucionistas, que no jargão militante eram denominados "etapistas", havia etapas da política que na verdade eram etapas das revoluções, uma história por etapas das revoluções e dos regimes de Estado. Aquilo com que ela rompia e aquilo para que ela abria identificava o sentido da revolução. Na problemática estrutural, a revolução também era transição entre duas grandes épocas da Europa, duas grandes idades. Ora, a palavra "transição" é a que era empregada na perspectiva da ditadura do proletariado, na expressão "fase de transição" antes do comunismo, após o capitalismo. Essa fase de transição, segundo Marx e sua carta de 1852 a Weydemeyer,[3] era um elemento essencial dos

---

3 Cf. nota 8, à p. 50.

pensamentos marxista e leninista. Se já pertencia a uma problemática dos estágios, das etapas, uma problemática marcada pelo evolucionismo, também era dialetizada com rupturas, e tudo isso conduzia ao comunismo como fim, sociedade sem classe e sem Estado. Essa sociedade, segundo Lenin em *O Estado e a revolução*, seria sem democracia (já que a democracia é uma forma de Estado), sem partido e, sem dúvida, sem política. Obviamente, Mao Tsé-tung avança que a política, no comunismo, subsiste na forma da luta entre o velho e o novo, e não na forma da luta de classes: isso não faz objeção ao nosso propósito. A fase de transição – mesmo sendo apresentado como uma etapa política – tem o comunismo como princípio de efetuação e conclusão. De modo que devemos dizer que a noção de comunismo propõe uma real problemática da conclusão, ainda que sobre o objetivo: o advento da sociedade sem classe. De todo modo, o que terminará no comunismo não será uma sequência da política, mas uma sequência do Estado. Aqui também, seja no que diz respeito à revolução, seja no que diz respeito à ditadura do proletariado, a transição somente ganha sentido em relação aos seus limites últimos, e iniciais, e não pode haver caracterização interna, conclusão interna, a não ser numa problemática do Estado. Quer se trate do marxismo ou do historicismo, um pensamento em termos de passagem ou transição é inoperante para um pensamento da política. Esquema evolucionista e esquema estadista levam à mesma conclusão: doutrina dos limites, em que o sentido do que tem lugar é inferido do que vem antes ou do que vem depois, e projeção no Estado, que proíbe um pensamento específico da política. No entanto, uma questão ainda se coloca.

Estudos

A conflitualidade

Qual a relação entre a problemática da política aqui mencionada e o núcleo da visão marxista da política, que é a luta de classes e o antagonismo? E o que acontece com o antagonismo na problemática do término? Se a ideia de conflito é mantida no pensamento da política, então o término ou conclusão da política confunde-se com o fim do conflito? Nesse caso, seríamos obrigados a redefinir um antagonismo político, mas agora não mais expressivo das classes sociais e das relações de produção, que são permanentes, ao contrário dos processos políticos; ou então seríamos obrigados a estabelecer que a conflitualidade também é uma invariante, e que é mais da esfera da história do que da política. E também teríamos de estabelecer que a conflitualidade não apresenta o esquema desejável para a análise da Revolução Francesa vista como sequência. Nesse caso, a conflitualidade (isto é, o fato de a revolução estar às voltas com a contrarrevolução) não forneceria nenhuma chave singular no que se refere à explicação do fim da sequência.

Digamos o seguinte como preliminar à análise da categoria de conflitualidade: aqui o fato de haver dissociação entre processo político e estrutura de classe ou bases sociais não é o problema. Do mesmo modo, saber, quando existem processos políticos, se eles são conexos – ainda que em relações complexas – com a base social e com as relações de produção, e se as grandes hipóteses abertas por Marx devem ser perseguidas, está fora do campo que nos interessa. O que é incorreto é afirmar a permanência dos processos da política simplesmente em nome da permanência dos processos sociais ou da base social e de suas estruturações estatais.

As categorias antigas da conflitualidade eram a revolução e a ditadura do proletariado. Na verdade, elas são categorias do materialismo histórico e não pertencem ao pensamento da política

Antropologia do nome

como eu o identifico. A ditadura do proletariado era não só uma categoria marxista da história, como também uma categoria utópica.[4] A utopia é uma aproximação argumentada, mas irrealista: ela é irrealizável porque é uma aproximação. A essência da aproximação é a atribuição dos processos da política à conflitualidade estatal, ao antagonismo em relação ao Estado: trata-se, portanto, de uma aproximação sobre a política induzida pela relação estabelecida entre ela e o Estado e por intermédio da conflitualidade. Normatizar a política pelo Estado por intermédio da conflitualidade: nisso consistem a aproximação e a utopia. Pode-se avançar, portanto, que aproximação e utopia caracterizam os pensamentos da política escorados em outra coisa que não é a própria política; e que, com a aproximação e a utopia, estamos diante de categorias circulantes, por exemplo, entre a história e a política, ou entre a filosofia e a política, ou entre a economia e a política.

Ora, o problema é que, se examinamos Marx no *Manifesto*, encontramos noções circulantes cujo núcleo é formado precisamente por categorias de luta de classes e antagonismo, isto é, categorias de luta de classes, ditadura do proletariado e comunismo. A problemática da conflitualidade e do antagonismo é o núcleo racional do marxismo transitivo com a política, a história, a economia e a filosofia, e, ao mesmo tempo, essas categorias (antagonismo e conflitualidade) aparecem como os paradigmas conceituais da aproximação e da utopia. Veremos que, num primeiro momento, a problemática do pensamento em interioridade – que põe fim às problemáticas que exigem categorias circulantes – é órfã de uma problemática da conflitualidade. Portanto, parece inadmissível utilizá-la, em nossa própria abordagem, para explicar a conclusão de uma sequência da política e, por conseguinte, parece

---

4 Não identifico esse termo com o socialismo utópico citado por Marx no fim do *Manifesto Comunista*.

inadmissível fazer valer a noção de conflitualidade na explicação do fim da sequência da política no que diz respeito à Revolução Francesa, como seria o caso se tentássemos explicá-la por causas exógenas.

Pesquisa causal e Estado estrutural

Testemos, finalmente, a eficácia dos procedimentos de tipo causal e das abordagens da política e da Revolução Francesa em termos de busca de causas, procurando demarcá-las quanto a sua eventual especificidade.

Sob essa perspectiva, os textos mais notáveis sobre a Revolução Francesa são os de Clausewitz,[5] em que se pergunta sobre suas causas e, ao mesmo tempo, tenta explicar por que a Alemanha e a Prússia não passaram por reviravolta análoga.

A análise de Clausewitz impressiona por sua modernidade e ao mesmo tempo é prisioneira dela: essa modernidade reside no uso que ele faz dos termos "classe" e "Estado". O essencial da abordagem causal de Clausewitz consiste em tomar o acontecimento "revolução" como ocasião para o estudo das estruturas, tanto do ponto de vista de sua fratura como das novas formas de sua recomposição. Para Clausewitz, apenas um pensamento sobre o Estado, e sobre os processos do Estado, parece satisfazer esse plano, e é nessa oportunidade que ele introduz as categorias de classe, povo, política e guerra, com o objetivo de se dar plenamente os processos históricos do Estado como objeto. É assim que trata das relações entre a guerra e a política, tornando-se o teórico da guerra moderna do ponto de vista dos Estados, e não da política. A análise causal que ele faz da Revolução Francesa é fiel a essa problemática. Clausewitz defende a grande importância

---

5 Clausewitz, *De la Révolution à la Restauration*.

do que denomina as "causas" da Revolução Francesa, das quais as duas principais são a tensão interclassista e a corrupção interna da administração e do governo. A esse propósito, constrói o que se pode chamar de doutrina do *Estado estrutural* (existem estruturas, mas elas estão encerradas no Estado: a classe não é uma estrutura, o Estado é o todo de todas as coisas), que ele apreende e elabora ou por intermédio do sistema econômico das classes, ou por intermédio do sistema estatal das classes, ou numa mistura de ambos. Seja qual for o interesse da construção de Clausewitz, no caso da revolução ela aparece como a identidade da problemática estrutural e da problemática causal, e, como no caso desta última, o movimento interno é remeter aos limites anteriores e posteriores da sequência revolução, designando-os como fratura ou ruptura de estrutura. Continuamos numa visão de passagem.

Marx e a Revolução Francesa. A ilusão dos grandes jacobinos

A tese principal de Marx sobre a Revolução Francesa é que ela é uma revolução burguesa – e, nesse sentido, política –, fundadora da igualdade jurídica e política formal, indispensável para o desenvolvimento da burguesia.

Para Marx, o Estado é o objeto e o objetivo da revolução. Todavia, à revolução política da burguesia ele opõe a revolução social, proletária, que obviamente, diz ele após a Comuna de Paris, deve destruir a enorme máquina burocrática, militar e policial do Estado, mas também deve desenvolver a revolucionarização das relações sociais de produção. Esta última deve conduzir-se de forma a empreender, na prática, não uma nova continuação do Estado, mas seu enfraquecimento. A revolucionarização das relações sociais visando o enfraquecimento do Estado é a ditadura do proletariado. Essa última categoria é transversa tanto ao Estado – não se trata mais de um Estado – quanto à abolição das relações de classes, das diferenciações das próprias classes. Se Marx insiste tanto, em particular nos textos dos anos 1844-1845, na ideia de que, de dentro do Estado e do poder, não é possível ver corretamente a resolução do que ele denomina as "taras" da sociedade,[6] do ponto de vista político, no sentido entendido por Marx (revolucionarização das relações sociais e ditadura do proletariado), o Estado e a organização social não são duas coisas diferentes. O Estado é a organização da sociedade.

É por esse viés, portanto, que ele trata da Revolução Francesa e, pela primeira vez, apresenta a vontade dos grandes jacobinos como sintoma da oposição entre o Estado e a organização social, ou como sinal de sua incapacidade de alcançar e tratar a revolução social. Segundo ele, é essa oposição e essa incapacidade que condenam os jacobinos a viver na "ilusão". A propósito do decreto da Convenção para a supressão do pauperismo, ele escreve:

Houve um decreto a mais no mundo, e *um ano depois*, mulheres famintas cercaram a Convenção. [...] A Convenção, no entanto, era *o máximo da energia política*, do *poder político* e da *inteligência política*. [...] Quanto mais poderoso o Estado, mais *político* é o país, e menos disposto a procurar no *princípio do Estado*, isto é, na *organização atual da sociedade*, da qual o Estado é a expressão ativa, consciente e oficial, a razão

---

6 Recordemos sua análise do pauperismo: "Assim, a Inglaterra acha que a miséria tem sua razão de ser na lei natural, para a qual a população deve sempre exceder os meios de subsistência. Segundo uma outra explicação, o pauperismo é causado pela má vontade dos pobres, assim como o rei da Prússia o explica pela falta de generosidade cristã dos ricos, e a Convenção pelo pensamento suspeito e contrarrevolucionário dos proprietários. Por isso é que a Inglaterra pune os pobres, o rei da Prússia prega sermões aos ricos e a Convenção decapita os proprietários" (Marx, *Gloses critiques en marge de l'article: "Le roi de Prusse et la réforme sociale. Par un Prussien"* [1844], in: *Œuvres*, t.3).

das taras sociais e a compreender seu sentido *geral*. Se a inteligência política é política, precisamente, é porque ela pensa dentro dos limites da política. Quanto mais penetrante e viva, menos é capaz de compreender a natureza das taras sociais. O período *clássico* da inteligência política é a *Revolução Francesa*. [...] O princípio da política [dos grandes jacobinos] é a *vontade!*[7]

Também é com a tese da vontade e da contradição com a "resistência das coisas" gerada por ela que Albert Mathiez conclui o terceiro tomo de *História da Revolução Francesa*:

a intransigência de Robespierre, que rompeu com seus colegas de governo justamente no momento em que estes começavam a fazer concessões, bastou para fazer ruir um edifício suspenso no vazio das leis. Exemplo memorável dos limites da vontade humana às voltas com a resistência das coisas.[8]

Quimeras

Mas é em *A sagrada família* que Marx *estende* a análise sobre os grandes jacobinos e as razões de sua queda; romanidade fictícia e

---

7 Id.

8 Eis o trecho completo: "Vinte séculos de monarquia e escravidão não se apagam em alguns meses. As leis mais severas são impotentes para mudar de um golpe a natureza humana e a ordem social. Robespierre, Couthon, Saint-Just, que queriam prolongar a ditadura para criar instituições civis e derrubar o império da riqueza, sabiam bem disso. Só teriam conseguido se tivessem toda a ditadura em suas mãos. Mas a intransigência de Robespierre, que rompeu com seus colegas de governo justamente no momento que estes começavam a fazer concessões, bastou para fazer ruir um edifício suspenso no vazio das leis. Exemplo memorável dos limites da vontade humana às voltas com a resistência das coisas" (Mathiez, *La Révolution française: la Terreur*, t.3, p.248).

Estudos

noções morais identificarão os primeiros e explicarão a segunda.[9] Citando o relatório de Saint-Just sobre a prisão de Danton: "O mundo está vazio desde os *romanos*; e a memória deles o preenche e ainda profetiza a *liberdade*", Marx escreve: "Saint-Just caracteriza com uma única palavra a trindade 'Liberdade, Justiça e Virtude', reivindicada por ele quando diz: '*Que os homens revolucionários [sejam] romanos*".

E ao explicar o Termidor:

> Robespierre, Saint-Just e o partido deles sucumbiram porque confundiram a antiga república, realista e democrática, que repousava sobre os fundamentos da *escravidão real*, com o Estado *representativo moderno, espiritualista e democrático*, que repousa sobre a *escravidão emancipada: a sociedade burguesa. Que grande ilusão*: ser obrigado a reconhecer e sancionar nos *direitos do homem* a sociedade burguesa moderna, a sociedade da indústria, da concorrência geral, dos interesses privados perseguindo livremente seus fins, a sociedade da anarquia, do individualismo natural e espiritual alienado de si mesmo, e ao mesmo tempo querer liquidar em certos indivíduos as

---

9 Eis os textos: "*liberdade, justiça, virtude*, na cabeça de Robespierre e Saint-Just, só podem ser manifestações da vida de um 'povo' e qualidades da 'comunidade'". Marx esclarece: "Robespierre e Saint-Just falam expressamente da 'liberdade, da justiça, da virtude' *antigas*, próprias apenas à 'comunidade'". Para os jacobinos, diz ele, "espartanos, atenienses e romanos, na época de seu esplendor, são 'povos livres, justos e virtuosos'". Marx cita um discurso de Robespierre na Convenção em 5 de fevereiro de 1794: "'Qual é o *princípio fundamental* do governo democrático e popular?', pergunta Robespierre em seu discurso sobre os princípios da moral pública. 'A *virtude*. Entendo a virtude *pública* que fez tão grandes maravilhas na *Grécia* e em *Roma* e realizaria coisas ainda mais admiráveis na França republicana; da virtude que não é outra senão o amor à pátria e às leis'" (Marx, *La Sainte Famille ou Critique de la Critique critique* [1885], in: *Œuvres*, t.3).

Antropologia do nome

manifestações vitais dessa sociedade, mas pretendendo moldar pelo *antigo* a *cabeça política* dessa sociedade.[10]

Estabelecido o registro da ilusão, "não há motivo aqui para justificar historicamente a ilusão dos *terroristas*". É a última palavra; para Marx, os jacobinos são terroristas iludidos.

A ilusão é justificada historicamente. A Revolução Francesa sendo apenas ato de pequeno-burgueses radicais, chefes de uma revolução burguesa, o discurso dos jacobinos devia ser de empréstimo, de duplicidade – mesmo que involuntária –, dado que não podia ser verdadeiro e real. O veredito de Marx é repetido com frequência, com variantes.

Uma delas, com circunstâncias atenuantes, consiste em atribuir à retórica e aos anos de formação a relação dos jacobinos com a Antiguidade – sobretudo a romana, em detrimento da grega. Essa relação não é baseada numa erudição histórica, mas numa formação retórica e jurídica de muitos dos convencionais.

Pierre Vidal-Naquet, no prefácio ao livro de Moses Finley, *Democracia antiga e moderna*,[11] faz uma longa análise das relações da Revolução Francesa com a Antiguidade em que as qualifica como "imaginárias", e, como tais, ele vê nelas um campo para a pesquisa: o imaginário de uma sociedade constitui um objeto de estudo em si mesmo. Prossegue[12] especificando o tipo de imaginário de que

---

10 Ibid. (Destaque nosso: "Que grande ilusão".)

11 Vidal-Naquet, Préface, in: Finley, *Démocratie antique et démocratie moderne*. Nesse prefácio, Vidal-Naquet conta que os *sans-culottes* de Saint-Maximin, no departamento do Var, pediram que a cidade fosse rebatizada Marathon. "Esse nome sagrado", escreveram à Convenção, "lembra-nos a planície ateniense que veio a ser o túmulo de cem mil satélites: com mais doçura ainda, porém, lembra-nos a memória do amigo do povo (Jean-Paul Marat)."

12 Ibid. "O que esses textos põem em evidência é a existência, no pensamento histórico dos revolucionários, de um vazio abissal que lhes

se trata: "Essa forma de pensamento tem nome: milenarismo". Contudo, acrescenta: "Nada seria mais equivocado do que resumir o pensamento revolucionário por essa tentação milenarista".

Quanto a Georges Lefebvre, ele propõe chamar de cenário essa "mania antiguisante" do pessoal político da revolução, um cenário que em sua opinião não tem nenhuma importância real.

Portanto, para Marx trata-se de ilusão dos terroristas, para Georges Lefebvre é cenário. Vidal-Naquet, com mais nuances, propõe distinguir entre o pensamento histórico dos revolucionários (esse "vazio abissal" que lhes permite escorar-se na Antiguidade) e o pensamento político revolucionário destes últimos, que não pode ser equiparado com o milenarismo.

Na sociedade do século XIX, a sociedade analisada por Marx, o saber histórico se encontra amplamente renovado. "Seu papel social", diz Vidal-Naquet, "[exprime] a consciência da sociedade de ela mesma ser histórica".[13] Não concordo com essa análise, embora ela abrande a de Marx, propondo a distinção, de um lado, de um pensamento histórico e, de outro, de um pensamento político, um pensamento revolucionário.

Não há, propriamente dito, um pensamento da história nos revolucionários jacobinos, porque não há problemática histórica na época. Há pura e simplesmente um pensamento da política. Quando a Revolução Francesa fala da Antiguidade, não se trata de um discurso histórico. Ao contrário, é a Revolução Francesa que

---

permite, para além dos séculos do Império Romano, da Idade Média, do absolutismo, se sentirem em ligação direta com a Antiguidade republicana dos gregos e dos romanos."

13 Eis a passagem completa: "Seu papel social [o do sentido histórico] muda tão radicalmente quanto seu campo epistemológico. Ele não expressa mais o esforço de anular o tempo, com um olhar direito sobre o modelo antigo, mas a consciência da sociedade de ela mesma ser histórica".

Antropologia do nome

vai abrir para a questão da história, a que Marx e Engels dizem no *Manifesto* que nunca foi mais do que a da luta de classes. Para eles, a história é aquilo pelo qual a sociedade, por interposição dos proletários que anunciavam o comunismo e a ditadura do proletariado, pode escapar do Estado e da política.

"Terroristas iludidos" e análise em termos históricos caminham de mãos dadas. Para pô-los em questão, proponho algumas teses e uma recuperação das teses foucaultianas sobre a história e as representações.

Para Michel Foucault existe uma idade da história, mas ela remete ao "que aconteceu na virada do século XVIII para o XIX, sobre essa mutação, que se desenhou muito rapidamente, da Ordem para a História". Quanto à representação, Foucault escreve:

o modo de ser fundamental das positividades não se altera; as riquezas dos homens, as espécies da natureza, as palavras que povoam as línguas continuam o que eram na idade clássica: representações duplicadas, representações cujo papel é designar representações, analisá-las, compô-las e decompô-las para fazer surgir nelas, com seu sistema de identidades e diferenças, o princípio geral de uma ordem. Somente na segunda fase é que as palavras, as classes e as riquezas adquirem um modo de ser que não é compatível com o da representação.[14]

---

14 A passagem é: "E foi preciso um acontecimento fundamental – sem dúvida, um dos mais radicais que sucedeu à cultura ocidental – para que se desfizesse a positividade do saber clássico e se constituísse uma positividade da qual não saímos inteiramente.

Esse acontecimento, sem dúvida porque ainda estamos presos em sua abertura, escapa-nos em grande parte. Sua amplidão, as camadas profundas que alcançou, todas as positividades que conseguiu revirar e recompor, a força soberana que permitiu que ele atravessasse, em apenas alguns anos, todo o espaço da nossa cultura, tudo isso não

Estudos

Entendido isso, as teses propostas por nós são as seguintes:

— Os discursos romanos dos jacobinos são uma representação de representação, isto é, um discurso que exprime uma forma de consciência e uma forma de consciência política.

— A análise de classe contradiz a análise em termos de representação, mas como a análise de classe só aparece, segundo Foucault, após 1795, a revolução e o Termidor, que são anteriores, não entram em conta.

— As representações de representações são as formas de consciência, isto é, a subjetividade propriamente política num tempo em que os marcos do pensamento não são nem os da história nem os do materialismo.

---

poderia ser estimado e mensurado senão ao término de um estudo quase infinito cujo objeto seria nada mais nada menos que o próprio ser da nossa modernidade. A constituição de tantas ciências positivas, o aparecimento da literatura, o retraimento da filosofia em seu próprio devir, o surgimento da história como saber e, ao mesmo tempo, como modo de ser da empiricidade são apenas sinais de uma profunda ruptura. Sinais dispersos no espaço do saber, visto que se deixam perceber na formação de uma filologia aqui, de uma economia política ali, de uma biologia acolá. Dispersão também na cronologia. É claro que o conjunto do fenômeno se situa entre datas que se podem apontar facilmente (os pontos extremos são os anos 1775 e 1825); mas é possível reconhecer, em cada uma das áreas estudadas, duas fases sucessivas que se articulam uma na outra mais ou menos nos arredores dos anos 1795-1800. Na primeira fase, o modo de ser fundamental das positividades não se altera; as riquezas dos homens, as espécies da natureza, as palavras que povoam as línguas continuam o que eram na idade clássica: representações duplicadas, representações cujo papel é designar representações, analisá-las, compô-las e decompô-las para fazer surgir nelas, com seu sistema de identidades e diferenças, o princípio geral de uma ordem. Somente na segunda fase é que as palavras, as classes e as riquezas adquirem um modo de ser que não é compatível com o da representação" (Foucault, *Les Mots et les choses*, p. 232-3).

Antropologia do nome

— As categorias de liberdade, virtude e justiça não são um guarda-roupa histórico, ou antiguisante ou moralizador, mas termos do pensamento político.

Trata-se do pensamento político da sequência da Revolução Francesa, e não podemos de maneira alguma ratificar a afirmação de Marx. Longe de ser quimeras, e quimeras antigas, os termos escolhidos por Saint-Just, que mais adiante será objeto de demonstração, são as novas categorias de seu pensamento acerca da política. Os jacobinos não estavam iludidos.

Consideremos um instante Moses Finley. Ele defende que em certas cidades-Estado da Grécia Antiga, assim como na Roma republicana, houve invenção da política, e que esta existiu apenas durante certa sequência de tempo;[15] por isso é que me parece significativo que os convencionais tenham se referido muito precisamente aos personagens desses períodos. Eu poderia dizer que, confrontados com a política, eles se voltaram para períodos em que ela existiu? As políticas estão sempre à procura de outros rastros da política.

A Revolução Francesa como sequência. Questão de datas

Devemos determinar agora a sequência. Determinar a sequência não nos remete à doutrina dos limites. A datação diz respeito às categorias de princípio e conclusão, que, como se tentou mostrar, são internas ao processo da sequência e se manifestam pelo surgimento e desaparecimento de um pensamento específico

---

15 Ela existe, segundo Finley, de meados do século VII até a conquista de Alexandre, no caso do mundo grego, e de meados do século V até o fim da República, no caso do mundo romano. Cf. Finley, *L'Invention de la politique*.

da política. Nesse caso, o modo histórico da política é exatamente a relação de uma política com seu pensamento. Portanto, é pela evidenciação de um pensamento propriamente político e propriamente específico que é feita a demonstração. Mas a sequência, uma vez admitido que seu princípio e sua conclusão são endógenos, precisa de datas: estas são as do modo histórico da política do qual se trata aqui em sua singularidade.

A questão da datação é um grande problema para os historiadores, e eles se dividem por causa dela. E essa divisão tem um sentido, porque é em nome de uma apreciação política própria de cada um, acarretando caracterizações distintas da revolução como fenômeno político, que eles determinam a datação. A datação da Revolução Francesa é uma ilustração notável do caráter político — isto é, da intelectualidade da política proposta na análise histórica — das marcas e referências da análise histórica.

De minha parte, e em razão do que foi dito anteriormente, a sequência da Revolução Francesa teve lugar entre o verão de 1792 e julho de 1794.

Voltemos aos historiadores. Citarei quatro: Aulard, Mathiez, Lefebvre e Soboul, e examinarei duas questões com eles. A primeira: quando termina a Revolução Francesa? A segunda: há uma Revolução Francesa ou várias revoluções na Revolução Francesa? Em caso afirmativo, quais são suas sequências?

Aulard, que em 1901 publica *Histoire politique de la Révolution française*, curiosamente estabelece como fim da Revolução Francesa o ano 1804, que, segundo ele, foi quando "o governo da República foi entregue a um imperador". Aulard tem uma problemática republicanista e laica da revolução, é a favor de Danton.

Para Mathiez, em sua *História da Revolução Francesa*, publicada em 1921, a revolução termina em 9 de termidor do ano II, ou seja, em julho de 1794, quando os revolucionários desaparecem e termina o que ele chama de tentativa de uma "revolução igualitária".

Antropologia do nome

Lefebvre, cuja *Revolução Francesa* data de 1930, e Soboul, editado em 1962, estabelecem outra periodização: a revolução ocorre até 18 de brumário do ano VIII (novembro de 1799), quanto houve o golpe de Estado de Bonaparte.

Republicanismo de Aulard, fracasso da tentativa de república igualitária para Mathiez, interrupção da revolução pelo golpe de Estado de Bonaparte: se as datas da conclusão da revolução são diversas, os princípios que comandam a fixação do fim de curso são distintos.

Mathiez – o grande Mathiez, ao menos como historiador da Revolução Francesa – é robespierrista e vai estudar a revolução seguindo o rastro do Incorruptível.[16] Os dois princípios em nome dos quais ele estabelece o fim da revolução são a existência (ou não) de revolucionários e a República igualitária. Para Mathiez, é claro, a revolução termina no 9 de Termidor. Sobre o Termidor, Mathiez escreve: "Robespierre e seu partido estavam morrendo em grande parte por ter querido que o Terror servisse a uma nova mudança na propriedade; a República igualitária sem ricos nem pobres que eles sonhavam instaurar pelas leis do mês de ventoso estava condenada à morte junto com eles".[17]

Lefebvre e Soboul, que não simpatizam muito com Mathiez, prolongam a Revolução Francesa até 1799 (data do golpe de Estado), mas sustentam que, a partir da liquidação das jornadas de

---

16 Ele se justifica numa assembleia geral da Sociedade de Estudos Robespierristes em 1911: "Se escolhemos Robespierre e seu grupo como tema habitual de nossos estudos é porque Robespierre estava no centro da Revolução Francesa e não há melhor observatório para se ter um conhecimento sincero e completo desse grande movimento de ideias e desse choque formidável de paixões e interesses" (citado no prefácio de Henri Calvet à reedição de 1959 de *La Révolution française*, de Albert Mathiez, pela Armand Colin).

17 Mathiez, *La Révolution française: la Terreur*, t.3, p.247.

Estudos

prairial do ano III (maio de 1795), a sequência da revolução estava concluída. A razão é que, para esses dois historiadores, os revolucionários não são os convencionais, mas o movimento popular: sociedades *sans-culottes*, membros das seções, movimento parisiense, que foram exterminados durante as jornadas de prairial.

"É nessa data [maio de 1795] que deveria ser fixado o fim da revolução: a mola se quebrara. [...] Desencadeia-se a partir daí o Terror branco" (Lefebvre).[18] "Jornadas decisivas, a revolução havia acabado" (Soboul).[19]

Nesse caso, por que esses dois últimos historiadores prolongaram a Revolução Francesa até 1799, se por outro lado, dizem eles, a revolução terminou em 1795? O que é a Revolução Francesa, então, se não é simplesmente a revolução? Para eles, é uma sequência histórica orientada por três cristalizações e três processos:

– os jacobinos;

– o movimento popular;

– a República.

Para Lefebvre e Soboul, a história da Revolução Francesa é limitada pela conclusão do último processo, o da República, em 1799. O Termidor, por mais que o considerem importante, para eles é apenas o fim da fração revolucionária dos jacobinos; e como os dois outros processos – o movimento popular e a República – duram algum tempo após o Termidor, é o seu fim que determina a periodização. Portanto, não é a política existente na revolução que orienta as escolhas desses historiadores, mas, de um lado, o movimento popular e, de outro, mais decisivo, a forma do Estado.

As escolhas cronológicas têm evidentemente incidências sobre a distribuição ou não distribuição da Revolução Francesa em diferentes revoluções.

---

18 Lefebvre, *La Révolution française*, p.441.

19 Soboul, *La Révolution française*, p.414.

Antropologia do nome

Lefebvre distinguirá três revoluções: a revolução aristocrática (em 1787 e 1788), a revolução da burguesia e a revolução popular. Aqui, a revolução é distribuída na análise de classe.

Soboul, por sua vez, retoma o tema da revolta da aristocracia (em 1787 e 1788), e, empregando a noção gramsciana de bloco no poder, distingue um período denominado "revolução burguesa e movimento popular de 1789 a 1792", seguido de outro que ele chama de "governo revolucionário e movimento popular de 1792 a 1795".

O ano 1792 é fundamental: unidade dos jacobinos e dos *sans-culottes*, queda do rei, proclamação da República, início da Convenção, Valmy. Esse caráter decisivo é sublinhado por todo os historiadores, ainda que discordem sobre a denominação do período.

Em contrapartida – e é isso que nos interessa –, em Mathiez, a categoria de revolução é atribuída exclusivamente à própria Revolução Francesa. Sobre o resto, ele fala de revolta: a revolta nobiliária dos anos 1787-1788, a revolta parisiense do verão de 1789.

De minha parte, considerarei dois períodos: 1789-1792 e 1792-1794. O verão de 1792 e julho de 1794 são, a meu ver, as datas da sequência política da revolução em seu modo em interioridade. No sentido político do termo, a revolução começa em 1792. O que vem antes, em particular os acontecimentos de 1789 (tomada da Bastilha, Declaração dos Direitos do Homem), ganha reputação de revolução apenas em relação a 1792, à execução do rei em 1793 e à instauração do governo revolucionário de 1793-1794.

Se não houvesse ocorrido 1792-1794, falaríamos de 1789 apenas como uma grande mudança jurídica – uma revolução constitucional –, o que não impede que se possa dizer que ela é um modo da política, mas exclui que tenha sido em interioridade. O verão de 1792 e julho de 1794 são as datas de um modo histórico da política em interioridade. Que modo é esse?

Estudos

Saint-Just: teórico do modo revolucionário da política

Houve um modo singular da política em interioridade na França do verão de 1792 ao verão de 1794 — da queda do rei ao Termidor —, cujo grande teórico é Saint-Just.

Proponho denominar esse modo histórico da política em interioridade *modo revolucionário da política*: "revolucionário" porque a revolução é nele a categoria central e geral do pensamento da política. "Revolução" não é uma qualificação histórica da situação e o termo não deve ser entendido como uma tentativa de objetivação e de historização. A revolução é a categoria de consciência da situação e é, ao mesmo tempo, a categoria e a matéria da política.

Modo histórico da política: relação de uma política com seu pensamento. Como isso se dá em Saint-Just? O pensamento de Saint-Just é constituído de propósitos políticos que evidenciam categorias, e estas são tão jurídicas quanto são morais os termos "virtude" ou "bem" e "mal". Portanto, essas categorias também devem ser consideradas categorias políticas do pensamento de Saint-Just. Antes, porém, devemos apresentar a objeção que, mesmo atribuindo um pensamento a Saint-Just, faria desse pensamento um pensamento do Estado.

Saint-Just e o Estado

Saint-Just propõe constantemente análises e medidas que, mesmo sendo relativas ao Estado e ao governo, são pensadas fora de — e contra — uma lógica estatal e governamental. A política, quando existe, confronta-se com o Estado e com as questões, contradições e mediações que o Estado e o governo enfrentam e desdobram. O peso administrativo, a corrupção burocrática e a clara sabotagem de certos ministérios e administrações são constantemente denunciados por Saint-Just. A situação se agrava na medida em que um novo Estado é construído, com seus próprios funcionários, isto é, uma nova camada social para a qual a revolução foi uma escolha, mas também uma oportunidade.

Com relação ao Estado, vejamos os principais campos abordados por Saint-Just:

– *A forma da Constituição e das leis.* Corredator da Constituição de 1793, teórico do governo revolucionário até o estabelecimento da paz, ele propõe uma distinção detalhada do poder e do executivo, das leis e da Convenção. Segundo ele, a Convenção não deve ser da ordem do poder ou do executivo, mas "pairar acima e ser obedecida na aplicação das leis".

– *A economia, no caso a inflação, os preços, o assignat, as leis sobre os "máximos" e a pobreza.* A leitura dos textos de Saint-Just do início de 1794 mostra uma preocupação constante com a inflação, os grãos e os preços. O pensamento geral é o de taxação dos produtos e dos salários e, em seguida, com os decretos do mês de ventoso, a distribuição dos bens dos suspeitos aos pobres.

Saint-Just propõe explicitamente uma análise da propriedade. Em *Fragments d'institutions républicaines*, examina "as consequências de um princípio de legislação que estabeleceria no Estado um máximo e um mínimo da propriedade". Acrescenta: "Creio discernir que a depravação de todas as repúblicas vem da fraqueza dos princípios sobre a propriedade".

– *O exército e a guerra.* O papel de Saint-Just nos exércitos do Reno e do Norte é conhecido: ele é um teórico da guerra revolucionária e um teórico político da guerra. Foi ele quem formulou os princípios gerais que Carnot, os exércitos dos anos II e III e Napoleão praticarão e desenvolverão. O pensamento da guerra se identifica com o pensamento estatal?

Não há nada aqui que anuncie Clausewitz. Este é um teórico da guerra do ponto de vista dos Estados que reflete sobre a guerra e os Estados – singularmente o dele, a Prússia – a partir das guerras napoleônicas. Para ele, o Estado monárquico pode desenvolver uma capacidade militar nacional comparável com a da revolução e do Império. Para Saint-Just não é esse o caso.

Em outubro de 1793, em seu relatório sobre a necessidade de declarar o governo revolucionário até a paz, Saint-Just assegura à Convenção:

> Faltaram-nos instituições e leis militares em conformidade com o sistema da República que se trata de fundar. *Tudo que não é novo num tempo de inovação é pernicioso. A arte militar da monarquia não nos convém; são outros os homens e outros os inimigos.*[20] [...] Nossa nação já tem um caráter; seu sistema militar deve ser diferente do de seus inimigos [...].[21]

---

20 Destaque nosso.

21 Eis o trecho na íntegra: "Faltaram-nos hoje as instituições e as leis militares conformes com o sistema da República que se trata de fundar. *Tudo que não é novo num tempo de inovação é pernicioso. A arte militar da monarquia não nos convém; são outros os homens e outros os inimigos,* a força dos povos, suas conquistas, seu esplendor político e militar, dependem de um ponto único, de uma única instituição forte. Os gregos devem sua glória militar à *falange;* os romanos à *legião,* que derrotou a falange.

Não podemos crer que a falange e a legião são simples denominações de corpos compostos de certo número de homens; elas designam certa ordem de combate, uma constituição militar.

Nossa nação já tem um caráter; seu sistema militar deve ser diferente do de seus inimigos; ora, se a nação francesa é terrível por seu ardor, sua destreza, e se seus inimigos são pesados, frios e tardios, seu sistema militar deve ser impetuoso.

Se a nação francesa é instigada nessa guerra por todas as paixões fortes e generosas, o amor à liberdade, o ódio aos tiranos e à opressão, e se, ao contrário, seus inimigos são escravos mercenários, autômatos e sem paixão, o sistema de guerra das armas francesas deve ser da ordem do choque" (Saint-Just, Rapport fait au nom du Comité de Salut Public sur la nécessité de déclarer le gouvernement

Saint-Just, após a Batalha de Fleurus, na qual atacou incansavelmente à frente das tropas até que os austríacos e os holandeses de Cobourg cederam e recuaram além da Bélgica, retornou às pressas a Paris e em seu último relatório à Convenção, que não pôde ler, escreveu:

> Precisávamos vencer e vencemos. A jornada de Fleurus contribuiu para a abertura da Bélgica. Desejo que se faça justiça a todos e que se honrem as vitórias, mas não que se honre mais o governo do que os exércitos, pois são os que estão nas batalhas que as ganham e são os poderosos que lucram com elas. Devemos louvar as vitórias e esquecer-nos de nós mesmos.[22]

Categorias do pensamento da política em Saint-Just

A revolução

A leitura das *Institutions républicaines* nos permite afirmar que:

— a revolução é uma categoria do subjetivo: está ligada a princípios, e o Terror não assegurou a vitória dos princípios;

— há prescrições na política: a felicidade e a liberdade pública;

— pode ser formulada uma problemática do acontecimento (não histórico), cuja inteligibilidade está ligada às categorias de bem e mal;

— por último, aparece uma doutrina da "precariedade da revolução". Essa precariedade da revolução como sequência da política é intrínseca a esta última e permite que ela seja avaliada e controlada (no texto a seguir, a caracterização da revolução como

---

révolutionnaire jusqu'à la paix, présenté à la Convention nationale, le 19 du 1er mois de l'an II (10 octobre 1793), in: *Œuvres complètes*, p.527).

22 Saint-Just, Discours du 9 Thermidor an II, in: ibid., p.911.

"móvel"). Proponho ler o que Saint-Just escreve através dos pontos precedentes:

> *A revolução esfriou; todos os princípios se enfraqueceram.* Restam apenas os barretes vermelhos usados pela intriga. O exercício do terror embotou o crime, como os licores fortes embotam o paladar. *Sem dúvida, não é ainda o momento de fazer o bem.* O bem particular que se faz é um paliativo, é preciso atingir um mal geral suficientemente grande para que a opinião geral sinta a necessidade de medidas capazes de fazer o bem. *O que produz o bem geral é sempre terrível ou parece bizarro, quando se começa cedo demais* [itálicos do autor]. *A revolução deve cessar na perfeição da felicidade e da liberdade pública mediante as leis.* Seus ímpetos não têm outro objeto e devem derrubar tudo que lhe faça obstáculo, e cada período, cada vitória sobre o monarquismo deve levar e consagrar uma instituição republicana. Fala-se da grandeza da revolução. Quem estabelecerá essa grandeza? *Ela é móvel.* Houve povos livres que caíram de mais alto.[23]

As instituições

Essa é uma categoria central do pensamento de Saint-Just. A instituição não é da ordem nem do Estado ou do governo nem da sociedade. Trata-se de uma invenção que deve conter o espírito revolucionário para fazê-lo durar. "A revolução passa", diz Saint-Just, "as instituições são necessárias." O que são as instituições, então, se não são nem da ordem da sociedade nem da do Estado? É precisamente isso que as torna tão interessante.

Com a instituição, em particular a instituição civil, presume-se uma sociedade revolucionária, uma sociedade política. Com a categoria da instituição, revela-se que as proposições de Saint-Just

---

23 Id., Fragments d'institutions républicaines, in: ibid., p.979 (destaque nosso).

Antropologia do nome

não são (ou são muito pouco) da ordem do jurídico, de uma argumentação de tipo jurídico característica da problemática estatal, mas apresentam um caráter fortemente subjetivo e formalmente moral ou ético. Moral contra direito? Na verdade, oposição da política, da revolução e do Estado, em particular quando este gangrenar com a aliança entre o seu novo pessoal e a burguesia rica e especuladora.

Também é pela categoria da instituição que se pensa a continuação da política como possível, enquanto a invenção, o caráter inventado das instituições e, consequentemente, o caráter não estatal e não societal, mas político destas últimas garantem a liberdade.

Saint-Just declara no relatório apresentado à Convenção em 15 de abril de 1794, em nome do Comitê de Salvação Pública e do Comitê de Segurança Geral:

> Formai as instituições civis, as instituições que não foram ainda pensadas: não há liberdade duradoura sem elas. Elas amparam o amor à pátria e o espírito revolucionário, mesmo depois que a revolução acaba. É nas instituições que anunciareis a perfeição de vossa democracia; que anunciareis a grandeza de vossas opiniões e precipitareis a perda de vossos inimigos, mostrando-os disformes comparados a vós.[24]

Se não se prossegue, se não se inventa na política, não há liberdade duradoura.

Do mesmo modo, nas *Institutions républicaines*, ao dar uma definição das instituições, Saint-Just diz: "A instituições são a garantia da liberdade pública; moralizam o governo e o Estado civil;

---

24 Id., Rapport au nom du Comité de Salut Public et du Comité de Sûreté Générale sur la police générale, sur la justice, le commerce, la législation et les crimes des factions présenté à la Convention nationale le 26 Germinal an II (15 avril 1794), in ibid., p.818-9.

reprimem os ciúmes que produzem as facções; estabelecem a distinção delicada da verdade e da hipocrisia, da inocência e do crime; assentam o reino da justiça".

A consciência pública

A consciência pública é decisiva na problemática de Saint-Just. É por ela que se articulam as noções de bem e mal, povo e liberdade. A consciência é um atributo do povo que conhece, ou pode conhecer, o bem geral. Ela designa sua capacidade política. Em 15 de abril de 1794, Saint-Just declara diante da Convenção:

> Fez-se de tudo para corromper o espírito público e opô-lo à Convenção. *A palavra não é espírito, mas consciência. Devemos nos empenhar em formar uma consciência pública. [...] O espírito público foi um impulso dado. Tende, pois, uma consciência pública, pois todos os corações são iguais no sentimento do mal e do bem, e ela se compõe do pendor do povo para o bem geral.*
>
> *Honrai o espírito, mas apoiai-vos nos corações. A liberdade não é uma chicana de palácio, é severidade para com o mal, é a justiça e a amizade.*[25]

As categorias de bem e mal não são religiosas ou transcendentais. A prática social e seus princípios de consciência servindo-lhes de referência, as categorias da consciência prática podem ser especificadas como consciência política.

"A maioria das ideias dos homens", diz Saint-Just, "apoia-se em seu sistema de corrupção, todo o bem se encontra no círculo dessa corrupção, todo o mal está além desse círculo."

O povo

O povo é soberano. A grande convicção dos revolucionários de 1792-1794 é a mesma: há o povo e ele é o sujeito político. Com

---

25 Ibid., p.811 (destaque nosso).

Antropologia do nome

quais tarefas, quais imperativos? Sobre esse ponto, os jacobinos e o movimento *sans-culotte*, o Comitê de Salvação Pública e a Convenção, as comunas, as seções e suas sociedades vão se dividir. Incontestavelmente, os *sans-culottes* têm uma visão programática do povo, do que ele quer e do que lhe é devido. Para Saint-Just, a efetividade do povo como sujeito é a liberdade na República.

"Nas monarquias, todos os homens poderosos são livres e o povo é escravo; na República o povo é livre..."

E não é verdade que essa liberdade seja puramente formal, jurídica. O povo tem apenas um inimigo poderoso: o seu governo. "O vosso", diz Saint-Just à Convenção, "vos fez constantemente a guerra com impunidade."

O homem revolucionário

A revolução é o propósito dos revolucionários. O revolucionário é identificado por sua consciência e prática.

Consciência:

> Um homem revolucionário é inflexível, mas é sensato. É frugal, é simples, mas não ostenta o luxo da falsa modéstia. É inimigo irreconciliável de toda mentira, de toda indulgência, de toda afetação. Como seu objetivo é ver o triunfo da revolução, jamais a censura, mas condena seus inimigos sem envolvê-la com eles; não a ultraja, mas esclarece [...]. O homem revolucionário é intratável com os malvados, mas é sensível.

Prática:

> Ele é tão ciumento da glória de sua pátria e da liberdade que nada faz irrefletidamente. Corre para os combates, persegue os culpados e defende a inocência nos tribunais. Diz a verdade para que ela instrua e não para que ofenda; sabe que, para que a revolução se firme, é

preciso ser tão bom quanto outrora se foi mau; sua probidade não é uma fineza do espírito, mas uma qualidade do coração e uma coisa natural.[26]

Revolução, instituição, consciência, povo, homem revolucionário, bem, mal, corrupção, precariedade: essas são algumas das categorias organizadoras do pensamento político de Saint-Just, pelo qual identifico o modo revolucionário da política. Qual é a sua singularidade?

Esse modo revolucionário da política estabelece a categoria da liberdade na política. Ela existia na filosofia, no direito, na economia. Saint-Just a funda como categoria da política. Para que exista o sopro da liberdade, são necessários o espírito e a consciência. Para prosseguir e inventar, contra a intolerável inobservância do bem da força das coisas, é preciso a política. É preciso liberdade na política para que os homens, à semelhança do que Saint-Just diz das revoluções, "caminhem da fraqueza para a audácia e do crime para a virtude".

Direi, para concluir, que conhecemos ao menos dois estados das relações entre revolução e política: o modo bolchevique e o modo revolucionário.

No modo bolchevique, a política é enunciada por ela mesma; tem a revolução como vetor em historicidade. Mas a revolução não é mais uma categoria política de fato. Ainda que esteja sob condição da política, é uma categoria da história.

No modo revolucionário, a revolução não é o vetor em historicidade da política, mas categoria da política. Ela o é totalmente, sem nenhuma usurpação. O sentido do termo não é o que Marx dá à palavra "revolução", isto é, uma categoria da história, ou melhor, *a* categoria da história, e ao mesmo tempo uma categoria

---

26 Ibid., p.809.

da consciência que expressa a situação e simultaneamente a prescreve. Tal situação da situação jamais ocorrerá.

É nesse sentido que, na problemática dos modos, no pensamento da política, há apenas uma revolução em que a revolução é a categoria da política. Há apenas uma revolução, e é a Revolução Francesa.

2

De uma pesquisa sobre os operários de Cantão em face da fábrica como lugar do dinheiro; disposição interna e conjuntural da fábrica como lugar do Estado

Ao longo deste livro, remeti várias vezes o leitor a esta pesquisa no que concerne à fábrica como lugar do Estado, à economia e sua ausência no socialismo, e ao que é abusivamente denominado a passagem do socialismo para o capitalismo. O estudo a seguir pretende ilustrar esses pontos.

A pesquisa em Cantão foi organizada em torno da pergunta: "O que os operários chineses dizem dos operários chineses?". Referia-se, portanto, ao que os operários dizem sobre a existência ou não existência da fábrica e do operário como categorias. Outras perguntas foram feitas, como: "Em sua opinião, quais pontos os operários da fábrica têm em comum?", "O que significa hoje ser operário na China?".

A pesquisa foi realizada na Guangzhou Heavy Machinery Plant (GHMP) e na Peugeot-Cantão (Guangzhou Peugeot Automobile Corporation – GPAC) em março e abril de 1989. A pesquisa somente foi possível graças ao chamado período de abertura – em consequência da política de reformas de Teng Hsiao-ping – quando valorização do dinheiro e do mercado e valorização das novas relações com o estrangeiro caminhavam juntas. A conjuntura da pesquisa situa-se cronologicamente entre a morte de Yao Ban e os acontecimentos da praça Tiananmen. As respostas dos operários foram dadas algumas semanas antes da revolta estudantil ser sufocada e a seis mil quilômetros de Pequim. A conjuntura é marcada pelas decisões do governo e do Estado, pelas tendências e grandes escolhas em curso. Diremos que é a do Estado. A história é apresentada, portanto, na forma de uma conjuntura de Estado, marcada por reformas que chamo de "dessocialização".

A pesquisa de Cantão revela uma disposição particular da fábrica como lugar do Estado: a fábrica como lugar do dinheiro. O dinheiro, aqui, é um enunciado em consciência e uma representação. É também uma categoria precária para uma conjuntura que é ela própria muito precária: a das reformas.

O dinheiro de que se falava em Cantão em 1989 não é nem de longe um equivalente geral. Uma parte importante das necessidades sociais não é monetizada. O dinheiro aparece como a principal referência do que é novo, do que é em movimento e, por isso, do que se considera que tem futuro. "O dinheiro sucedeu à luta de classes", diz um operário. A presença do dinheiro não pode ser entendida simplesmente como a passagem da revolução para a mercadoria, mas como uma tentativa de dinamização interna no socialismo.

As duas épocas

O que é dito em 1989 é sempre em comparação e oposição ao período da Revolução Cultural. Todas as respostas dos operários opõem o antes e o depois, ou o que podemos denominar as "duas épocas": a das reformas (a época atual) e a "do grande caldeirão e da tigela de ferro". O "grande caldeirão" designa o Estado, e a "tigela de ferro", o caráter protegido do operário-funcionário de Estado. A "tigela de ferro" do operário fixo também designava a

Estudos

garantia de que gozava o operário do Estado: ele não podia ser demitido. Era um "operário fixo", e sua situação era garantida por toda a vida, assim como a de sua família. Quando um operário se aposentava, um membro de sua família era contratado para ocupar o seu lugar. Em 1989, o sistema do salário por peça resolve a questão da demissão, ou ao menos a limita. Se não há trabalho, o operário ganha pouco ou nada, sem ser demitido, mas continua a gozar das vantagens não monetárias oferecidas pela unidade de produção (a *dan-wei*) à qual ele pertence.

Em Cantão, na época em que foi feita a pesquisa, um operário caracterizou o período anterior, o que precedeu as reformas, como um período em que "a produção dependia dos operários", mas a situação naquele momento não era a do capitalismo. Embora as novas relações de trabalho e salário tivessem mudado as relações de produção, a propriedade dos meios de produção permanecia no estado anterior. A reforma não introduziu uma mudança na propriedade dos meios de produção, mas introduziu – e isso foi uma mudança considerável – o dinheiro como referente. Desse modo, respondeu de maneira equilibrada às perguntas sobre a identificação da palavra "operário", reportando-a ou ao salário (é "ganhar a vida"), ou à dominação do dinheiro dentro da fábrica (o que seria do *status* protegido dos operários do Estado?), ou evocando a pouca consideração social de que os operários desfrutam na conjuntura do dinheiro. Mas o paradigma geral continua a ser o trabalho e a produção. A produção é apresentada como o avaliador universal. Continuamos no modelo socialista, portanto. As categorias são o trabalho e a produção, o que a política das reformas formula da seguinte maneira: "quando mais se trabalha, mais se ganha" (princípio do salário por peça). E: "desenvolver e modernizar a produção são objetivos nacionais".

Assim, sem demitir os operários, sem acabar com a fábrica socialista, opera-se de dentro da fábrica uma deslocalização da

Antropologia do nome

fábrica como lugar do Estado mediante o salário por peça, a divisão da fábrica em sucursais, a eleição de um diretor que procura benefícios num empreendimento que lhe interessa. No entanto, não há introdução de uma economia capitalista, o dinheiro não é significativo da mercadoria e do capital industrial; e não identifica o capitalismo; o dinheiro aparece mais como um princípio de fluidez e flexibilidade para a produção em face da rigidez da planificação, da centralização e da estatização da produção. Ao mesmo tempo, o dinheiro é uma categoria subjetivável pelos operários (dir-se-á uma subjetivação de Estado), mas os objetivos do plano não os mobilizam; o dinheiro é aquilo pelo qual os operários aderem novamente à fábrica e trabalham mais.

A fábrica de Cantão, portanto, não é o lugar do tempo; o salário por peça não muda a fábrica. Continuamos no Estado socialista. Não estamos num esquema em que haveria uma infraestrutura já capitalista e uma superestrutura ainda socialista. O dinheiro, que não é sinal da presença do capitalismo, deve ser considerado uma singularidade do socialismo. Com sua presença na fábrica como lugar do Estado, estamos diante de uma singularidade do socialismo do fim do século XX. O dinheiro se dá como a categoria da política estatal na conjuntura das reformas, uma conjuntura estatal que propõe a produção como campo atual da política, enquanto a primazia da produção permanece e designa a sequência na terminologia oficial. É o dinheiro que qualifica a fábrica como lugar do Estado, isto é, a fábrica como lugar especificado, a qual continua sob a norma do Estado, de sua política. Não se assiste ao nascimento da economia separando-se do Estado. A presença do dinheiro não contradiz a tese segundo a qual, no socialismo, a fábrica é o lugar do Estado. A introdução do dinheiro não está ligada a uma ambição econômica, mas a uma política de Estado.

Retomemos o que foi apresentado até aqui na forma de teses e perguntas.

250

Estudos

I. A categoria de transição, depois de ter sido largamente empregada na literatura marxista dos anos 1920 (Lenin, Trotsky, Bukharin, Preobrajensky), e depois de ter designado o socialismo como fase de transição que levaria da ditadura do proletariado à sociedade comunista, é empregada hoje em sentido estritamente contrário para designar a passagem hipotética da produção planejada para a economia de mercado. A meu ver, a tese de uma transição do socialismo para o capitalismo é falaciosa. Ela não fala da questão do Estado. Rejeito esse uso da transição porque apresenta como continuidade o socialismo – ainda que em sua fase final – e o pós-socialismo. Entre o socialismo e o pós-socialismo houve um acontecimento essencial: o desmoronamento do Estado. Abre-se uma nova sequência absolutamente distinta.

A planificação foi uma das características do socialismo, cujo objetivo era fazer desaparecer a categoria de mercadoria e, portanto, seu equivalente geral, o dinheiro, cujos uso e função deveriam ser estritamente limitados e cada vez menores. A tentativa do socialismo era chegar a uma produção de produtos "socialmente úteis", e não de valores de troca. É nesse sentido que sustentarei mais adiante que, no socialismo, não há economia no sentido de uma separação estabilizada entre a produção e o Estado. Essa é uma hipótese absolutamente singular, cujo objetivo era abstrair a produção industrial e agrícola da regra da rentabilidade capitalista, isto é, a dos preços ativos, e substituí-la pela regra da utilidade social. Essa hipótese funcionou alguns anos, mas pouco a pouco revelou-se impraticável. Entrou em crise. A crise foi marcada pela reintrodução progressiva de normas, práticas, avaliações, estratégias ligadas ao dinheiro e ao mercado, que, como sabemos, é distinto da economia de mercado. No período das reformas, coexistem e concorrem duas hipóteses sobre a dinâmica da produção: a hipótese ligada à socialização e a hipótese ligado ao dinheiro. O objetivo é comprovar o fracasso da socialização e dessocializar

Antropologia do nome

parcialmente, com a esperança, real ou simplesmente propagandeada, de recomeçar ou redinamizar a socialização.

2. Para isso é necessário desvincular-se do uso característico da escola liberal do termo "transição", designando a passagem de uma produção planejada para uma economia de mercado, a passagem do *kombinat* para a empresa. O que ocorreu nos países da Europa Oriental e na ex-URSS a partir de dezembro de 1989 é marcado pela ruína dos Estados socialistas. Sucedem-se novas escolhas e novas políticas que caracterizam o período do pós-socialismo. A noção de "transição" no uso liberal é utilizada para designar a ruína do socialismo e a introdução da economia de mercado nos países da Europa Oriental e da ex-URSS, mas essa ruína não é analisada em termos de Estado e sim em termos de economia. A noção de transição supõe a existência de um processo contínuo que se inscreve num período histórico único. Portanto não abre nenhum espaço para rupturas.

Na verdade, o que fica de fora nessa concepção é o Estado. A qualificação corrente da transição, como passagem da planificação para a economia de mercado, não considera a questão central do Estado e dá uma visão economista, truncada e equivocada.

É preciso restabelecer a importância da questão do Estado na análise da passagem do *kombinat* para a empresa. A ruína do Estado socialista como tal é que periodiza e identifica o antes e o depois. A partir da introdução da questão do Estado, é possível discernir dois períodos perfeitamente distintos e antinômicos: o do Estado socialista e o do Estado pós-socialista.

3. Pode ser motivo de surpresa que eu negue a existência da economia nos Estados socialistas, embora se tenha dito tantas vezes que a economia, o economismo ou mesmo o produtivismo eram os seus motores, e apesar de a ruína dos Estados socialistas ter sido tantas vezes atribuída a disfuncionamentos econômicos. Na vulgata marxista, havia uma infraestrutura e uma superestrutura, em dialética uma com a outra; à infraestrutura era atribuído o real da economia, à superestrutura as formas ideológicas, o direito e o Estado. Afora o marxismo, ninguém parece ter enfatizado mais a superioridade da economia e, portanto, sua invariável presença. Ora, mesmo salientando essa objeção, devemos considerar que os Estados socialistas foram uma tentativa real de pôr fim à oposição infraestrutura/superestrutura e, consequentemente, à separação entre economia e Estado. Infraestrutura e superestrutura não são universal e constitutivamente em oposição-separação. Nesse aspecto, podemos acompanhar Marx, para quem o socialismo não é mais um dispositivo contraditório porque a contradição entre relações sociais de produção e forças produtivas não é mais marcada pela apropriação privada dos meios de produção.

4. Na URSS, desde os anos 1960, e na China, após a morte de Mao Tsé-tung, houve uma série de "reformas" que, de dentro do Estado socialista, introduziam em certos setores novas normas de produção, circulação e, em certos casos, capitalização regidas explicitamente pela lógica do mercado. Consequentemente, no Estado socialista, há uma coexistência das antigas normas socialistas com as novas normas socialistas que são as do dinheiro. Trata-se de tentativas de desenvolver, dentro do Estado socialista, setores regulados — ao menos em parte — pelo dinheiro. Indicam a copresença, no Estado socialista, não de espaços capitalistas e espaços socialistas, mas de espaços socialistas marxistas e não marxistas — estes últimos caracterizados pelo dinheiro. Na URSS e na Europa Oriental, essas reformas ou não resolveram as dificuldades que as motivaram, ou amplificaram a dinâmica dessas dificuldades. O fim dessas reformas foi, por trajetos e temporalidades próprios a cada país, a ruína dos Estados socialistas.

Antropologia do nome

5. Começa então, por força da ruptura representada pela ruína dos Estados socialistas, um novo período absolutamente distinto do primeiro, na medida em que não tem mais o Estado socialista como marco – ainda que em profunda crise. O marco atual é o Estado e a sociedade pós-socialistas. Consequentemente, temos duas conjunturas, uma em ruptura com a outra. A primeira é marcada pelas reformas no Estado socialista: na URSS é tipicamente a *perestroika*. A segunda é marcada pelo Estado pós-socialista.

6. A meu ver, os acontecimentos de Pequim e seu fim sangrento tinham como pano de fundo uma demanda revoltada da juventude estudantil e urbana, que exigia, uma vez que houvera uma dessocialização parcial, a ampliação da dessocialização da dessocialização – em outras palavras, a ampliação da regra do dinheiro, já operante no pequeno comércio, desregulamentado desde 1978, e nas fábricas regidas pelo salário por peça – aos funcionários públicos, aos intelectuais e aos altos funcionários. Os jovens consideravam anormal que um professor universitário ganhasse menos que um operário qualificado, e a maioria dos intelectuais exigia um novo sistema social que os reconhecesse por seu "valor". Obviamente, o tema da democracia estava presente no movimento estudantil (liberdade de expressão, liberdade de opinião, liberdade de organização), e acompanhava o da liberdade de mercado e da liberdade de empreender. Essa tentativa foi um fracasso, ao contrário do que acontecera quando houve a dessocialização do varejo, a dessocialização da produção agrícola e a implantação de novas normas para a produção industrial. Essas dessocializações não atacavam nem o Estado nem o partido; ao contrário, eram conduzidas por eles. A revolta estudantil enfrentava o Estado em termos antagônicos. O programa dos estudantes era antinômico ao aparelho do partido, ao aparelho do Exército e a grande parte do aparelho fabril, que na época defendia um equilíbrio entre o dinheiro e o Estado, isto é, entre o empreiteiro e o partido.

7. A China ainda se encontra na fase das reformas.

8. Não é pela centralização ou pela planificação que o socialismo e seus princípios internos podem ser identificados. O que mais o identifica é a escolha de uma produção não regulada pelo dinheiro como equivalente geral. Na economia capitalista, além dos bens e das mercadorias, os serviços estão ligados à economia monetária e ao mercado: moradia, lazer, saúde e, em grande parte, educação. É claro que o Estado, pela problemática keynesiana e, em seguida, pela problemática social-democrata do Estado social, tentou limitar o caráter mercantil dos serviços, responsabilizando-se parcial ou totalmente pelo acesso de todos a esses serviços, em particular à educação e à saúde. Contudo, no capitalismo, o Estado responsabilizar-se ou fiscalizar o chamado campo social não muda o fato de que os serviços sejam da ordem da mercadoria e obedecem às regras do mercado. Como essa questão foi resolvida nos Estados socialistas?

A partir dos anos 1950, foi implantada a política do *kombinat*, ou *dan-wei*, na China, cujo princípio era que a unidade *dan-wei* (composta de fábrica e escolas, hospitais, moradias e lojas) assegurasse, além da produção, as principais funções sociais: creche, hospital, escola, colônia de férias, centros para aposentados. É nesse sentido que se deve compreender a resposta de um alto funcionário da GHMP ao mostrar o imenso parque industrial, suas lojas e escolas: "Aqui é a fábrica-sociedade".

9. O espaço do *kombinat* na ex-URSS e nos países do Leste e o da *dan-wei* na China é, portanto, um espaço multifuncional e complexo. Podemos distinguir três funções: primeiro, a função de

Antropologia do nome

produção; segundo, a função de serviço; e, por último, a função de controle social e repressivo. Trata-se de um espaço não monetarizado ou fracamente monetarizado, e a introdução do dinheiro como parâmetro intervém de forma muito diversificada em cada uma dessas três funções.

Na primeira, são introduzidos a empreita e o salário por peça; na terceira, uma ligeira flexibilização das condições de deslocamento e a possibilidade de mudança de emprego e, eventualmente, de *dan-wei*. Mas, no caso da segunda, não existe nenhuma estrutura alternativa à fábrica socialista no que se refere aos serviços. É proposto um mercado imobiliário privado – muito fraco para uma demanda considerável – e não existe uma verdadeira estrutura de saúde pública, ou de escolas públicas, fora das *dan-wei*. Por enquanto, na China, no que se refere à política social, não há alternativa à forma da *dan-wei*, a não ser que se abra mão de algumas das vantagens e garantias de que desfrutavam os operários de Estado, como reembolso de despesas médicas e direitos na aposentadoria. De resto, é isso que vem se delineando, uma vez que, desde 1983, não há mais admissão de operários fixos, também chamados "operários de Estado", mas apenas admissão de operários sob contrato, cujo trabalho não é garantido para toda a vida.

10. A reforma, denominada "dessocialização", conduz a situações paradoxais. Em certas sucursais da fábrica de máquinas pesadas de Cantão, o salário é totalmente flutuante, isto é, integralmente constituído de bônus. Não existe salário fixo, por menor que seja. Sendo assim, o operário não ganha nada quando não há trabalho por falta de encomendas, falta de energia (a eletricidade é racionada e a fábrica perdeu o *status* de fábrica privilegiada quanto ao fornecimento de energia) ou atraso no fornecimento de material. Esses operários se encontram numa situação de grande precariedade com relação não à garantia do emprego, mas à

Estudos

garantia do salário. Por outro lado, eles continuam a desfrutar das *fulis* – como são chamadas as proteções e vantagens sociais oferecidas pela *dan-wei*.

11. A pesquisa foi realizada, portanto, numa conjuntura de reformas, e não de passagem do socialismo para o capitalismo. Encontramos essas tentativas em outros países socialistas (foram numerosas na Polônia e na Hungria a partir do início dos anos 1950; a agricultura soviética segue essa regra desde 1965). Elas sempre tiveram consequências econômicas negativas e não conduziram à reforma do sistema, muito pelo contrário.

12. Trata-se de realizar uma pesquisa não sobre a política do Estado, no que se refere à gestão das empresas, ao lugar do mercado e do capital privado, mas sobre as formas de consciência dos operários. O termo *conjuntura* remete à política do Estado, ao campo histórico. A situação designa o estado das consciências.

13. A categoria *situação* depende de um registro diferente do de conjuntura. As pessoas – nesse caso, os operários – é que se pronunciam sobre a situação, se existe uma situação. A categoria de situação não é uma invariante, ao contrário da categoria de conjuntura. Há sempre uma conjuntura na medida em que há sempre decisões de Estado e governamentais, ou seja, uma política de governo.

Questão I. Qual é o lugar da conjuntura na situação? Em outras palavras, qual é o modo de presença da questão do Estado nas consciências através dos enunciados em consciência sobre a situação? Como identificar o Estado?

Questão II. A fábrica, aqui, é o lugar do Estado. Em outros modos – o modo parlamentar, por exemplo –, a fábrica é o lugar do tempo, e em certas sequências, a fábrica torna-se lugar político e depende de formas de subjetividade separadas ou antinômicas às do Estado. Com relação às formas de consciência operárias e ao que dizem os operários a respeito das formas de consciência operárias (a situação), qual é o grau de independência da situação em relação à conjuntura?

14. A relação entre situação e conjuntura, entre o espaço do Estado e o espaço das formas de consciência, deve ser tratada mediante a categoria de fábrica como lugar especificado. Essa categoria oferece referências para delimitar melhor a situação das consciências e a eventual existência de enunciados operários. Proponho dizer que a fábrica capitalista se desenvolve como lugar do tempo, e a fábrica socialista como lugar do Estado. Em ambos os casos, a existência de enunciados *em interioridade* depende de outra especificação: a fábrica como lugar político. O fato de a fábrica ser o lugar do Estado não obriga nem exige que haja uma adequação das formas de pensamento à conjuntura. Sendo a fábrica como lugar do Estado um enunciado em subjetividade, não se pode deduzir do Estado "a fábrica como lugar do Estado". Aqui, o dinheiro se apresenta como uma forma de consciência subjetivada e interna à fábrica, e não como um atributo do Estado.

No socialismo, a fábrica é, de um lado, o lugar do Estado e, de outro, uma problemática da multifuncionalidade do Estado; essa multifuncionalidade, que inclui a produção, é proposta para que se possa apreender o partido-Estado. Sendo assim, podemos nos perguntar se a especificação da fábrica como lugar do Estado não é simples consequência lógica e objetiva do que é a produção no Estado, o que põe em questão o enunciado "a fábrica é o lugar do Estado" como enunciado subjetivo sobre a situação. Ora, situação e conjuntura são coisas distintas. No caso do socialismo, o fato de

Estudos

estarmos em tudo no campo do Estado não nos permite concluir que a situação decorre da conjuntura.

No modo parlamentar, por exemplo, se a fábrica como lugar do tempo especifica a fábrica como lugar, esse enunciado não rompe com o modo parlamentar. Contudo, como ele é o enunciado sobre a fábrica no modo parlamentar, em outras palavras, é enunciado como subjetivação, ele não se confunde com a conjuntura do Estado do modo parlamentar.

Retornando ao socialismo: devemos refutar a tese de que o socialismo anula a fábrica como lugar especificado em sua singularidade distintiva subjetivada, tese que estabelece que a ampliação generalizada do Estado-partido implica que não há nada além do próprio Estado-partido. Ao contrário, a existência da fábrica como lugar especificado é confirmada pelo enunciado em subjetividade "a fábrica é o lugar do dinheiro", o que é uma especificação do lugar e do enunciado subjetivo singular à fábrica, o qual não pode ser deduzido do Estado. Há um jogo diferencial entre a fábrica como lugar especificado e o Estado, que se pode apreender pelo jogo diferencial entre situação e conjuntura. Desse modo, podemos afirmar que, salvo quando existem enunciados em interioridade que se distanciam do Estado na forma de "a fábrica é um lugar político", pode haver compatibilidade entre situação e conjuntura, o que não significa confusão entre elas, ou que a situação seja inferida da conjuntura.

15. A fábrica é o lugar do dinheiro no período das reformas, em que o princípio constitutivo do socialismo – suprimir a lei do valor e limitar a extensão da mercadoria – encontra-se amplamente enfraquecido. Mas poderíamos dizer também que, nesse período, a fábrica é o lugar do Estado no que resta de socialismo e o lugar do tempo no que diz respeito à empreita e ao salário por peça. Esse não é o nosso propósito, porque esse raciocínio infere a

Antropologia do nome

fábrica do Estado numa abordagem em objetividade. Do ponto de vista da abordagem em subjetividade e de enunciados em pensamento, a fábrica é o lugar do dinheiro.

16. Devemos voltar à questão da economia, a sua singularidade e ao fato de que ela somente existe se é distinta do Estado. Afirmo que não existe economia no socialismo.

17. A economia somente existe se é separada do Estado. No socialismo, existe produção, mas não economia.

18. Economia só existe como economia capitalista, ou, mais precisamente, o capitalismo é a única grande forma de economia contemporânea que conhecemos.

19. A economia não é uma invariante, uma estrutura geral, simples consequência em pensamento do que todo grupo humano comporta de produção, circulação e consumo de bens e serviços. A economia é uma singularidade cujo espaço – por enquanto singular e único – é o capitalismo. É compreensível que Fernand Braudel tenha tentado estender a existência e a forma da Antiguidade até os dias atuais. A singularidade nele é estendida aos limites da história longa. Essa singularidade é a do capital, da lei do valor, da conversibilidade das moedas e das bolsas. Os dois grandes teóricos dessa singularidade que é o capitalismo são Marx e Keynes.

20. Dissemos que a economia era separada do Estado; sustentamos agora que ela subordina o Estado e, por esse motivo, é designada como anti-história. A tese da subordinação segue a que estabelece a separação da economia e do Estado. De fato, sendo um campo próprio, a economia é um processo endógeno, que apresenta crises e possibilidades de regulação que também são endógenas. E, por essas razões, e sendo separada do Estado, vai poder oferecer-se como alternativa ao Estado, ou como capacidade de subordiná-lo. É essa relação de subordinação à economia do Estado que chamamos de "anti-história", a história sendo para nós um pensamento relação do Estado.

Aliás, podemos dividir as diferentes escolas em torno do problema da subordinação do Estado à economia. Uns tentam pôr o Estado sob as regras da economia, propondo sua redução extrema, como no liberalismo; para outros, como os teóricos da regulação, o Estado é pensado, na realidade, em sua subordinação funcional à economia. Podemos dizer o mesmo, apesar das aparências, sobre aqueles que, como Keynes, exigem que o Estado regule a economia. Keynes, no entanto, parece subordinar a economia ao Estado pela noção de regulação. Mas, na realidade, a abordagem reguladora põe fim à subordinação do Estado à economia, exige a introdução do que podemos chamar de "subordinação reguladora": o Estado, embora subordinado, pode ser o regulador da economia. A eficácia (a regulação) e a dominação (do Estado pela economia) não se misturam. A tese da regulação não invalida a tese sobre a subordinação do Estado à economia.

21. A economia é separada do Estado. É essa separação que faz com que a economia seja uma anti-história. O capitalismo afasta o Estado numa separação subordinada. O capitalismo é o único lugar conhecido dessa separação. Quanto ao socialismo, sua hipótese era extinguir a separação, pensar a economia a partir do Estado, suprimindo o dinheiro como equivalente geral, que é aquilo pelo qual a economia se manifesta como separada, e substituí-lo pela necessidade social. Não nos esqueçamos de que a capacidade e a necessidade substituíam o dinheiro (a divisa do comunismo deveria ser: "de cada um segundo suas capacidades, a cada um segundo suas necessidades"). Podemos dizer, então, que

Antropologia do nome

o socialismo foi uma tentativa de regular o Estado pela economia, ou que ele desenvolveu uma figura inversa da figura keynesiana. A economia, exigindo que o Estado se subordine a ela, é extinta pela ruptura dessa subordinação. O socialismo, instaurando a primazia do Estado sobre a economia, extingue a economia.

22. Como não existe economia no socialismo, não pode existir dinâmica interna da produção no socialismo. Existem apenas movimentos políticos relativos à produção. Citamos como exemplo a primeira fase do movimento stakhanovista na URSS em meados dos anos 1930, o movimento das cooperativas agrícolas e o "salto adiante" na China nos anos 1950. Fora desses movimentos, operam regulamentações estatais.

23. Estabelecemos que a economia, se existe, é flexível e transformável. Se existisse economia no socialismo, ele não teria ruído porque foi incapaz de desenvolvê-la novamente. É economia não a simples existência de relações sociais de produção e o estudo de sua natureza e mecanismo, mas a capacidade do dispositivo de produção de ser um processo e articular-se – numa separação-ligação – à conjuntura, isto é, ao Estado. Ora, é a separação do Estado que permite que a economia tenha uma dinâmica própria na qual se cria o espaço refletido de uma historicidade, induzida pela subordinação reguladora do Estado à economia. Assim como não houve economia no socialismo, não houve historicidade da produção, e esta não teve nenhum efeito sobre seu próprio devir.

24. Os soviéticos foram criticados pelo economismo excessivo e por terem atribuído o socialismo às forças produtivas. A hipótese de Marx era que o socialismo podia ter uma história, e atribuiu a economia ao capital. A hipótese de Lenin era que o socialismo dependia da luta de classes. E a de Mao Tsé-tung era que o socialismo dependia às vezes da política. Ninguém, salvo no marxismo-leninismo, postulou a natureza econômica do socialismo. Sendo o marxismo-leninismo uma produção de Stalin, a tese de que existe economia no socialismo é uma tese de Stalin.

Questão III. A questão se reapresenta: o salário por peça e a empreita não representam a introdução da economia onde ela não existia? As reformas de Teng Hsiao-ping não podem ser analisadas como decisão de introduzir a economia no socialismo e afirmar a compatibilidade do socialismo e da economia?

25. Duas singularidades são designadas: o socialismo e a economia.

A presença do dinheiro, da lei do valor, em certos setores não é sinal da introdução da economia. Ao contrário, sustentamos que só há economia se for hegemônica. Portanto, devemos nos interrogar sobre o que especifica o aparecimento da economia quando ela é uma singularidade e não uma invariante.

26. Por exemplo, os que falam da transição do socialismo para a economia de mercado defendem a tese de um *continuum* da sequência que iria, digamos, da introdução do salário por peça à notória hegemonia da economia de mercado, inclusive no âmbito do Estado. Nesse caso, a queda do Estado socialista seria uma peripécia necessária, mas não concluiria nada. Em certo sentido, poderíamos dizer que, para essa posição, a conclusão se coloca desde o início das reformas, isto é, no exemplo da China, o fim do período maoista e a ascensão de Teng ao poder. Os defensores dessa posição enunciam a heterogeneidade radical do dinheiro (que denominam "economia monetária") com o socialismo, uma vez que, entre a primeira introdução da chamada economia monetária e sua hegemonia de conjunto, eles defendem a continuidade: a do

Antropologia do nome

desenvolvimento ininterrupto da hegemonia da economia. Para eles, a economia não é uma singularidade, mas uma invariante que se dispõe na pluralidade das economias. Para os defensores dessa posição, a categoria da economia desenvolve uma multiplicidade heterogênea. E, para eles ainda, o desmoronamento do socialismo mostra que a economia tem leis — naturais, sem dúvida — cuja quintessência é a economia de mercado. A ruína do socialismo aparece, desse modo, como recordação da lei e como triunfo da lei.

27. Do que precede segue-se que é falsa a tese segundo a qual a crise da economia socialista é a causa da ruína do socialismo. É preciso buscar outra coisa e de outra forma.

Referências bibliográficas

ALTHUSSER, Louis. *Montesquieu, la politique et l'histoire*. Paris: PUF, 1956. [Ed. port.: *Montesquieu, a política e a história*. Barcarena: Presença, 1977.]

_____. *Pour Marx*. Paris: Maspero, 1966. [Ed. bras.: *Por Marx*. Campinas: Editora Unicamp, 2015.]

BADIOU, Alain. *L'Être et l'événement*. Paris: Le Seuil, 1988.

BLOCH, Marc. *Apologie pour l'histoire*. Paris: Armand Colin, 1974. [Ed. bras.: *Apologia da história ou O ofício de historiador*. Rio de Janeiro: Zahar, 2002.]

_____. Que demander à l'histoire?. In: *Mélanges historiques*. Paris: Serge Fleury/ EHESS, 1983. t.I.

CLAUSEWITZ, Carl von. *De la Révolution à la Restauration*. Paris: Gallimard, 1976.

FINLEY, Moses. *Démocratie antique et démocratie moderne*. Paris: Payot, 1990. Col. "Petite Bibliothèque Payot". [Ed. bras.: *Democracia antiga e moderna*. São Paulo: Graal, 1988.]

_____. *L'Invention de la politique*. Paris: Flammarion, 1966.

_____. *Mythe, mémoire, histoire*. Paris: Flammarion, 1956.

FOUCAULT, Michel. *Les Mots et les choses*. Paris: Gallimard, 1966. [Ed. bras.: *As palavras e as coisas*. São Paulo: Martins Editora, 2007.]

_____. Réponse au Cercle d'Épistémologie. *Cahiers pour l'Analyse*, n.9, 1968.

LAZARUS, Sylvain. Althusser, la politique et l'histoire. In: *Politique et philosophie dans l'œuvre de Louis Althusser*. Paris: PUF, 1993.

_____. Lénine et le temps. *Les Conférences du Perroquet*, n.18, mar. 1989.

_____. *Notes de travail sur le post-léninisme*. Paris: Potemkine, 1981.

LEFEBVRE, Georges. *La Révolution française*. Paris: PUF, 1963. [Ed. bras.: *A Revolução Francesa*. São Paulo: Ibrasa, 1966.]

MARX, Karl. Gloses critiques en marge de l'article: "Le roi de Prusse et la réforme sociale. Par un Prussien" [1844]. In: *Œuvres*. Paris: Gallimard, 1982. t.3, col. "Bibliothèque de la Pléiade".

_____. Lettre à Weydemeyer, 5 mars 1852. In: _____; ENGELS, Friedrich. *Lettres sur Le Capital*. Paris: Éditions Sociales, 1964.

_____; ENGELS, Friedrich. *La Sainte Famille ou Critique de la critique*. In: *Œuvres*. Paris: Gallimard, 1982 [1885]. t.3, col. "Bibliothèque de la Pléiade". [Ed. bras.: *A sagrada família*. São Paulo: Boitempo, 2003.]

MATHIEZ, Albert. *Jacobinisme et bolchevisme*. Paris: Librairie du Parti Socialiste et de l'Humanité, 1920.

_____. *La Révolution française*. Paris: Denoël, 1955. [Ed. bras.: *História da Revolução Francesa*. São Paulo: Civilização Brasileira, 19??.]

_____. *La Révolution française: la Terreur*. Paris: Denoël, 1985. t.3.

_____. *La Vie chère et le mouvement social sous la Terreur*. Paris: Payot, 1973.

MICHEL, Natacha. La décision de Moses Finley. *Le Perroquet*, n.64, 1986.

PASSERON, Jean-Claude. *Le Raisonnement sociologique*: l'espace non popp-périen du raisonnement naturel. Paris: Nathan, 1991. [Ed. bras.: *O raciocício sociológico*. Petrópolis: Vozes, 1995.]

SAINT-JUST, Louis Antoine de. Discours du 9 Thermidor an II. In: *Œuvres complètes*. Paris: Gérard Lebovici, 1984.

_____. Fragments d'institutions républicaines. In: *Œuvres complètes*. Paris: Gérard Lebovici, 1984.

_____. Rapport au nom du Comité de Salut Public et du Comité de Sûreté Générale sur la police générale, sur la justice, le commerce, la législation et les crimes des factions présenté à la Convention nationale le 26 Germinal an II (15 avril 1794). In: *Œuvres complètes*. Paris: Gérard Lebovici, 1984.

Referências bibliográficas

SAINT-JUST, Louis Antoine de. Rapport fait au nom du Comité de Salut Public sur la nécessité de déclarer le gouvernement révolutionnaire jusqu'à la paix, présenté à la Convention nationale, le 19 du 1er mois de l'an II (10 octobre 1793). In: *Œuvres complètes*. Paris: Gérard Lebovici, 1984.

SOBOUL, Albert. *La Révolution française*. Paris: Gallimard, 1982.

Suivons la voie adoptée par l'usine de machines-outils de Shanghai pour former des techniciens issus des rangs ouvriers. Paris: Éditions de Pékin, 1969.

VIDAL-NAQUET, Pierre. Préface. In: FINLEY, M. *Démocratie antique et démocratie moderne*. Paris: Payot, 1990. Col. "Petite Bibliothèque Payot".

SOBRE O LIVRO

Formato: 14 x 21 cm
Mancha: 23 x 40 paicas
Tipologia: Venetian 301 12/15
Papel: Off-white 80 g/m² (miolo)
Cartão Supremo 250 g/m² (capa)

1ª edição Editora Unesp: 2017

EQUIPE DE REALIZAÇÃO

Capa
Marcelo Girard

Edição de texto
Rodrigo Chiquetto (Copidesque)
Tomoe Moroizumi (Revisão)

Editoração eletrônica
Sergio Gzeschnik (Diagramação)

Assistência editorial
Alberto Bononi
Richard Sanches

Impressão e Acabamento

assahi
gráfica e editora ltda.